LA DIVINE ORIGINE

Dieu n'a pas créé l'homme

Paru dans Le Livre de Poche :

L'Homme aux statues

Le Sacrifice interdit

Collection dirigée par Jean-Paul Enthoven

MARIE BALMARY

La Divine Origine

Dieu n'a pas créé l'homme

GRASSET

INTRODUCTION ET REMERCIEMENTS

> « Nous vivons endormis dans un Monde en sommeil. Mais qu'un *tu* murmure à notre oreille, et c'est la saccade qui lance les personnes : le moi s'éveille par la grâce du toi. L'efficacité spirituelle de deux consciences simultanées, réunies dans la conscience de leur rencontre, échappe soudain à la causalité visqueuse et continue des choses. La rencontre nous crée : nous n'étions rien — ou rien que des choses — avant d'être réunis. »
>
> Gaston BACHELARD,
> Préface à *JE et TU* de Martin Buber.

Tout d'abord, je dois des excuses au lecteur pour l'apparente provocation du sous-titre de ce livre. Il verra par lui-même que je l'ai simplement extrait de ce que je crois trouver, en relisant avec tout le respect et l'attention dont je suis capable, les premiers chapitres de la Genèse.

La rencontre entre Martin Buber et Gaston Bachelard, un juif et un chrétien, qui a suscité les mots mis en exergue, me paraît dire tout à fait la même chose...

Je me suis engagée dans la présente recherche avec, comme projet, de comprendre comment il est arrivé à l'homme, comment il nous arrive, de pouvoir dire « JE ».

Au cours des années de préparation de ce livre, le but et les moyens en ont été intimement conjoints, d'une façon inhabituelle pour une recherche qui se développe dans un champ dit scientifique. Preuve, déjà, qu'elle ne l'est pas. Ou bien il faut ouvrir un autre sens au mot « science ».

En effet, les savants peuvent nous faire connaître les résultats de leurs travaux sans avoir à nous dire avec qui ils les ont parlés.

Pour rendre compte de ce travail-ci, il en va autrement ; il n'est pas seulement lié aux recherches d'autres personnes, il s'appuie sur des relations et, je dirai, sur un mode de relation sans lequel il n'est tout simplement pas possible.

Lorsqu'il s'agit d'avancer dans la connaissance de l'homme comme être parlant, on peut comprendre qu'il faille demeurer soi-même en situation de dialogue. Mais cette évidence se redouble lorsqu'on veut aller relire nos textes fondateurs, nos mythes d'origine, c'est-à-dire, pour notre civilisation, les écritures juives et chrétiennes.

Outre les croyants, la lecture de ces textes anciens est entreprise ordinairement par des savants ou des pasteurs qui veulent enseigner à d'autres leur contenu.

L'angle de la présente étude est différent.

Centrée sur un questionnement anthropologique et principalement sur l'avènement de la première personne, elle a dû se dérouler dans certaines conditions. En effet, on sait qu'un texte lu par un sujet libre de penser ce qu'il pense avec d'autres sujets n'est pas identique au même texte lu en suivant un maître dont le savoir et la fonction intimident. Car ce qui est lu n'est pas simplement ce qui est écrit :

c'est également ce que vivent ensemble ceux qui lisent. La relation se projette dans l'écrit.

Cet effet de projection est encore plus fort, me semble-t-il, lorsqu'il s'agit des textes bibliques qui eux-mêmes instituent, racontent, révèlent les relations entre les hommes.

Rien de plus heureux ne pouvait donc m'arriver, comme lectrice de la Bible, que d'en rencontrer d'autres désireux de lire librement — ce qui ne veut pas dire sans loi, mais sans contrainte. La loi de ce « lire ensemble » n'est pas différente du premier interdit du Livre qui, probablement, contient tous les interdits suivants : ne pas manger l'autre.

Nous avons souhaité garder entre nous ce que l'expérience psychanalytique — mais pas elle seule — a ouvert à beaucoup : une écoute sans jugement des paroles de chacun, une attention à l'inconscient, celui du texte et les nôtres, si je puis dire. Plus d'un s'est étonné, en commençant à lire ainsi, de devenir lui-même si présent aux autres et les autres présents à lui, alors qu'on ne faisait que lire et commenter, apparemment au plus loin de la cure, sans confidence.

Pour lire ainsi, il n'y a pas d'autre compétence requise que d'être sujet de sa lecture et du commentaire qu'on en fera. Tout le reste en découle, le respect de la lettre, l'intérêt pour l'autre sujet, la liberté d'invention...

Ce m'est donc une joie de saluer ici et de remercier tous ceux avec lesquels j'ai lu et qui m'ont fait entendre et leur lecture et la mienne. Je ne peux les nommer chacun par leur nom. Qu'ils sachent que leurs paroles, leurs lettres, auxquelles souvent je n'ai pu répondre faute de temps, ont bien été entendues et m'ont invitée à écrire ce qui va suivre. Qu'ils trouvent ici, avec ma réponse, ma gratitude.

Du moins puis-je remercier nommément ceux avec lesquels je lis le plus souvent : je pense au petit groupe qui s'est formé sur l'appel de Jean-Luc Fauconnier et à ceux qui l'ont rejoint, dont, successivement : Danièle Dreux-Boucard, Frédéric Salmon, Françoise Salmon, Michèle Buret, Catherine Luuyt. Je pense à Jean-Marie Donegani, avec lequel j'ai aussi relu bien des passages bibliques et évangéliques, dont celui qui fera l'objet du dernier chapitre. Je pense aussi à ceux qui lisent avec d'autres et vivent à une certaine distance, géographique ou autre, sans que s'arrêtent pourtant notre lire-ensemble ni nos conversations : Sylvie Dupin de Saint-Cyr, Arnaud Dupin de Saint-Cyr, Alix Charrier, Marie Boutrolle, Laurent Roth.

Je remercie les collègues psychanalystes dont l'éthique et l'attitude clinique m'ont encouragée à sortir de la psychanalyse dite scientifique et à « croire au sujet ». Je veux nommer parmi eux Maria Torok, Philippe Réfabert, Pierre Delaunay...

Je remercie Jean Legastelois d'avoir relu et discuté le manuscrit de ce livre.

Enfin, l'essentiel de cette recherche a été pensé et parlé avec Dominique Balmary, avec qui « Je et Tu » est une longue histoire nouvelle.

Sans eux, je n'aurais ni pensé ni écrit ce qui va suivre. Et je me sens à bien des égards le scribe des heures passées ensemble. Cependant ce mode de lecture entre égaux suscite la différence, et même la différenciation des pensées et des sentiments de chacun des chercheurs. Ils ne sont nullement responsables de ce que j'écris sur la première personne. Mais, sans eux, je ne pourrais pas l'écrire à la première personne.

Chapitre premier

L'HOMME HUMILIÉ PAR LA SCIENCE ET LE SUJET SOUVERAIN

Peut-être n'y a-t-il pas d'idée plus répandue que celle-ci : l'homme a été créé par le dieu qui a fait le ciel et la terre.

Parmi ceux qui n'adhèrent pas à cette première proposition, pas d'idée plus répandue que cette autre : l'homme est le produit de la matière et du hasard : il ne doit sa vie à personne et ne la rend à personne lorsqu'elle s'achève.

Au point de recherche où je me trouve, aucune de ces deux propositions, l'une religieuse, l'autre scientifique, ne me paraît rendre compte véritablement de ce que me révèle l'expérience de la parole humaine.

Par « expérience de la parole », je veux parler de ce qui est proprement humain, l'accès à la première personne. L'homme en tant qu'il peut parler en disant « Je » demeure inraconté, inexpliqué par nos deux formules sur l'origine. Dans le monde animal existent bien des messages adressés et donc des formes de langage. Mais il semble bien qu'aucune bête ne parle en son propre nom à un autre capable à son tour de lui répondre de même. Le langage articulé humain n'est pas seulement plus complexe, plus riche : il est utilisé par une autre instance psychique, non advenue chez les animaux.

Freud, ayant appelé « Ça » l'ensemble des pulsions, disons animales, qui nous meuvent, voit le travail d'humanisation comme une conquête par la première personne, le sujet, de ce monde instinctuel ; la formule par laquelle il nous a transmis cette découverte est célèbre : « Là où Ça était Je dois advenir. » Cette pensée, qui distingue radicalement l'homme de l'animal et en même temps le présente comme « à faire » et non fait, m'est apparue d'une très grande force. Elle pourrait nous conduire à une tout autre vision de l'homme et reposer nouvellement, heureusement, la question de son origine.

Or, curieusement, le grand découvreur de la parole qui guérit s'est compté lui-même parmi les porteurs de mauvaises nouvelles. Ces mauvaises nouvelles selon Freud sont au nombre de trois :

avec Copernic, la terre n'est pas le cœur du monde ;

avec Darwin, l'homme n'est pas le fils de l'homme ;

avec Freud enfin, l'homme n'est pas maître en son propre esprit.

Les trois humiliations de l'homme par la science : Freud parle

Voici comment Freud, dans son *Introduction à la psychanalyse,* présente tout d'abord cette succession de trois mauvaises nouvelles (c'est à la fin du chapitre XVIII) :

> Dans le cours des siècles, la science a infligé à l'égoïsme naïf de l'humanité deux graves démentis. La première fois, ce fut lorsqu'elle a montré que la terre, loin d'être le centre de l'univers, ne forme qu'une parcelle insignifiante du système cosmique dont nous pouvons à peine nous représenter la grandeur. Cette première démonstration se rattache pour nous au nom de Copernic, bien que la science alexandrine ait déjà annoncé quelque chose de semblable. Le second démenti fut infligé à l'humanité par la recherche biologique, lorsqu'elle a réduit à rien les prétentions de l'homme à une place privilégiée dans l'ordre de la création, en établissant sa descendance du règne animal et en montrant l'indestructibilité de sa nature ani-

male. Cette dernière révolution s'est accomplie de nos jours, à la suite des travaux de Darwin, de Wallace et de leurs prédécesseurs, travaux qui ont provoqué la résistance la plus acharnée des contemporains. Un troisième démenti sera infligé à la mégalomanie humaine par la recherche psychologique de nos jours qui se propose de montrer au *moi* qu'il n'est seulement pas maître dans sa propre maison, qu'il en est réduit à se contenter de renseignements rares et fragmentaires sur ce qui se passe, en dehors de sa conscience, dans sa vie psychique. Les psychanalystes ne sont ni les premiers ni les seuls qui aient lancé cet appel à la modestie et au recueillement, mais c'est à eux que semble échoir la mission d'étendre cette manière de voir avec le plus d'ardeur et de produire à son appui des matériaux empruntés à l'expérience et accessibles à tous.

Il reprend et développe ces arguments dans un article intitulé « Une difficulté de la psychanalyse », paru la même année (1917; en français, dans les *Essais de psychanalyse appliquée*), où il présente à nouveau les trois humiliations, en insistant sur l'illusion de seigneurie :

> ... L'homme pensa d'abord que son habitation, la terre, se tenait en repos au centre de l'univers, tandis que le soleil, la lune et les planètes se mouvaient dans des orbites circulaires autour de celle-ci. Il en croyait ainsi naïvement ses sens, car l'homme ne sent point le mouvement de la terre, et partout où il peut porter librement ses regards, il se trouve au centre d'un cercle qui renferme le monde extérieur. La position centrale de la terre lui était d'ailleurs une garantie du rôle prédominant de celle-ci dans l'univers et semblait en harmonie avec sa tendance à se sentir le seigneur de ce monde. Il a donc, avec la découverte copernicienne, dû subir l'« humiliation cosmologique ».

De même,

> l'homme s'éleva au cours de son évolution culturelle au rôle de seigneur sur ses semblables de race animale. Mais, non content de cette prédominance, il se mit à creuser un abîme entre eux et lui-même. Il leur

refusa la raison et s'octroya une âme immortelle, se targua d'une descendance divine qui lui permettait de déchirer tout lien de solidarité avec le monde animal.

Le ton de Freud paraît bien moralisateur : à qui parle-t-il vraiment à travers cette histoire ? Son argumentation se renverse, me semble-t-il, sans qu'il s'en avise ; continuant sur la rupture de solidarité avec le monde animal, il ajoute :

> Cette présomption, ce qui est curieux, reste encore étrangère au petit enfant comme à l'homme primitif... [qui], au stade du totémisme, ne trouvait nullement choquant de faire descendre son clan d'un ancêtre animal. Le mythe, qui contient le résidu de cette antique façon de penser, fait prendre aux dieux des corps d'animaux, et l'art des temps primitifs donne aux dieux des têtes d'animaux. L'enfant ne ressent aucune différence entre son propre être et celui de l'animal ; c'est sans étonnement qu'il trouve dans les contes des animaux pensants, parlants ; il déplace un affect de peur inspiré par son père sur le chien ou sur le cheval, sans avoir en cela l'intention de ravaler son père. C'est seulement après avoir grandi qu'il se sera suffisamment éloigné de l'animal pour pouvoir injurier l'homme en lui donnant des noms de bêtes.

Je n'entends pas ces exemples de Freud comme des preuves que les enfants et les primitifs soient en accord avec Darwin mais plutôt, à l'inverse, comme le signe que, selon eux, tout ce qui est animé est humain : les animaux parlent ; c'est, à mon sens, l'animalité comme telle qui n'est pas encore perçue. N'est-il pas compréhensible que l'enfant commence par croire toute vie semblable à la sienne ? Freud continue :

> ... les travaux de Charles Darwin, de ses collaborateurs et de ses prédécesseurs ont mis fin à cette prétention de l'homme [...]. L'homme n'est rien d'autre, n'est rien de mieux que l'animal, il est lui-même issu de la série animale [...]. C'est là cependant la seconde humiliation du narcissisme humain : l'humiliation biologique.

Je reviendrai plus loin à ce passage avec lequel j'entre en désaccord.

Freud en arrive alors à nouveau à la troisième perte d'illusion : l'homme se croyait « souverain dans sa propre âme », grâce à sa conscience

> qui surveille si ses propres émotions et ses propres actions sont conformes à ses exigences. Ne le sont-elles pas, les voilà impitoyablement inhibées et reprises.
>
> Car cette âme n'est rien de simple [...] une hiérarchie d'instances [...] un enchevêtrement d'impulsions [...] beaucoup d'entre elles étant contraires et incompatibles. Il est nécessaire à la fonction psychique que l'instance supérieure prenne connaissance de tout ce qui se prépare et que sa volonté puisse pénétrer partout pour y exercer son influence. Et le *moi* se sent assuré aussi bien de l'intégralité et de la sûreté des renseignements que de l'exécution des ordres qu'il donne.
>
> Dans certaines maladies et, de fait, justement dans les névroses, que nous étudions, il en est autrement. Le *moi* se sent mal à l'aise, il touche aux limites de sa puissance en sa propre maison, l'âme. Des pensées surgissent subitement dont on ne sait d'où elles viennent ; on n'est pas non plus capable de les chasser. Ces hôtes étrangers semblent même être plus forts que ceux qui sont soumis au *moi* ; ils résistent à toutes les forces de la volonté qui ont déjà fait leurs preuves, restent insensibles à une réfutation logique, ils ne sont pas touchés par l'affirmation contraire de la réalité. Ou bien il survient des impulsions qui semblent provenir d'une personne étrangère, si bien que le *moi* les renie, mais il s'en effraie cependant et il est obligé de prendre des précautions contre elles. Le *moi* se dit que c'est là une maladie, une invasion étrangère et il redouble de vigilance, mais il ne peut comprendre pourquoi il se sent si étrangement frappé d'impuissance.

Freud, après cette description de la non-seigneurie de l'homme sur son âme, évoque les deux réponses proposées, celle de la psychiatrie de son temps, et celle de la psychanalyse :

La psychiatrie conteste à la vérité que ces phénomènes soient le fait de mauvais esprits du dehors qui auraient fait effraction dans la vie psychique, mais elle se contente alors de dire en haussant les épaules : dégénérescences, prédispositions héréditaires, infériorité constitutionnelle !

Suit alors, sous la plume de Freud, la réponse de la psychanalyse sous la forme d'un discours au *moi* du patient. Ce discours m'apparaît comme un morceau d'idéologie pseudo-scientifique et, relisant ces lignes pour les présenter au lecteur, je me demande comment on a pu si longtemps l'accepter ; donc, la psychanalyse parle au *moi*, elle lui dit :

Il n'y a rien d'étranger qui se soit introduit en toi, c'est une part de ta propre vie psychique qui s'est soustraite à ta connaissance et à la maîtrise de ton vouloir. C'est d'ailleurs pourquoi tu es si faible dans ta défense : tu luttes avec une partie de ta force contre l'autre partie, tu ne peux pas rassembler toute ta force ainsi que tu le ferais contre un ennemi extérieur. Et ce n'est même pas la pire ou la plus insignifiante partie de tes forces psychiques qui s'est opposée à toi et est devenue indépendante de toi-même. La faute, je dois le dire, en revient à toi. Tu as trop présumé de ta force lorsque tu as cru pouvoir disposer à ton gré de tes instincts sexuels et n'être pas obligé de tenir compte le moins du monde de leurs aspirations. Ils se sont révoltés et ont suivi leurs propres voies obscures afin de se soustraire à la répression [...]. Tu n'as pas su comment ils s'y sont pris, quelles voies ils ont choisies ; seul le résultat de ce travail, le symptôme, qui se manifeste par la souffrance que tu éprouves, est venu à ta connaissance. Tu ne le reconnais pas, alors, comme étant le rejeton de tes instincts repoussés et tu ignores qu'il en est la satisfaction substitutive.

Mais tout ce processus n'est possible qu'à une seule condition : c'est que tu te trouves encore dans l'erreur sur un autre point important. Tu crois savoir tout ce qui se passe dans ton âme, dès que c'est suffisamment important, parce que ta conscience te l'apprendrait alors. Et quand tu restes sans nouvelles d'une chose qui est dans ton âme, tu admets, avec une parfaite assurance, que cela ne s'y trouve pas. Tu vas même jusqu'à tenir « psychique » pour identique à « conscient », c'est-à-dire connu de toi, et cela malgré les preuves les plus évidentes qu'il doit sans cesse se passer dans ta vie psychique bien plus de choses qu'il ne peut s'en révéler à ta conscience. Laisse-toi donc instruire sur ce point-là !

Les deux clartés que la psychanalyse nous apporte : « que la vie instinctive ne saurait être complètement domptée en nous et que les processus psychiques sont eux-mêmes inconscients [...] équivalent à affirmer que *le moi n'est pas maître dans sa propre maison.* Elles constituent à elles deux la troisième humiliation de l'amour-propre humain, je l'appellerai la *psychologique* ».

La terre n'est pas le cœur du monde, ni l'homme le fils de l'homme et, preuve ultime qu'il n'est qu'un animal, il ne gouverne pas en lui-même : voilà l'homme pour la science.

Trois opposants : le mythe, l'enfant, l'inconscient

Chacune de ces « vérités scientifiques » a eu son effet sur l'âme humaine. Difficilement mesurable mais certainement très important. L'effet Copernic ne concernait encore que le lieu de l'homme. Mais l'effet Darwin touche à sa généalogie et l'effet Freud à son âme. Plus proches de nous dans le temps, ces deux dernières découvertes nous atteignent au plus intime. Freud y voit avec raison des humiliations pour l'homme. Habitant d'une petite province du cosmos et non de sa capitale, l'homme n'a plus rien d'un dieu : il n'est, en son corps et en son âme, que le plus abouti des animaux.

Voilà en effet des humiliations que ces scientifiques nous infligent et s'infligent à eux-mêmes. L'homme, cet être qui cherche le plaisir mais aussi la lumière et la gloire, doit finalement baisser la tête et accepter d'avance ce que malheureusement il ne peut ignorer : sa vie animale et le néant qui l'attend. « Humiliations », a écrit Freud.

Toute mon expérience clinique va dans le sens contraire de l'acceptation de l'humiliation. Dans la vie de chaque personne, je vois d'abord ses conséquences désastreuses : infligée souvent pour des raisons prétendument éducatives — et Freud se croit un éducateur de l'âme humaine —, l'humiliation n'apporte qu'amertume, révolte ou désespoir. Il est probablement inévitable que nous commettions cette erreur d'humilier parfois autrui, mais il serait bien regrettable que, en plus, nous prêtions valeur à cette conduite. Pourquoi accepterais-je sans discuter une vérité sur l'homme qui m'est présentée comme une humiliation ? N'est-ce pas une catégorie morale et non scientifique ?

Cependant, dans une première approximation, je cherche si cette humiliation par la science, celle du temps de Freud en tout cas, n'aurait pas son utilité. A quoi serait-elle donc préférable pour qu'un homme comme Freud ait pu lui consacrer sa vie ? Que remplace-t-elle ?

Elle vient en lieu et place de la vérité mythique ou religieuse, selon la façon dont chacun qualifie les récits fondateurs. Telle qu'elle a été couramment transmise par les religions, l'explication de notre origine était-elle une si mauvaise nouvelle qu'on puisse mettre toute sa force à la faire disparaître ?

Les mythes de création, bien antérieurs à l'explication scientifique, mettent l'origine du monde en rapport avec le ou les dieux. Pour notre culture, le récit de la création en deux épisodes se trouve au début de la Bible, aux trois premiers chapitres de la Genèse.

Ce que nous gardons à l'esprit se résume souvent à cela : Dieu a fait tous les éléments du monde, puis, à partir de la terre, il a créé l'homme — homme et femme — et il l'a mis dans le paradis terrestre.

Y a-t-il une manière d'entendre cela qui serait une humiliation pire que l'humiliation scientifique ? Certainement. Dire que l'homme est créé, n'est-ce pas dire à l'homme que la vie lui arrive sans lui, qu'il n'est pour rien à lui-même ? Si l'homme est un objet vivant créé par un tout-puissant auquel il doit tout, en quoi est-ce heureux ?

Ne vaut-il pas mieux se croire le produit de la longue évolution de la matière plutôt que la chose de quelqu'un ? Peut-être la vie n'a-t-elle plus de sens avec la science : l'homme n'est plus fait pour « servir Dieu et l'adorer » ; du moins est-il libre, sans destin et sans autre dette que celle que se reconnaissait Freud, croyant citer Shakespeare : « Tu dois une mort à la Nature [1]. »

Objet du dieu ou objet du monde, après tout, qu'importe, pourrait-on penser. Le statut cependant est différent. Être objet face à l'unique sujet, n'est-ce pas plus humiliant que d'être objet parmi les objets du monde, partageant leur destin ? De toute façon après Freud, entre un mythe et une « vérité scientifique », l'époque a semble-t-il choisi.

L'enfant proteste

Comme souvent, l'enfant lui aussi conteste et de tous côtés : je veux dire, du côté de la science et du côté de la religion, et aussi bien du côté de la mort que de la vie. Lorsqu'on transmet officiellement aux enfants la version scientifique de l'origine de la vie,

1. Citation faite dans l'*Interprétation des rêves*, PUF, 1967, p. 131. Shakespeare, lui, a écrit : « Tu dois à Dieu une mort » (*Henri IV*, 1re partie, acte V, scène I, et 2e partie, acte III, scène II).

on réduit l'origine de l'enfant lui-même à l'acte de ses parents, l'acte sexuel, plus ou moins caché aux générations précédentes. Or, dans bien des cas, l'enfant commence par refuser cette explication : l'origine sexuelle de sa vie ne lui suffit pas ; non, il ne peut pas être venu que comme ça, il a dû arriver autrement chez ses parents. Et les psychanalystes ont noté la persistance de mythes des origines chez les enfants pourtant élevés en toute « vérité scientifique ». On a vu dans ce refus le signe de l'immaturité, d'un difficile renoncement aux illusions, comme on avait traité d'attardés les adultes qui refusaient de renoncer aux récits bibliques comme vérité sur l'homme.

« Où est-ce que j'étais avant d'être dans ton ventre ? » demande encore l'enfant auquel on croit avoir tout expliqué selon la biologie. Question sans réponse, enfin, sauf un « Tu n'étais pas » auquel l'enfant ne se soumet guère.

Comme est restée sans réponse, du côté religieux, la question de cette petite fille à laquelle on venait d'expliquer ce qui se passe quand on meurt : « Et quand mon corps ira en terre et mon âme au ciel, moi, où est-ce que je serai ? »

« D'où venons-nous, où allons-nous, quand est-ce qu'on mange ? » demande l'humoriste. Façon de dire que l'humain a besoin, de temps en temps, de poser une question qui trouve sa réponse, de revenir à un désir qu'il soit possible de satisfaire aujourd'hui.

A la question des origines, les deux grandes réponses données chez nous ont paru tout d'abord inconciliables entre elles. Le monde a-t-il été créé en six jours par Dieu qui, le sixième jour, a fait l'homme, ou bien le monde s'est-il développé sur des millions, des milliards d'années, voyant surgir la vie à travers toutes les espèces jusqu'à l'humain selon une longue évolution non achevée ?

Les découvertes de Darwin sur l'origine et l'évolution des espèces donnèrent lieu tout d'abord à des polémiques passionnées, puis les choses se calmèrent. Les autorités religieuses tâchèrent de trouver des arguments pour conserver le texte de la Genèse tout en admettant cette avancée de la science.

Cela posait tout de même de rudes questions. Quel était donc le statut de ce récit de la création aux premières pages de la Bible ? Mythe, allégorie, texte symbolique, mais de quoi ? Un récit, mais non historique. Récit « structural », racontant la relation et la conscience ? S'il ne s'agissait pas de faits au commencement de la vie, de quoi s'agissait-il ? On partit dans le rapprochement Matière-Parole. Il y eut de ces grandes visions générales où la Matière est lue comme déjà Esprit et montant vers le Verbe. Celle d'un Teilhard de Chardin, par exemple. Tandis que les scientifiques du ciel, avec leur explosion originaire, retrouvaient des accents bibliques : l'histoire de la lumière semble exiger un événement unique au début du tout début du monde.

Toutes les sciences profitèrent des découvertes de Galilée/Copernic et de Darwin. Les objets du monde, inanimés ou animés, apparurent plus objectivables, donc plus accessibles au regard de la raison. On sait avec quel succès les savants ont travaillé et travaillent toujours. Leurs conquêtes ont transformé notre milieu, allongé notre vie.

Celui que la Nature n'avait pas prévu :
l'homme qui parle

Apparurent enfin les sciences de l'homme lui-même, nouvelle terre des savants. Tandis que Darwin avait observé fossiles, plantes et animaux, des médecins, des psychologues observèrent l'être parlant. L'homme lui aussi est régi à son insu par des lois. Comme les animaux, il dépend de son organisme et de son environnement. Mais aussi de son organisation sociale. Car l'homme fabrique au-dessus de la nature comme un autre monde, celui de la culture.

Cependant, pour les grands savants agnostiques de notre temps, celle-ci ne constitue pas, à la fin, une véritable mutation de monde. Certes, la culture vient de ce que l'homme parle ; et, nos savants le reconnaissent, ce phénomène demeure lui-même sans explication. Mais l'homme des sciences de l'homme n'échappe pas au destin des autres êtres animés de cette planète et les œuvres de la parole n'apparaissent finalement que comme un plus long détour du vivant vers sa mort. Seul animal à connaître sa fin, l'être humain peut bien étudier et chanter un instant sa vie, rendant ainsi ses jours plus passionnants, plus dignes et même plus heureux. Tout cela ne change finalement rien : l'homme qu'étudie la science ne sortira pas vivant de ce monde.

Que l'homme ait été créé par un dieu tout-puissant selon son dessein ou qu'il soit sorti par hasard et sans nécessité de la matière, comment cela m'expliquerait-il ce qui a lieu dans mon cabinet comme dans celui de mes confrères, mais qui a lieu aussi, bien sûr, ailleurs — on peut accoucher à la maison ?

Qui voyons-nous venir, nous autres, psychanalystes ? Ceux qui, à un moment de leur vie, souffrent sans qu'on comprenne pourquoi de troubles divers, impossibles à enclore dans le nom d'une maladie du corps. C'est psychologique, dit-on : c'est de l'âme, c'est l'âme qui a mal, qui fait mal. Comment aidons-nous à guérir de ce mal-là ? En permettant que la personne parle. Et nous croyons ceci : si cette personne peut enfin dire, elle-même, souverainement, *en première personne,* ce qu'elle a vécu sans pouvoir parler, souffrance et tristesse cesseront. Ceci implique l'apparition d'une deuxième personne, d'une qualité du « Tu » devant lequel « Je » puisse advenir.

Que viennent faire ces notions grammaticales dans les graves questions de la maladie ? Assurément, il y a bien plus que de la grammaire lorsque quelqu'un peut enfin dire « Je » à partir de son propre corps.

Un exemple. Quelqu'un m'appelle, que j'ai il y a des années rencontré dans des circonstances publiques.

« Ici X...

— Bonjour, comment allez-vous ?

— Mal. C'est pour cela que je vous appelle. Est-ce que je peux venir vous voir, cette fois comme analyste ? »

Cet être humain — je n'en dirai pas davantage — vient d'apprendre qu'il a une de ces maladies que l'on sait mortelles dans bien des cas. Il veut parler. La maladie, l'anticipation de la mort lui ouvrent, en même temps que la souffrance et la peur, un espace inconnu, un temps rien qu'à lui, libéré de toute obligation de paraître ou de faire, jamais encore arrivé dans sa vie.

Cet être-là fera jusqu'à sa mort un chemin essentiel.

Et c'est, dans les derniers temps, un jour où il a simplement envie d'une nourriture particulière, autre que celle qu'on lui présente ; il la demande à ses proches. Il éprouve alors une immense joie et un sentiment de victoire. Le lendemain, il arrive à mon cabinet épuisé et rayonnant ; il me raconte cela. Ce moment est inoubliable pour nous deux.

Pourquoi inoubliable ? J'ai choisi cet exemple pour deux raisons. La première raison est déontologique : ce patient est mort, il ne parle plus ici. Fût-il vivant, ce ne serait pas au psychanalyste de raconter, même en préservant l'anonymat, ce que son patient avait dit et qu'il pouvait désirer taire, ou raconter lui-même un jour. La deuxième raison est que cet exemple m'a paru exemplaire d'être apparemment si peu fondé sur le contenu de ce qui était dit, une préférence alimentaire bien banale.

L'extraordinaire de ce petit fait pour l'être qui l'a vécu tenait en ceci : pour la première fois, *c'était lui qui parlait quand il parlait*. Et il en éprouvait un intense sentiment de victoire et de joie.

Quel est donc cet être-là qui s'éveille et parvient au

lieu de sa victoire ? Victoire de qui, sur quoi ? Pourquoi si heureux alors qu'il est à peu de sa mort ? Pourquoi, lui qui se dit athée, a-t-il choisi de dire cela à une psychanalyste dont il connaît l'intérêt pour les Écritures ? Et moi qui l'ai écouté des mois durant, qu'ai-je fait ?

Je ne sais pas, je crois. J'ai cru qu'il y avait en lui quelqu'un qui allait parler. Non selon ce qui était attendu, ce que moi-même j'attendais même sans le vouloir, mais selon lui, que je ne savais pas. Bien entendu, il parlait depuis bien des années. Mais s'il venait me voir, c'était certainement qu'il sentait que lui, le véritablement lui, n'était pas encore apparu, advenu, de sa chair et de son sang. Il ne voulait pas mourir avant d'avoir dit. Était-ce, comme on le croit spontanément, pour laisser de soi, avant de disparaître, un témoignage, un testament ? L'interprétation ne valait guère ici : une demande de nourriture ne représentait rien d'immortel à léguer.

Comment vais-je proposer au lecteur ce qui n'a été d'abord qu'une hypothèse et qui, de toute façon, par principe, ne sera jamais un savoir ?

Une parabole peut-être : c'est une fusée à trois étages dont deux seulement sont construits (à partir du sol le troisième et le deuxième), lorsque le personnage qui doit l'habiter s'y installe et que la fusée décolle. D'abord, le passager se trouve à l'étage inférieur, puis il monte au second et habite alors les deux étages construits, troisième et deuxième. La fusée inachevée vole dans le ciel selon la trajectoire et la force de sa lancée initiale. Un jour elle va retomber sur la terre et être détruite. Cependant, si son habitant parvient à construire un premier étage, cet étage-là ne retombera pas avec les deux autres : n'ayant pas été construit sur la terre, il n'est pas régi par les lois de la terre. Ce premier étage (chronologiquement le dernier) est l'œuvre du passager lui-même et ne peut être construit que par lui. S'il peut passer des deux étages inférieurs à ce nouvel étage, le passager n'est plus alors passager mais constructeur-pilote. Il échappe à la destruction qui attend le reste de la fusée.

Cette brève fiction est une des premières façons qui me soient venues de me représenter la vie de l'homme, d'abord parlé puis parlant. Il commence sa vie au troisième étage, c'est-à-dire à la troisième personne. Ses parents, son entourage parlent de lui ainsi, avant qu'il ne parle. Lui-même d'ailleurs commencera à parler selon cette forme grammaticale. Puis il devient « Tu » pour les autres et c'est en s'identifiant à ceux qui le parlent qu'il dira « Je » à son tour, et « Tu ». Cependant la relation est encore située aux deux étages inférieurs. « Tu » est un objet; un objet parlant, un objet aimé, mais encore un « Cela » qui parle [1].

La victoire de cet être humain qui est venu me parler avant de mourir a été, je crois, de l'ordre d'un changement d'instance, d'un changement d'étage. Pour la première fois il a parlé, non comme celui qui se trouve dans la relation d'objet parlant à objet parlant, mais souverainement, comme être qui demande ce qu'il désire. Ce que nul ne peut faire à la place d'un autre. Il a parlé comme celui qui conduit lui-même sa vie, et non comme celui qui réside dans la vie que d'autres ont construite pour lui. Et c'est au moment où l'être parlé allait mourir que l'être parlant s'est levé.

Il avait à dire : « je vais peut-être mourir » sans qu'on lui réponde : « mais non, voyons, il ne faut pas dire ça », comme le faisaient ses proches qui, dans leur désir de le voir s'éloigner de la mort, le détournaient de lui-même. Sans qu'on lui réponde non plus, en le disant ou sans le dire : « je ne peux plus rien pour vous », à la manière des médecins qui, certes, continuaient à le bien soigner, mais se détournaient psychiquement de lui. Sans qu'on lui

1. Je me souviens du si beau livre de Martin Buber, *JE et TU,* auquel je reviendrai.

réponde enfin — ce que lui n'envisageait même pas mais qui fait partie des empêchements à dire sa mort : « il n'y a pas de mort puisqu'il y a Dieu ».

Bien que, parfois, il eût des bouffées d'espoir qu'il allait guérir grâce à la cure analytique, il cherchait plus profondément, je crois, quelqu'un qui puisse se tenir à côté de lui ne pouvant rien pour lui, sans le détourner de sa mortalité, sans se détourner de lui qui allait mourir ni proposer en remplacement un dieu tout-puissant qui anéantirait sa mort. Car celui qui ne peut rien pour vous et demeure là, le « serviteur inutile », est indispensable en ceci : il écoute celui qui va parler, il l'attend et, ce faisant, il témoigne que personne d'autre que le sujet lui-même ne fera advenir la première personne. Je me tiens auprès de toi comme celui qui n'est pas toi, uniquement comme quelqu'un qui parle en première personne lui aussi. Et qui à présent t'écoute.

« Je voudrais manger », premier message de la vie vivante, est advenu lorsque « Je vais mourir » eut été entendu. Je dirais même : eut été cru. Dans ce « Je vais mourir », « Je » était enfin seul, personne ne se mêlait à ce « Je »-là. Pour la première fois, il était seul à parler en lui-même.

Rêves d'âme

Que dire encore de cette nouvelle instance qu'est le sujet ?

Après la parabole, le rêve. Lorsque j'ai commencé d'exercer cette profession, j'ai eu la surprise, moi qui avais été formée à l'école de Freud, d'entendre de personnes différentes le récit du même rêve ou plutôt de la même structure de rêve.

Le rêveur se voit tenant dans ses bras ou tenant contre lui un tout jeune enfant. Le plus souvent l'enfant est d'emblée du même sexe que le rêveur lui-même. Et s'il ne paraissait pas l'être tout d'abord, le détail qui avait pu faire croire à l'autre sexe se révèle ambigu et change de sens dans les associations : l'enfant est bien du sexe du rêveur. S'agit-il d'un enfant du rêveur ou de son entourage ? Non, ce n'est pas ça. Le rêveur lui-même quand il était enfant ? Pas vraiment. Qui est-il donc, qui est-elle donc ? Examinant mentalement l'enfant de ce rêve, le rêveur finit par dire : cet enfant, c'est moi. L'autre caractéristique de ce rêve est le sentiment de bonheur que le rêveur éprouve durant le rêve lui-même.

Que peut bien signifier cette relation à soi-même vue en rêve ? Et pourquoi est-elle si heureuse ? Je remarquai tout d'abord, avec celui qui me le racontait, que ce rêve n'arrivait pas à n'importe quelle heure dans la cure, dans la vie. Il était le messager d'une transformation psychique repérable à d'autres signes (évolution des symptômes, modification du comportement, des relations...) dont, sans rien théoriser, il n'était pas difficile de se représenter la nature.

Au fil des cures, j'appris à reconnaître ce type de rêve, rêve de l'apparition de l'âme sous des formes toujours différentes d'une personne à l'autre. Il peut aussi varier dans une même vie, s'enrichir dans la durée d'une cure de métamorphoses. Cet enfant qui pouvait, par exemple, être mort au début de la cure, lorsque la personne venait de sortir d'une grave maladie, réapparaissait plus tard vivant, souffrant des symptômes symbolisés du rêveur. Puis il était réaperçu et cette fois, par exemple, il parlait, disait quelques mots, de la plus haute importance évidemment dans l'histoire de la personne. Rêve particulièrement fort que le rêveur n'oublie pas, ressentant dès son réveil son importance pour lui. Selon la culture et l'histoire de chacun, les moyens d'expression diffèrent pour annoncer l'âme ; la représentation peut varier, il s'agit, je crois, d'un même phénomène psychique : la personne entre en relation avec l'être-qui-parle en elle : elle-même, véritablement.

Je me souviens que la première fois que je rencontrai ce rêve, mes propres associations ébauchées en séance s'étaient poursuivies le soir après mon travail et m'avaient guidée. Je m'étais d'abord souvenue d'une bribe de phrase ; la forme en était incertaine mais non le contenu : « mon âme contre moi comme un enfant contre sa mère ». Puis d'une carte postale que j'avais conservée d'un voyage à Venise, reproduction d'une des mosaïques de la basilique Saint-Marc : l'éveil d'Adam. A côté de lui, debout, était représentée son âme : c'était un petit personnage pourvu d'ailes qui volait près de sa poitrine, exactement semblable à lui en miniature.

« Mon âme comme un enfant contre sa mère. » Je retrouvai ensuite, par l'association avec l'église vénitienne, l'origine de cette expression ; un psaume (131, dans une traduction littérale) :

> YHWH, il ne se hausse pas mon cœur,
> ils ne se lèvent pas mes yeux
> et je ne vais pas dans les grandeurs
> et des prodiges hors de moi.
> Si non j'ai posé et fait silencieuse mon âme
> Comme un enfant sur sa mère.

Le mot « enfant » est ici remarquable dans le texte original, n'étant pas le plus habituel. Il vient du verbe « sevrer, être à maturité ». Cela fait sens, en effet : quand un fruit est mûr, il se détache de l'arbre. Quand un enfant est mûr, il quitte le sein de sa mère. Mon âme contre moi, comme un enfant mûr pour ne plus dépendre de sa mère. Plus en elle ou en tension vers elle mais simplement là, contre elle. Il va bientôt se nourrir par lui-même. Le cri inarticulé se taira : il va parler. Voici l'âme mûre du psalmiste ; il ne cherche pas ailleurs, hors de lui, dans les hauteurs, les grandeurs. Son âme est là, contre lui.

Homme ou femme, chacun va porter son âme. La métaphore de l'enfant contre sa mère est empruntée à la maternité mais son sens n'est pas exclusivement féminin. Les hommes portent leur âme comme les femmes. Nous connaissons ce fonctionnement de la métaphore maternelle que nous utilisons pour les œuvres de parole que nous appelons les arts. L'œuvre est conçue, portée par son créateur qui ensuite va la faire sortir de lui, par cette sorte de travail à la fois conscient et non volontaire qui se déclenche lorsque ce qui était en gestation parvient à maturité.

La première personne en vérité

Qu'est-ce que l'âme ? Je ne sais pas, mais elle, l'invisible, apparaît visible comme peuvent l'être les choses de la vie psychique : représentable dans le rêve, le poème, le tableau, précisément lorsqu'un humain accède dans sa parole à la première personne. Lorsque c'est vraiment à partir de lui qu'il parle, cela peut s'appeler « âme ». Est-ce que les animaux ont une âme ? Je ne sais pas. Mais il semble bien qu'ils n'aient pas l'usage de cette mystérieuse première personne dont nous, humains, supposons sans cesse l'existence chez ceux qui appartiennent à l'humanité. Cherchons-nous un exemple ? Partons pour le tribunal.

Quelle instance de l'homme est convoquée lorsqu'il s'agit d'établir la vérité ? Un témoin doit être quelqu'un qui parle en première personne. Parlant et non parlé. « Jurez-vous de dire la vérité, toute la vérité, rien que la vérité ? — Je le jure. »

Seul « Je » peut jurer. Il ne suffit pas de s'assurer de l'identité de quelqu'un ; la lecture de l'état civil est, certes, indispensable pour situer le témoin en son lieu d'humanité, mais il n'est en cela présent qu'à la troisième personne. Le juge doit s'adresser à lui à la deuxième personne et l'inviter à manifester sa présence. Et si le témoin ne répondait pas à la première, son témoignage ne pourrait être reçu. Convocation de « Je » pour la vérité. Il est tout à fait remarquable pour un psychanalyste que la première personne, lorsqu'elle se lève en nous, ne ment pas. Si c'est absolument « Je », c'est absolument vrai. Je puis mentir, il est vrai. Mais comment est « Je » lorsqu'il ment ? Le mensonge est pour nous un des signes de l'emprisonnement du véritable « Je » dans une pseudo-première personne qui n'est pas soi. C'est le dire qu'on falsifie, faute d'apercevoir le mensonge au niveau du disant. Il faudrait l'instance souveraine pour démasquer le mélange des personnes qui parlent. Or ce mélange, justement, empêche sa venue. Ce qui n'est pas énoncé de la confusion des sujets apparaît dans la substitution des objets ou des faits. Le mensonge révèle vraiment que le sujet ne peut dire.

C'est le propre de « Je » de dire la vérité. Avant de témoigner à propos de faits, je témoigne de la présence de mon âme qui, elle, a le plus grand rapport possible avec la vérité, au point que, si l'on suppose un « Je » véritable, « Je jure de dire la vérité » est, pour ainsi dire, une tautologie.

Cette première personne, quelle est donc son origine ? D'où sort-elle ? Quand, comment est-elle venue à l'humanité ? A coup sûr, elle ne fait pas partie de la série animale. Quant à la création divine, il faudra revoir de plus près les textes, mais, *a priori,* rien ne semble expliquer, dans les récits de la création, l'avènement tardif du sujet-qui-dit. Lorsque ainsi quelqu'un découvre que c'est lui qui parle quand il parle, cet extraordinaire phénomène ne relève ni de la nature (le biologique, la sexualité), ni de la divinité telle qu'elle est habituellement enseignée. Invisible comme toute la vie psychique, et même inaudible, l'instance-sujet peut cependant être perçue par la même instance chez autrui.

Le sujet qui apparaît n'est l'œuvre de personne ; par principe, pourrait-on dire. Nul ne peut créer un sujet libre et souverain. Et les éducateurs, s'ils l'oublient, préparent des moments difficiles. La souveraineté du sujet ne pourra d'abord faire qu'une chose : détruire l'objet parfait qu'on le faisait être. Cependant, l'être-qui-dit n'arrive pas n'importe où, n'importe comment, tout seul. L'expérience de la psychanalyse n'a cessé de confirmer la double nécessité d'une présence et d'une loi. J'y reviendrai au cours de cet ouvrage.

Je ne fais pour le moment que décrire, illustrer, associer. Le mystère de l'apparition en vérité d'un être qui parle en son propre nom est si grand qu'il me faut quelque naïveté pour m'y être lancée. Le lecteur voudra bien me pardonner d'aller tout d'abord comme en chemin, sans hâte et regardant alentour.

Le souvenir me revient de cette formule du patrimoine religieux : « engendré et non pas créé ». Il y a quelqu'un dans l'histoire dont on a dit cela et, sans me lancer encore vers cette nouvelle piste, je ne peux pas ne pas remarquer la coïncidence en moi de cette formule théologique avec la façon dont s'éveille le sujet en l'homme. Cet enfant que le rêveur porte, qui est lui-même, celui qui dit la parole — le verbe ? — semble arriver ainsi : engendré et non pas créé.

L'homme-qui-dit se trouve apparemment sans origine. Lorsqu'il est là dans l'histoire de l'humanité, il est là d'un coup, sans commencement. Le langage humain, mystérieusement pour nous, ne commence pas. Il faut qu'il y ait déjà du langage pour qu'il y ait du langage, qu'il y ait déjà des êtres parlants pour qu'il y ait un être parlant ; tous les savants, je crois, en conviennent [1]. De même, dans l'histoire d'un individu humain, lorsque sa parole à lui arrive, elle ne commence pas. Elle est tout à coup aperçue, petite, certes, mais déjà existante. Il y a déjà un parlant qui la tient contre lui.

Le sujet qui se révèle dans l'Histoire ne lui appartient-il donc pas ?

C'est cette propriété de l'humanité qui n'a cessé de m'intéresser, de m'émouvoir, de m'émerveiller. Sentiments que je partage certainement avec tous mes collègues psychanalystes : qui ferait ce métier

1. *Cf.* l'article « Langage », dans l'*Encyclopædia Universalis,* par Paul Ricœur.

d'écouter ce qu'aucune oreille n'avait pu entendre encore — le caché parce que le plus honteux, le plus terrifiant, le plus douloureux —, qui ferait ce métier s'il n'avait la confiance qu'à travers toute cette peur et cette souffrance finirait par surgir quelqu'un ?

Lorsque j'évoque la première personne, il ne s'agit pas du simple usage grammatical, ai-je dit. De tristes pratiques politiques nous ont assez montré, si nous l'ignorions dans nos familles, qu'un être peut, sous la contrainte, dire « Je » sans être le moins du monde auteur de ce qu'il dit : un autre ou un système d'autres lui dicte ce qu'il doit dire.

Ne nous arrive-t-il pas de discerner, « à l'oreille », entre une parole qui vient du fond et une autre qui sonne faux ? entre un mot d'enfant qui sort spontanément et une réplique apprise ? entre une réponse d'homme politique qui relève du calcul et une autre, franche et directe ? Le discernement s'effectue en nous sans que nous y prêtions attention. Si nous-mêmes ne vivons pas au niveau de la première personne, il n'y aura pas d'instance psychique suffisamment établie pour recueillir ce que pourtant nous avons perçu.

Une grande part de ce que nous appelons « intuition » s'exerce dans ce domaine. Il vous arrive — il m'arrive — de rencontrer quelqu'un que vous ne connaissez pas et, au bout de quelques instants de conversation, vous vous trouvez tout à fait à l'aise avec cet interlocuteur inconnu qui vous est lui-même vraiment présent. Parfois, on s'étonne de se reconnaître si bien alors qu'on ne se connaît pas et l'on cherche si l'on ne s'est pas déjà rencontrés, si l'on n'a pas des connaissances communes.

A quel monde mystérieux, à quelle vie, future ou antérieure (c'est parfois dans ces termes qu'on se le représente), appartient donc la relation d'un sujet avec un autre sujet ? Quelle parenté ont donc tous les humains sans aucune distinction de race, de sexe, de condition (« Ni homme ni femme, ni Juif ni Grec, ni maître ni esclave... ») lorsqu'ils parlent en vérité à la première personne ?

Un « Je » au-dessus de « Je »

Celui qui parle peut être sous l'emprise de ce que les psychanalystes appellent le Surmoi. Pour Freud, en allemand, c'était *Über-Ich,* littéralement : « Sur-Je ». Le sujet est au-dessous d'un autre, soumis à l'instance en lui-même qui correspond à « l'intériorisation des exigences et des interdits parentaux [1] ». Tel un État qui serait surveillé sur son territoire par des envoyés de la police fédérale, l'être humain, du fait de sa longue dépendance aux adultes qui l'élèvent — sans lesquels sa propre vie n'est tout simplement pas possible —, conserve en lui l'instance installée de ceux qui l'ont gouverné. Les rapports du sujet à cette puissance vont évidemment évoluer au cours de la croissance puis de la vie adulte. Cependant, Freud n'a jamais envisagé de véritable mutation dans les rapports du « Je » et du « Surmoi ». Un assouplissement tout au plus. Je m'interroge, quant à moi, sur le Surmoi tel qu'il est défini par la psychanalyse orthodoxe.

Tandis qu'étudiante en psychologie j'apprenais l'appareil psychique selon la psychanalyse, avec ce Surmoi indestructible qui ne disparaissait ni de la vie ni de la théorie de Freud, je vivais moi-même par la cure psychanalytique la mise hors de moi de la présence de mes parents et éducateurs. Et c'est en ethnologie, dans des cultures très éloignées de la science, que j'entendais décrire des expériences qui n'étaient pas très étrangères à ce que je vivais moi-même dans une thérapeutique qui se prétendait scientifique. C'était comme si l'analyste dans son silence attentif m'avait conduite, entre autres délivrances, à ce que formule une communauté afri-

1. Laplanche et Pontalis, *Vocabulaire de la psychanalyse.*

caine dans un rituel de dépossession : nomme ton *rab,* nomme l'esprit qui, en toi, n'est pas toi, l'ancêtre qui t'habite, qui doit sortir et te laisser en paix. Et l'ancêtre sera honoré par l'ancien malade comme ancêtre, hors de lui.

Qui ne s'est entendu, un jour ou l'autre, proférer des paroles dures à l'égard d'un enfant, paroles qu'il réprouve aussitôt dites et dont il gémit : « C'est exactement ce que me disait mon père et j'avais horreur de ça. » En disant cette parole dure, il a reconnu non seulement les mots mais jusqu'à l'intonation de la voix qui les lui disait. Et s'il gémit à présent, c'est de reconnaître en lui une autre voix que la sienne propre, qui lui fait répéter le mal qu'il a lui-même subi. Nous pouvons supposer sans risque qu'il en allait de même pour le père ; cette parole blessante n'était pas non plus la sienne. Peut-être n'avait-il pas pu, lui, la critiquer, fût-ce après coup. Sans doute croyait-il devoir la dire, ignorant sa propre douleur lorsqu'elle lui avait été dite.

Selon Freud, la première parole de la psychanalyse à l'homme souffrant est celle-ci : « Il n'y a rien d'étranger qui se soit introduit en toi. »

Étonnante ouverture : qu'en sait-il ? Qui peut le dire sinon celui qui souffre ? Cette position de Freud est, croit-il, scientifique. Nous dirions aujourd'hui : c'est une dénégation. C'est le Surmoi de Freud qui parle et non le sujet Freud ; cela se reconnaît au ton moralisateur : « La faute, je dois le dire, en revient à toi. » (En résumé : tu n'as pas su y faire avec tes instincts ; ils se sont révoltés et tu l'ignores.) Une telle position, lorsqu'elle a été observée au pied de la lettre par les psychanalystes — heureusement pas toujours —, a provoqué de la douleur [1], et les cliniciens qui, consciemment ou non, l'ont abandonnée ont rendu service à leurs patients.

1. Comme Freud a pu le faire chez sa patiente Dora, par exemple (*Cinq Psychanalyses*).

Pourquoi Freud parle-t-il comme un éducateur sévère qui refuserait de voir une responsabilité d'autrui dans la souffrance de l'enfant ? La voix de l'Autre est encore en lui. Après sa formule : « Là où Ça était, Je dois advenir », il eût été logique qu'un jour il en vînt à écrire : « Là où Surmoi était, Je dois advenir. » Mais il ne le dira pas. A-t-il raison ? Ou bien la voix parentale est-elle inexpugnable en lui ? S'il en était intérieurement privé, que se passerait-il ? Est-ce que plus rien alors ne le protégerait de la généalogie animale ? Je ne devrais même pas employer ce mot — généalogie — mais reprendre la formule qui convient, trouvée par lui : « L'homme n'est rien d'autre, n'est rien de mieux que l'animal, il est lui-même *issu de la série animale* » (c'est moi qui souligne).

La science ne peut expliquer la parole, ni la nature indiquer l'origine de la première personne, puisque l'animal lui-même n'y a jamais eu accès ; depuis le début, la parole humaine dompte l'animal. Mystère de tous les jours. Une chose est certaine : le domptage ne s'est jamais inversé.

Assurément, l'homme biologique peut bien être « issu de la série animale » ; et la découverte du code génétique rapproche encore matière et langage. Cela ne suffit pas à raconter l'être qui peut dire : « Je vais mourir. »

Vers quoi donc me tourner pour enquêter — entrer dans la quête — sur cette mystérieuse instance propre à l'être humain ? Si j'obéissais à Freud, je renoncerais à chercher encore. N'écrit-il pas, aux dernières lignes de l'*Avenir d'une illusion* :

> Non, notre science n'est pas une illusion. Mais ce serait une illusion de croire que nous puissions trouver ailleurs ce qu'elle ne peut nous donner.

Trouver ailleurs ? Il ne reste comme autre récit des origines dans notre culture que la version biblique. Dans une précédente recherche, il m'est apparu que le travail divin effectue la séparation symbolique des êtres afin qu'ils puissent entrer en alliance; dans la présence du garant, grâce à *l'interdit d'être l'autre,* donné en Éden; grâce à *l'invitation à ne pas avoir l'autre* faite à Abraham; il m'est apparu que le célèbre sacrifice d'Isaac, le fils, porte finalement sur le père en tant qu'il ne connaissait pas encore comment parler en tant que père humain, père d'homme. Le possessif (« ton fils ») qui emprisonnait le fils est détruit dans le langage (Isaac est appelé désormais « l'adolescent »); et c'est un bélier, géniteur sans parole, non-père, qui est immolé sur l'autel. J'ai peu à peu aperçu que le nom de Dieu lui-même et la loi donnée au désert peuvent être reçus comme respectivement le nom du sujet pur (c'est purement lui qui parle quand il parle) et la loi pour que les hommes y parviennent ensemble. J'ai donc commencé de voir que les textes du premier et du second Testament et les traditions qui s'en réclament peuvent intéresser au plus haut point ceux qui, à notre époque, cherchent à « devenir sujets »...

Mais je me trouve maintenant cherchant comment « Je » nous advient et, renvoyée à la religion, devant un double écueil dont je n'ai encore évoqué que le premier.

La justice du sujet

Il me faut d'abord distinguer, dans une première approche, la faculté intellectuelle de penser et la capacité de dire « Je ». L'accès à la première personne n'est lié ni à la richesse, ni au savoir, ni même à l'intelligence. Nous le sentons tous, je crois. Nous devinons parfois, derrière l'apparence de la réussite ou de l'échec, ce qu'il en est de l'âme de chacun. Le monarque apparemment puissant peut se révéler moins souverain que le dernier de ses sujets qui mendie devant son palais.

Une secrète justice semble présider à la distribution de cette richesse sans laquelle toutes les autres ne sont rien, cette richesse des richesses : être soi avec l'autre.

Disant cela, je revois un visage et je me souviens... C'était dans une ville du sud de la France, après deux jours d'une session sur la Bible et la psychanalyse où je me trouvais à la tribune avec un exégète et un théologien, devant un large public avec lequel nous avions débattu. A la fin, une femme en âge d'être grand-mère vint me voir, aux cheveux blancs, au beau visage; elle me dit quelques mots à propos de cette session puis me demanda si son fils pouvait venir me parler. J'étais étonnée : ce fils devait être un homme; pourquoi fallait-il que sa mère l'introduise ainsi auprès de moi ? Elle ne dit rien de plus. J'acceptai sans interroger. Alors s'avança un homme, de ceux que notre société compte au premier coup d'œil parmi les handicapés définitifs; j'éprouvai une seconde de surprise à le voir là, puis ce sentiment disparut sous son regard et je lui devins présente. Prenant son temps, il me dit d'une façon absolument souveraine : « T'étais là, et j'étais là, et c'était bien. »

Deux ans plus tard, je revins pour une autre session dans la même ville et devant ce nouveau public, racontant cette brève et inoubliable rencontre, je redis les mots qu'il m'avait donnés. A la fin, une femme s'approcha que je reconnus immédiatement; elle me dit avec émotion et gravité : « Dans les paroles que vous venez de prononcer, ce qui m'a le plus touchée, c'est que vous ayez dit : "Un *homme* est venu me voir." » J'appris le prénom de son fils. Nous nous quittâmes après quelques instants d'une rare intensité.

Justice du sujet. Aucune erreur chromosomique n'a pu empêcher que cet être ne s'installe tranquillement au royaume dont chacun devient roi en reconnaissant l'autre comme tel lui aussi. « T'étais là et j'étais là. »

C'était bien.

Il n'y a pas eu que de mauvaises nouvelles annoncées à l'homme dans l'histoire. Une religion tout entière, et peut-être la plus transformatrice de notre monde, se présente elle-même comme « bonne nouvelle » (Évangile, en grec *eu angelia,* heureuse annonce). Suprême bonne nouvelle en effet que celle d'une traversée de la mort qui aurait été effectuée par un homme et promise à tous ceux qui prendraient sa route. Jésus : le seul homme dont on ait dit, dont on dise encore qu'il est ressuscité ; la bonne nouvelle, qu'elle soit ou non un fait historique, est à coup sûr un fait de parole. Et ce récit, véridique ou non, s'est installé comme en un centre mystérieux de l'histoire. J'en veux pour signe le simple usage de ce calendrier posé à partir de sa vie, qui peu à peu s'est transmis à toute la terre. Non qu'il n'y ait d'autres comptes du temps, mais celui qui permet à toutes les nations de se rencontrer à une même table un même jour se trouve calculé à partir de cette nouvelle-là. Pourtant, la bonne nouvelle d'une victoire sur la mort, nouvelle par et pour laquelle les témoins n'ont pas craint d'affronter eux-mêmes la mort, s'est un jour inversée en devenant bonne nouvelle du prince. La bonne annonce n'a plus été *annoncée* comme l'avait demandé son fondateur mais, en des pays entiers, imposée ; et on a vu au cours des siècles des gens être tués sans le vouloir pour n'avoir pas cru à une bonne nouvelle dont auparavant les croyants s'étaient fait tuer souverainement. Le même nom de Jésus-Christ qui avait fait martyrs les premiers rendit meurtriers les suivants. En bien des lieux de la terre, ce nom n'était plus une heureuse nouvelle.

Et dans notre culture, quel effet a-t-il ? Quels effets, plutôt, car ils sont divers sans doute et la réponse demanderait, si elle était possible, d'infinies recherches. Pour m'en tenir seulement au sujet qui m'occupe, j'ai commencé par une très modeste enquête sur le versant « mauvaise nouvelle ». J'ai interrogé des gens que je rencontrais, d'origine chrétienne, sur ce qui leur paraissait le plus inacceptable dans l'Évangile ; mes interlocuteurs m'ont alors le plus fréquemment cité cette phrase : « suivre Jésus et porter sa croix ». L'idée de suivre quelqu'un en portant l'instrument de son propre supplice paraissait en effet assez dévastatrice pour la vie mentale. Déjà, vivre en « suivant » tout au long de sa vie un modèle serait une mauvaise nouvelle pour la conscience. Et suivre « le fils unique de Dieu », bien souvent présenté comme celui que l'homme n'égalerait jamais en dignité, ne serait-ce pas signer sa propre déchéance comme être libre, renoncer à parler jamais en première personne et chercher le salut spirituel dans la mort psychique ?

Ceci venait augmenter et compliquer le dossier : non seulement le sujet ne pouvait pas être créé, selon mon expérience clinique, mais encore il ne pouvait pas non plus être sauvé en suivant un autre sujet. Quelle que soit la longueur d'une tradition théologique, la situation de suiveur, fût-ce d'un messie, fût-ce de Dieu lui-même, entrait en contradiction avec ce que je connaissais de la souveraineté nécessaire au sujet. Comment, alors que j'avais trouvé tant de textes si justes dans les pages que j'avais pu retraduire du second Testament, pouvait-il s'y trouver une injonction d'une telle importance anthropologiquement fausse ? Il me faudrait certainement regarder de plus près ce passage.

Ni créé, ni sauvé : qu'allait-il rester de nos traditions fondatrices si je leur posais la question : qu'avez-vous fait de l'homme en première personne ? Est-il né chez vous ou bien ailleurs, peut-il être sauvé auprès de vous ou bien, sous couvert de salut, lui apportez-vous la mort ?

Est-ce en réponse à cette nouvelle devenue mauvaise, le christianisme, qu'ont été imaginées un certain nombre de bonnes nouvelles de remplacement, d'autres mots en « isme » (le communisme, pour les prolétaires... le nazisme, pour les Aryens...) ? Toutes bonnes nouvelles partielles pour l'humanité, qui comprenaient forcément la destruction d'un autre; cela s'appelle totalitarisme, c'est-à-dire le même renversement que le christianisme triomphant n'avait pas su ou pu éviter : un salut qui finit par donner la mort; aux ennemis d'abord, mais psychiquement aux « purs ». Pour les tueurs comme pour les tués, le meurtre est mortel. Et psychiquement plus mortel pour celui qui tue que pour celui qui est tué (si tu tues mon corps, tu tues ton âme). Mais qui a jamais pris l'initiative du meurtre sans avoir été au préalable psychiquement assassiné ?

Ma recherche semble donc me conduire tout d'abord en un lieu impossible. L'homme parlant tel que nous le fait connaître la pratique de la parole ne peut pas venir de la nature, bien qu'il soit en elle; cependant la culture scientifique de notre époque ne le reconnaît pas comme venant d'ailleurs. Quant à la culture traditionnelle de nos ancêtres, elle croit apparemment en un sujet à l'origine, Dieu, créateur de l'homme, et, dans le courant chrétien, en un autre sujet fils du premier, apparu dans l'histoire comme sauveur de la mort et dont la haute figure paraît repousser l'humain à une place de disciple, peu favorable à l'avènement de lui-même en lui.

La vie cependant chaque jour m'apporte, dans le dialogue de la cure, une vision tout autre de l'humain. Faisant JE de tout bois, mots ou rêves, actes ou symptômes, le sujet, à travers mille méprises, tend à se faire reconnaître d'un autre sujet; de cela peut résulter, comme « par surcroît », la guérison. Lorsque, par exemple, un être refuse une situation dommageable pour lui, s'il le fait par le corps, il lui faudra perturber une fonction corporelle pour exprimer ce refus (vomir, par exemple). S'il peut le dire verbalement, le symptôme disparaîtra. On parlera de guérison. Pourtant rien n'a changé; le message est le même. Il est seulement délivré par une autre instance. Quelqu'un a pu traduire. Le symptôme parlait déjà mais son porteur involontaire ne s'en reconnaissait pas l'auteur. C'est celui auquel il l'adresse, l'autre, qui va lui rendre le message qui lui appartient.

Cette traduction dans la cure repose sur la possibilité qu'a le psychanalyste de recevoir le message muet et de se situer par rapport à lui dans le mouvement de remontée au sujet : ce que vous me signifiez sans me le dire consciemment, « Je » l'entends et « Je » dis ce que j'ai entendu. Mouvement complexe : le message du symptôme arrive sans sujet, il pourrait bien être renvoyé de même. De pulsion à pulsion, d'inhibition à inhibition. Le dispositif même que Freud a prévu pour ces cures interdit à l'analyste toute réponse dont il serait lui aussi acteur sans être auteur. La cure promeut chez le patient cette instance guérissante de la première personne, et repose chez le thérapeute sur l'aptitude à lui-même y atteindre.

Comment alors ne pas poser à l'être parlant la question : « D'où viens-tu ? D'où nous arrives-tu, toi qui nous parles ? Quelles que soient ta philosophie, tes croyances, et fût-ce pour me démontrer comme Darwin et Freud que je ne suis qu'un animal promis au néant, tu utilises toi-même la mystérieuse parole humaine. Je ne te lâcherai pas que tu ne m'aies raconté comment il t'est arrivé de dire “Je”. »

Chapitre II

L'HOMME, LE DIABLE ET LE BON DIEU : LEUR PREMIER « JE » DANS LA BIBLE

« Je » n'est pas l'objet d'un savoir

Les sciences, même celles qui étudient le langage lui-même, ne peuvent raconter le commencement de la parole. Et l'expérience clinique de l'accès au verbe fournit sans cesse la preuve que « Je » ne s'atteint pas par le savoir. Tel expert en linguistique peut éventuellement rester en deçà de sa propre parole, tandis qu'un autre, fût-il d'un quotient intellectuel bien en dessous de la normale, y atteindra.

Je me souviens d'un dialogue étonnant entre un savant linguiste et ses auditeurs. Cet homme connaissait tellement de langues qu'on en restait confondu d'admiration. A la fin de sa conférence, quelqu'un lui demanda : « En quelle langue rêvez-vous ? » La réponse à cette fine question vint, surprenante : « Je ne rêve pas. » Alors, à côté de moi, une voix douce dit avec compassion : « Il connaît toutes les langues, sauf la sienne. »

« Je » n'est pas l'objet d'un savoir. Et lorsqu'on a inventé une méthode pour en trouver l'accès perdu, c'est une expérience, non une étude, qu'on a mise en place. L'accès à la première personne serait-il initiatique ? Notre société qui a banni à peu près tous les rites de passage ne peut aller contre cela, et, sous le couvert de la science, c'est bien une pratique du chemin qui s'est établie. Je suis frappée d'entendre le terme de « travail » appliqué dans ce champ. Comme bien des analystes qui exercent depuis un certain temps, je reçois des personnes qui ont déjà fait un temps d'analyse et qui disent : « J'ai fait un travail avec X... Je voudrais faire un travail avec vous... »

Certes, il n'y a pas que le travail-labeur mais aussi celui de l'accouchement ou du deuil. J'entends cependant comme un symptôme de notre temps, un symptôme de la psychanalyse elle-même peut-être, qu'elle soit qualifiée ainsi. C'est une expérience de vérité, non l'acquisition d'un savoir ou un « travail sur soi », comme on dit encore. Ce qui est recherché, c'est l'accès à sa propre vie, sa propre parole ; non l'atteinte d'une compétence. Même pour un futur psychanalyste.

J'ai donc pris le point de vue suivant : puisque nous ne connaissons pas « scientifiquement », par des faits répétables, l'origine de la parole, cherchons-la comme nous y invite maintenant la science elle-même. L'ethnosociologie avec Claude Lévi-Strauss nous dit en effet que, lorsque l'homme cherche comment il s'est séparé des animaux, c'est au mythe qu'il a recours.

Tandis que d'autres vont interroger d'autres cultures, je me suis résolue à interroger la nôtre, ce à quoi me convient ma quête personnelle tout aussi bien que les nécessités de mon métier. Même si le psychanalyste ne veut pas se poser ces questions pour lui-même, comment écoutera-t-il l'autre sans jamais se demander sur quoi sa parole repose, quelles pensées ont formé ses ancêtres, quel mythe fonde son humanité ?

J'avais déjà fait une première expédition dans ces récits et je me suis remise en route comme un ethnologue qui repart pour sa terre d'enquête. Avec une nouvelle question : notre mythe fondateur a-t-il quelque chose à nous apprendre sur l'origine du sujet ? S'il n'en était pas ainsi, serait-ce vraiment un récit fondateur d'humanité, puisque c'est justement l'instance du sujet qui nous assure de notre séparation d'avec le règne animal ?

Pour la millième fois peut-être, mais tout nouvellement, j'ouvris la Bible au premier livre. La recherche qui peut m'apparaître si compliquée avant que je m'y lance commence pour moi souvent comme un jeu d'enfant. Un jour où j'ai trop peu de temps pour faire quelque chose de sérieux, je me pose une question simple : quand est-ce qu'il dit « Je » pour la première fois, l'homme ? Et aussi le dieu, et, pourquoi pas, le diable ? Les deux premières réponses sont aisées.

Quand l'homme dit « Je »
pour la première fois, il a peur

Dans le premier récit de la Genèse, l'homme ne parle pas en première personne. C'est au second récit, après la transgression, que l'homme vient se cacher dans l'arbre en entendant YHWH Élohim circuler dans le jardin au souffle du jour et qu'il va parler « Je » (Genèse, 3, 9-10) :

> YHWH Élohim crie à l'Adam, il lui dit : Où es-tu ? Il [Adam] dit : j'ai entendu ta voix dans le jardin et j'ai eu peur. Oui, moi-même je suis nu et je me suis caché.

En hébreu comme en latin, par exemple, ou en espagnol, la personne est signifiée dans la forme verbale elle-même, sans qu'il soit nécessaire de faire précéder ce verbe d'un pronom. Celui-ci, lorsqu'il apparaît, marque donc une accentuation que le traducteur (ici André Chouraqui) a rendue par « moi-même » et que, pour ma part, je vais marquer par des majuscules ; ce même texte littéralement : « La voix de toi [j']ai entendu dans jardin et [j']ai-eu-peur parce que nu JE et [je] me-suis-caché. »

Curieux commencement pour la noble première personne humaine : elle arrive après la faute et non pas avant. Adam avait déjà parlé, mais seulement à la troisième personne, pour accueillir la femme : « Celle-ci, cette fois c'est l'os de mes os, la chair de ma chair [1]... » ; et la femme, seulement à la première personne du pluriel pour répondre au serpent (« Nous mangerons les fruits des arbres du jardin, mais... »), puis à la seconde, lorsqu'elle cite — ou croit citer — le discours divin (« Élohim a dit : Vous n'en mangerez pas... »).

Le premier JE sujet dit par un humain, au commencement du livre le plus connu du monde, est un JE malheureux, craignant la voix de l'Autre, un JE nu au sens de « dépouillé » (pour reprendre le commentaire de Rachi, conforme à la littéralité du texte), un JE d'homme caché. Un JE tout seul, alors qu'ils sont pourtant deux, qui a peur de TU. Un JE qui a perdu TU. Il n'est pas bon que l'homme soit seul dans le monde, ni que JE soit seul dans la parole.

Je me pose maintenant trois questions :

Avant l'épreuve de l'arbre interdit, l'homme n'avait pas encore parlé comme sujet. Puisque JE n'arrive qu'au-delà, cette épreuve était-elle donc nécessaire pour y parvenir ?

Pourquoi, la première fois qu'apparaît cette parole humaine en première personne, pourquoi est-elle dans la peur et la honte ? Si l'épreuve de l'Éden représente le passage initiatique vers la conscience, est-il fatal que cette conscience soit malheureuse ?

Enfin, troisième question et non la moindre : *qui donc a commis la faute puisque JE n'était pas encore là ?* Cette absence de la première personne lors du « péché originel », la suite vient la confirmer : interrogés par Dieu, l'un après l'autre, l'homme et la femme répondent en attribuant à un autre la cause de leur acte (Genèse, 3, 12-13). L'homme dit : « La femme qu'avec moi tu as donnée m'a donné de l'arbre, elle, et j'ai mangé. » La femme dit : « Le

1. Avec, il est vrai, déjà la marque de la première personne ; littéralement : « os de Je, chair de Je ».

serpent m'a abusée et j'ai mangé. » L'acte de manger s'est donc fait sous influence, celle de la femme pour l'homme et du serpent pour la femme. Ainsi, le véritable auteur de la transgression est chaque fois hors des personnes du dialogue. Ni JE, ni TU. La personne humaine en fin de chaîne a été soumise à ce qui n'est pas humain; c'est à ce qui n'est pas auteur (l'animal qui parle représentant la parole qui ne dit pas JE) qu'est attribué l'acte de l'homme et de la femme. La transgression n'a finalement que des acteurs. Je me demande si c'est le propre du mal d'être sans auteur. Est-ce parce que le sujet qui agit est absent de son acte en tant qu'être parlant que cet acte va vers sa mort? Et l'interdit était-il posé là pour permettre la vie et éviter la mort psychiques?

Cette lecture du mal, que j'appuie sur l'apparition des pronoms personnels dans notre mythe des origines, trouve appui du côté de notre vie psychique à nous. Lorsque j'écoute quelqu'un en analyse dire un acte « mauvais » qu'il a commis, n'étant ni parent, ni ami, ni juge, ni confesseur mais celle-qui-l'écoute en vue de lui-même, j'entends les divers états de conscience de celui qui a agi. Et j'ai toujours été frappée de cela, que de grandes traditions de sagesse nous transmettent encore mais qui ne peut entrer dans aucune de nos catégories scientifiques : il est de la nature du mal d'être très peu conscient.

Je prends un cas extrême. Les récits de meurtre, lorsqu'ils deviennent possibles, témoignent d'un basculement de la conscience. On ne tue pas, semble-t-il, dans le même état qu'on parle à l'autre. Ces deux états sont incompatibles, je crois, aussi fortement que la veille et le sommeil. N'a-t-on pas entendu le meurtrier qui se livre à la justice, par exemple, dire comment le meurtre a eu lieu puis qu'à un certain moment — trop tard — il s'est réveillé et a réalisé ce qu'il venait de faire.

Qui donc a tué? C'est moi; ce n'est pas JE. Nous avons connu des hommes qui ne se sont pas éveillés.

Lors des grands procès faits aux nazis après leur défaite, certains ont continué de dire sans regret : « J'ai obéi. » Qui obéissait ? Il semble que la première personne véritable n'avait pas surgi en eux. Ils sont apparus jusqu'à la fin inféodés à la parole d'un Autre, un super-sujet, seul habilité à parler. Ils n'ont pas véritablement obéi, ils ont exécuté. Un Autre était pour eux la première personne, un Autre *les* parlait.

Entre l'obéissance aliénée et la faute initiatique

Une question revient sans cesse dès qu'on s'approche de ce mythe fondateur : comment être libre devant le dieu ? Est-ce, comme le prônent les Églises, en lui obéissant, ce qui est tout de même paradoxal à première vue ? Est-ce, comme d'autres le suggèrent, en lui désobéissant, ce qui n'est pas moins paradoxal comme nous le verrons ?

Je suis moi-même sollicitée, emmenée vers l'un ou l'autre des multiples essais de compréhension de ce texte dit du « péché originel » dans notre culture. Lisant et relisant à plusieurs ce texte fondateur, il nous avait semblé que nous pouvions enfin traverser la figure du dieu « qui se réserve la connaissance », dieu qui siège sinon dans le ciel, du moins en bas de page de nos bibles et dans nos mentalités.

L'interdit de manger d'un seul et unique arbre apparaissait à notre lecture comme la première loi d'altérité ; il y a un point d'arrêt qui avertit : tout n'est pas objet dans le monde, tout n'est pas consommable. Il y a de l'autre et l'autre ne se mange pas. Du jour où tu en mangeras, tu mourras. La place même de l'interdit dans le texte — entre la formation de l'homme et celle de la femme — indiquait bien, à mon sens, qu'il s'agissait du respect de l'autre, condition même pour qu'il existe et donc que l'homme ne soit pas seul. Si l'homme mangeait tout, aucune différence ne subsisterait puisque manger c'est faire devenir soi. Une différence ne se connaît que par son respect. Aussi en sommes-nous venus à apprécier le « non-manger » comme un « bien connaître ».

Or, au cours des nombreuses séances de lecture commune que j'ai vécues, j'ai rencontré une autre interprétation : celle de la faute initiatique. Dieu aurait mis l'interdit *pour que* l'homme le transgresse et se libère ainsi d'un rapport infantile à lui. L'obéissance au commandement, dans cette lecture, ne pouvait être qu'une aliénation. Mais alors le cercle se refermait. Tout à l'heure j'écrivais que selon le texte, ou plutôt ma lecture du texte, ils avaient désobéi parce que chacun s'était trouvé aliéné à un autre. Voici que dans cette nouvelle interprétation l'homme, s'il avait été obéissant à Dieu, serait demeuré aliéné à lui comme un jeune enfant à ses parents. Où donc étaient le passage et la juste figure ? Dieu apparaissait cette fois comme le grand manipulateur de la conscience humaine. Il ne m'était pas plus sympathique sous cette forme moderne que sous les traits plus anciens du Tout-Puissant jaloux de sa prérogative divine. Tyran qui impose l'obéissance ou incitateur à la transgression ? Je cherchais un autre dieu, me disais-je, le dieu de la parole juste, et je renvoyais ces deux figures dos à dos.

Pourtant, si le nouveau dieu psychologue et manipulateur ne me fit guère impression, la souffrance de ceux qui cherchaient à le sauver ainsi me demeura présente. Comme pour Freud, je me demandais en quoi cette version était un progrès pour ceux qui la promouvaient. Il y avait bien quelque chose de bon à prendre dans la transgression. Si Dieu, comme le prétendait le serpent, était celui qui ne veut pas partager la connaissance avec l'humanité, transgresser son ordre était en effet se libérer d'un tyran. Mais alors, pourquoi la conscience qui surgissait était-elle craintive d'être nue et non heureuse de s'être éveillée ?

En tout cas, une chose était, pour moi et d'autres

avec lesquels je lisais, désormais certaine : ce texte, lu très attentivement, s'avérait beaucoup plus intelligent et mystérieux que ce que nous avions d'abord cru, croyance qui nous l'avait fait abandonner au cours de notre histoire collective aussi bien qu'individuelle. Nous ne nous demandions plus tant si le dieu de notre enfance existe ou non ; le mythe fondateur de l'Occident, en dehors de toute foi, est là devant nous (derrière nous, devrais-je dire) ; comme simples lecteurs nous sommes appelés à choisir entre plusieurs lectures de l'épreuve du jardin d'Éden, entre plusieurs figures de ce dieu :

— Cette épreuve était-elle celle de *l'obéissance à Dieu,* sans autre but que de choisir un camp (celui de YHWH ou celui du serpent), et alors elle ne concernait que les croyants ?

— Était-elle l'épreuve d'*accès à cette instance psychique non apparue avant elle,* celle du JE ? Auquel cas, me disais-je, cette affaire était trop importante dans la formation de la conscience pour « être laissée aux religieux ».

A l'intérieur de cette deuxième lecture, l'obéissance à l'interdit pouvait être lue :

soit comme signe de soumission-aliénation, donc non-accès à la conscience (version « faute initiatique » : si je fais ce que tu me commandes, je ne dirai jamais JE) ;

soit comme...

... voulant terminer cette phrase, je me suis vite aperçue de la difficulté nouvelle. Comment l'obéissance à un interdit pourrait-elle être un chemin d'accès à la conscience ? Notre culture semble non préparée à répondre à une telle question.

Il me faut donc repartir vers l'autre livre, celui de la vie, pour avancer. Et dans ce livre revenir aux premières pages, l'enfance. Juste un exemple, léger ; la parabole n'a peut-être pas besoin de plus de poids.

Un tout jeune garçon entreprend de frapper avec un marteau sur un morceau de bois qu'il a appuyé sur une table. Cette table est ancienne, le bois en est peu résistant, les coups de marteau vont l'abîmer. Le père fait remarquer à l'enfant que cette table est fragile et lui demande de ne pas continuer mais d'aller au jardin où il trouvera un autre appui pour taper. L'enfant, après une hésitation, recommence à taper une fois, puis regarde son père. Le père regarde l'enfant mais ne dit rien. Alors, le petit se lève avec ses outils et se dirige vers le jardin : en passant, il tape d'un petit coup de sa main la main de son père et sort en riant.

Obéir, mais pas à toi ; à ce qui est vrai dans ce que tu as dit. Désobéir à ta voix, désobéir à *ta* loi ; en une fois vérifier qu'elle n'est pas tienne (tu supportes la transgression-question), puis obéir à la parole ; passer de ton côté, toi qui dis la loi mais qui n'es pas la loi ; le dire à la façon d'un enfant ; ma main, ta main ; ma main te donne un petit coup, mais ce n'est déjà plus taper, c'est signifier : ma main parle à ta main de ce coup qu'elle ne donnera plus à la table.

Quand Dieu dit JE, Vous êtes là

Pour chercher où Dieu dit JE, il me faut remonter dans le texte biblique.

Dans le premier récit, le récit de la création, au fur et à mesure que les six jours se déroulent, *les personnes grammaticales apparaissent dans la parole divine.* Je vais tout à l'heure examiner ce déploiement. Pourquoi en effet serait-il moins important que celui de la matière ? N'est-il pas étonnant, à la réflexion, qu'on ait bien davantage examiné l'apparition des choses du monde que l'apparition des six personnes dans ce récit ? Pour le moment, je continue ma coupe « première apparition de JE » ; et je me demande ce qu'il en est pour Dieu. Cela fera-t-il une différence avec l'homme ? Une différence avec le diable aussi peut-être ? (Même si j'ignore ce que ce mot recouvre, je puis étudier comment la parole fonctionne lorsque le sujet est appelé « diable ».)

Ce que je trouve me paraît maintenant aller de soi, mais je n'y avais pas pensé et, comme souvent, l'évidence ne fait pas seulement du sens, elle fait aussi du bien. Le dieu unique du monothéisme révélé est-il une exception parmi tous ceux que l'humanité a appelés « dieu » ? Je ne sais, mais je constate qu'il ne parle pas à la première personne avant qu'il n'ait fait l'autre (Genèse, 1, 27-29) :

Élohim crée l'Adam à sa réplique
à la réplique d'Élohim il le crée
mâle et femelle il les crée.
Élohim les bénit. Élohim leur dit :
« Fructifiez, multipliez, emplissez la terre, conquérez-la
Assujettissez le poisson de la mer, le volatile des ciels,
tout vivant qui rampe sur la terre. »
Élohim dit : « Voici, *je vous ai donné* [1]
toute l'herbe semant semence, sur les faces de la terre :
pour vous il sera à manger. »

Je remarque d'abord qu'à l'apparition du couple humain le narrateur écrit : Élohim *leur* dit. C'est la première fois qu'Élohim dit *à* quelqu'un. Il avait bien déjà parlé *pour* les animaux des eaux et pour les oiseaux, et la formule était un peu différente. (« Élohim les bénit pour dire... »)

Le nouveau dans la parole du Créateur arrive au moment où apparaît l'être auquel il peut parler. L'autre parlant est là, « Je » arrive. Pas avant. Et cela dit déjà quelque chose de celui qui parle dans ce texte. La première personne divine se présente ici pour la première fois [2]. Et c'est pour donner nourriture à l'autre. Ce dieu-là n'est pas un grand magicien dans sa parole toute-puissante. La Bible est le lieu où il n'est pas écrit : « Je crée la lumière » mais « Que soit la lumière ». Peut-être vaut-il la peine de sentir la différence. Celui qui pourrait être pris pour le JE

1. C'est moi qui souligne cette première personne dans la bouche du divin.

2. Le « Nous » divin cependant a précédé « Je », et fondé l'humain ; je vais y revenir.

total de l'Histoire apparaît ici très autrement. C'est seulement quand l'autre est là — et même l'un et l'autre, mâle et femelle — qu'il se permet, si je puis dire, d'employer la première personne. Lorsqu'il parle, lui, c'est que d'autres peuvent parler.

On peut n'y voir qu'une extrême générosité divine. Mais il se trouve que c'est aussi une loi de la parole : le véritable JE ne surgit pas sans la possibilité qu'un autre le dise à son tour. (Les psychanalystes reconnaissent qu'il faut être, virtuellement du moins, trois pour que deux se parlent ; sans aller plus loin, je remarque seulement ici qu'ils sont bien trois : Élohim et l'humain, mâle et femelle.)

La première personne divine donne ce qui est nécessaire à la vie et respecte les lois de la parole. Elle donne la chose dont l'humain a besoin pour vivre. Elle donne, ou plus exactement, elle « a donné » : le verbe est à l'accompli en hébreu. Cela, la parole divine le dit. Ce qu'elle ne dit pas, mais qu'elle a déjà donné aussi, c'est le respect de n'être pas venue sans nous. JE a donné la nourriture : est-ce seulement l'herbe, le fruit à manger ? Elle aurait pu donner cela sans se dire elle-même. Or justement non : la première personne divine s'implique dans le don de ce qui est nécessaire à la vie humaine, l'objet n'est pas donné à l'autre sans que ce soit le sujet qui le lui donne. C'est du sujet que l'humain reçoit de quoi vivre.

Si la parole humaine devait s'inventer aujourd'hui son dieu, serait-il bien différent ?

Le faux JE du diable

Et le diable, que dit-il ? Si je rassemble les différents endroits, peu nombreux d'ailleurs, où il est explicitement question de lui — appelé le serpent dans la Genèse, Satan dans les autres textes —, que vais-je découvrir ? Comment parle-t-il, cet adversaire (« Satan » veut dire adversaire) ?

D'abord au tout début : le serpent de la Genèse s'adresse à la femme mais ne se présente jamais lui-même comme sujet de ce qu'il dit. Les sujets de ses phrases sont « Élohim » et « Vous ».

Ensuite au livre de Job. Cette fois, il est appelé « le Satan ». Là non plus, pas de sujet-Satan. Même dans la réponse où il devrait dire « Je », étant directement interrogé, il l'évite en employant l'infinitif :

> YHWH dit au Satan : « D'où viens-tu ? » Le Satan répond à YHWH et dit : « De naviguer sur terre et d'y cheminer. »

Puis de nouveau les sujets de ses phrases sont Dieu et Job. Si ce serpent-Satan représente bien l'anti-verbe, il est tout à fait logique qu'il n'emploie jamais la première personne. C'est même précisément de cela qu'il s'agirait : la relation d'être parlant à être parlant ne pourrait advenir dans l'usage diabolique de la parole. D'où que l'animal-qui-parle, irréel, en soit la figure. Irréel et pourtant opérant. Opérant en tant qu'il rend irréel celui qui le croit. Ce personnage, qui a dépouillé psychiquement Adam et l'a laissé apeuré et honteux de sa nudité, met Job à nu, physiquement, dépouillé même de sa peau. En vain cette fois : Job traversera le désespoir tout droit, sans se tromper de parole [1].

Satan représente dans le texte biblique, du point de vue de la parole, l'adversaire du sujet. Il semble survenir lorsqu'il est l'heure pour un être d'accéder à la première personne et il en représente peut-être le non-accès, la haine même (Satan dit à YHWH que Job le maudira).

J'en étais là de mes recherches et il me semblait cohérent que le dieu de la Bible ne se comporte pas comme un parlant-tout-seul, un tout-parlant, et

1. Par sa parole insoumise, Job-le-juste qui ne parlait pas encore deviendra Job-qui-dit-JE, à TU qu'il ne connaissait pas encore. Affaire à réexaminer...

n'apparaisse comme sujet qu'au moment où il a suscité (formé, créé ?...) d'autres avec lui. Pas de JE sans TU. Et puis cette première parole : « J'ai donné... » En opposition à cette figure, celle du diable, celui qui divise, qui travaille à ce que jamais JE et TU ne se rencontrent ; bien entendu, me disais-je, celui-là ne dit pas JE.

Tout cela semblait bien en place, et même si je trouvais toujours bien mystérieux ces personnages, du moins faisaient-ils sens entre eux et avec l'homme. Du JE de Dieu, qui vient avec l'autre, au JE apeuré de l'humain, couple parlant devenu comme un seul après qu'il a obéi à celui qui parle sans dire, tous ces éléments me semblaient correctement ajustés ensemble.

Cependant, il me fallait aussi rendre visite au second Testament. Que disait le diable dans les récits évangéliques ? Là du moins, ne parlait-il pas à la première personne ? Mon hypothèse s'effondrerait donc, pensais-je en allant chercher le livre. Ou bien alors, il me faudrait désormais ne plus voir de continuité entre les deux traditions si, sur un point pour moi aussi essentiel que l'usage des personnes du verbe, elles s'avéraient contradictoires.

Le diable du second Testament

Nous sommes dans les récits évangéliques après le baptême de Jésus. Il n'a pas encore parlé de lui-même en première personne, du moins pas de façon pleine, mais seulement comme complément d'objet ou sujet d'un verbe à l'infinitif ; à douze ans, au Temple, il répond à ses parents qui le cherchent depuis trois jours : « Pourquoi me cherchez-vous ? Ne savez-vous pas que [littéralement] il convient à ce qui est de mon père moi être ? »

En revanche, au baptême (il a quelque trente ans), Jésus a déjà reçu la parole divine en seconde personne : « Tu es mon fils... »

Or, c'est précisément cette parole qui est mise en doute par le diable dans l'épreuve du désert, l'épreuve de la parole qui défait la parole. « Si tu es fils de Dieu... », dit le diable (Matthieu, 4, 3; Luc, 4, 3). Les premières tentations commencent ainsi et restent dans la logique première du Satan : il n'emploie pas la première personne. Comme précédemment, son interlocuteur ou Dieu sont sujets des verbes qu'il emploie. Puis un changement radical se produit[1] dans la tentation où le diable ne commence plus par la phrase « Si tu es fils... » ; c'est justement alors qu'il dit « Je » (je reproduis les deux passages tels qu'ils sont présentés dans la synopse de Benoit et Boismard) :

[Matthieu, 4, 8-9]	[Luc, 4, 5-7]
Le diable l'emmène encore sur une très haute montagne et lui montre les royaumes du monde et leur gloire et lui dit :	Et le conduisant en haut, il lui montra en un instant tous les royaumes de l'univers et le diable lui dit :
« Tout cela je te le donnerai	« Je te donnerai toute cette puissance et leur gloire car elle m'a été remise et je la donne à qui je veux.
si tombant à mes [pieds] tu te prosternes. »	Toi donc si tu te prosternes devant moi elle t'appartiendra toute. »

Le diable et le bon Dieu : le don du sujet

La première personne apparaît bien ici dans la bouche du diable-Satan, et c'est pour donner, lui aussi, comme le Dieu du commencement. Je ne peux pas dire le contraire. Il me reste à le comparer avec

1. Même si l'ordre des deux dernières tentations est interverti dans le texte de Luc, cela ne change rien à la logique dans laquelle je me situe.

la première personne divine, espérant que cette confrontation nous dira quelque chose. Les phrases comportent un sujet, un verbe et un complément d'objet.

Verbe : JE-Élohim *a donné,* c'est accompli lorsqu'il parle et sans condition.
JE-Satan *donnera* au futur et sous condition.

Objet : JE-Élohim a donné *la nourriture* pour la vie de l'humain, mâle et femelle.
(La domination humaine s'exercera sur les animaux.)
JE-Satan donnera *la domination* à un homme sur tous les autres hommes.

Sujet : Élohim ne dit pas *JE avant que ne soit l'être parlant* et même la relation d'êtres parlants. *JE est devant VOUS (TU + TU).*
Satan ne dit JE qu'au moment précis où il abolit chez l'autre la possibilité de le dire à son tour. *JE n'est pas devant TU mais devant non-JE.*

Car quiconque se prosterne devant un autre s'en remet à l'autre de sa possibilité de parler en première personne. Si l'autre ne le relève pas, il demeurera son esclave. Non pas serviteur qui rend service, mais esclave qui n'accède pas à la dignité d'homme, dont la parole ne vaut pas, qui ne vaut pas pour la parole.

La première personne du diable est donc, selon les critères de la parole, un faux. Il dit : Je te donnerai... car « je donne à qui je veux ». Que donne-t-il ? Ce qui lui a été livré et non donné. Par qui ? Personne avant lui. Et puis, il y a un JE de trop dans cette phrase. C'eût été tout différent s'il avait dit : Je donne *à qui veut* (et non « à qui *je* veux »). La différence avec le véritable don est infime, une fois de plus, mais décisive : à la place de l'autre, il y a lui.

Ainsi se trouve donc révélée jusqu'au bout la logique de l'adversaire. Jamais sujet dans la parole ou bien seul à l'être. S'il y a un autre, JE n'y est pas. Si J'y suis, point d'autre (c'est encore lui de l'autre côté du verbe, le même). Si enfin Satan parle de lui-même, c'est pour être le seul à parler. Est-ce parler ?

Je reviens au commencement, où le serpent de l'Éden ne parle que pour empêcher JE d'advenir. En effet, ce qu'il dit à la femme pourrait se transcrire ainsi : mangez l'interdit de tout manger et vous serez comme des dieux, vous ne mourrez pas. Or, reconnaître un autre sujet, c'est toujours accepter une limite à sa propre puissance. Si nous l'acceptons, c'est que nous y gagnons ce que la toute-puissance ne peut donner : la présence. Présence de l'autre qui peut aussi parler, présence bonne, non imaginaire, non mêlée à soi. Le serpent propose de manger-détruire l'interdit qui rendait possible la présence réelle. Les religions monothéistes appellent souvent leur dieu le Tout-Puissant. Dans l'ordre de la parole, c'est lui faire injure. En face du Tout-Parlant, il ne peut y avoir personne. Or, la tentation est promesse du Tout, le mot ou le sens de la totalité apparaît chaque fois que Satan parle. Le dieu Tout-parlant, le Tout-Puissant, c'est lui, Satan. Tandis que le sujet-Dieu, apparemment proche de cette figure, en est au plus loin ; non pas au pôle opposé : dans un autre règne [1]. Il parle du Tout-sauf-un, du Pas-Tout nécessaire pour parler avec l'autre. Discerner entre l'usage symbolique de la parole (qui sépare pour réunir) et son usage diabolique (qui divise en confondant) est vital pour l'humain. Le second usage mène à la destruction du sujet tandis que le premier mène à son advenue, à l'alliance avec d'autres sujets, au bonheur de l'être-avec-l'autre, peut-être même à l'autre monde.

Parcourant les deux Testaments, je m'étonne d'y découvrir que la première fois que le dieu dit JE,

1. Je m'interroge sur la cohérence de la formule « le père *tout*-puissant ». Peut-on être père sans impliquer l'existence d'une autre pour que sa propre puissance agisse ? Père — comme Mère d'ailleurs — veut dire : Pas tout.

comme la première — et seule fois — où le diable dit JE, le verbe qui suit soit le même : donner. Comme si l'acte fondamental, le propre du sujet était ce don. Quel est-il donc, ce don du sujet ?

Le don du JE-Satan, c'est la toute-puissance d'un seul; ce don est sans loi mais conditionnel. A condition que tu te prosternes devant JE; le don du diable ne rend pas semblable à lui puisque seul peut le recevoir celui qui consent d'avance à ne pas devenir JE. La toute-puissance est promise mais l'être qui la recevra ne sera plus, c'est le donateur qui régnera en lui. Marché de dupes. Mort du sujet. Quant au diable lui-même, un sujet qui n'a pas d'autre ne peut demeurer. Finalement, néant.

Le don du JE divin, c'est la présence mutuelle; il est sans condition mais non pas sans loi. A quoi sert la loi ? Précisément à permettre à celui qui recevra le don de le recevoir en tant que sujet lui-même. Le don du sujet divin à l'autre, c'est l'avènement de cet autre comme sujet, c'est la vie même de sujet. JE-DIEU a donné qu'advienne, dès qu'il garde la loi de la parole, un autre JE. Tous deux demeurent. Divins.

Usage diabolique de la parole ? Comment ne pas évoquer ce « Heil Hitler ! » qui devait remplacer toute salutation de moi à toi, de l'un à l'autre ? Un nom à la place de tous les noms. Un seul JE au-dessus de tous. Est-ce seulement un événement politique, une erreur de l'histoire ici ou là ? N'est-ce pas plutôt, comme nous l'enseignent nos récits des origines, l'épreuve humaine par excellence, celle que traverse tout être parlant lorsqu'il arrive à terme de lui-même, lorsqu'il est l'heure pour lui de « naître d'en haut », de choisir cette fois sa vie et sa parole ?

Je me trouve donc devant des récits qui comportent bien la couleur du mythe, avec la présence d'êtres invisibles en ce monde (le dieu, l'animal qui parle, le diable), signes de non-historicité. Ce qui me porte à penser qu'il s'agit encore une fois de faits psychiques, invisibles dans la matière. L'origine psychique de l'humain ne peut être racontée que mythiquement.

Aucun examen de fossile ni de gène, aucun électroencéphalogramme ne nous permettra d'observer cela qui, pourtant, a lieu dans nos corps biologiques. Il y a longtemps que nous le savons : l'examen de la matière cérébrale ne peut nous expliquer la pensée. Et c'est le mythe qui nous en donne à entendre le processus pour la culture qui est la nôtre.

Les paroles du Créateur

Je reviens maintenant au texte pour voir comment y apparaît la parole elle-même, comment se déploient les différentes personnes grammaticales. J'examine ici non pas les phrases du narrateur, le récit à la troisième personne, mais les paroles attribuées à Élohim lui-même, à l'Être parlant, au long de ce premier récit de création. Afin que le lecteur puisse, s'il le désire, avoir sous les yeux l'ensemble de ce récit de sept jours où je vais suivre ce déploiement de la parole, je recopie ici la traduction André Chouraqui en mettant simplement en majuscules les paroles du Créateur (Genèse, de 1,1 à 2,3) :

1 (1) En tête Élohim créait les ciels et la terre,
(2) la terre était tohu-et-bohu,
une ténèbre sur les faces de l'abîme,
mais le souffle d'Élohim planait sur les faces des eaux.
(3) Élohim dit : « UNE LUMIÈRE SERA. »
Et c'est une lumière.
(4) Élohim voit la lumière : quel bien !
Élohim sépare la lumière de la ténèbre.
(5) Élohim crie à la lumière : « JOUR. »
A la ténèbre il avait crié : « NUIT. »
Et c'est un soir et c'est un matin : jour un.

(6) Élohim dit : « UN PLAFOND SERA AU MILIEU DES EAUX :

IL EST POUR SÉPARER ENTRE LES EAUX ET ENTRE LES EAUX. »
Élohim fait le plafond.
(7) Il sépare les eaux sous le plafond des eaux sur le plafond.
Et c'est ainsi.
(8) Élohim crie au plafond : « CIELS. »
Et c'est un soir et c'est un matin : jour deuxième.

(9) Élohim dit : « LES EAUX S'ALIGNERONT SOUS LES CIELS VERS UN LIEU UNIQUE, LE SEC SERA VU. »
Et c'est ainsi.
(10) Élohim crie au sec : « TERRE. »
A l'alignement des eaux, il avait crié : « MERS. »
Élohim voit : quel bien !
(11) Élohim dit : « LA TERRE GAZONNERA DU GAZON,
HERBE SEMANT SEMENCE, ARBRE-FRUIT FAISANT FRUIT POUR SON ESPÈCE,
DONT LA SEMENCE EST EN LUI SUR LA TERRE. »
Et c'est ainsi.
(12) La terre fait sortir le gazon,
herbe semant semence, pour son espèce
et arbre faisant fruit, dont la semence est en lui, pour son espèce.
Élohim voit : quel bien !
(13) Et c'est un soir et c'est un matin : jour troisième.

(14) Élohim dit : « DES LUSTRES SERONT AU PLAFOND DES CIELS,
POUR SÉPARER LE JOUR DE LA NUIT.
ILS SONT POUR LES SIGNES, LES RENDEZ-VOUS, LES JOURS ET LES ANS.
(15) CE SONT DES LUSTRES AU PLAFOND DES CIELS POUR ILLUMINER SUR LA TERRE. »
Et c'est ainsi.
(16) Élohim fait les deux grands lustres,
le grand lustre pour le gouvernement du jour,
le petit lustre pour le gouvernement de la nuit et les étoiles.

(17) Élohim les donne au plafond des ciels pour illuminer sur la terre,
(18) pour gouverner le jour et la nuit,
et pour séparer la lumière de la ténèbre.
Élohim voit : quel bien!
(19) Et c'est un soir et c'est un matin : jour quatrième.

(20) Élohim dit : « LES EAUX FOISONNERONT D'UNE FOISON D'ÊTRES VIVANTS,
LE VOLATILE VOLERA SUR LA TERRE, SUR LES FACES DU PLAFOND DES CIELS. »
(21) Élohim crée les grands crocodiles, tous les êtres vivants, rampants
dont ont foisonné les eaux pour leurs espèces,
et tout volatile ailé pour son espèce.
Élohim voit : quel bien!
(22) Élohim les bénit pour dire :
« FRUCTIFIEZ, MULTIPLIEZ, EMPLISSEZ LES EAUX DANS LES MERS,
LE VOLATILE SE MULTIPLIERA SUR TERRE. »
(23) Et c'est un soir et c'est un matin : jour cinquième.

(24) Élohim dit : « LA TERRE FERA SORTIR L'ÊTRE VIVANT POUR SON ESPÈCE,
BÊTE, REPTILE, LE VIVANT DE LA TERRE POUR SON ESPÈCE. »
Et c'est ainsi.
(25) Élohim fait le vivant de la terre pour son espèce,
la bête pour son espèce et tout reptile de la glèbe pour son espèce.
Élohim voit : quel bien!
(26) Élohim dit : « NOUS FERONS ADAM — LE GLÉBEUX —
À NOTRE RÉPLIQUE, SELON NOTRE RESSEMBLANCE.
ILS ASSUJETTIRONT LE POISSON DE LA MER, LE VOLATILE DES CIELS,
LA BÊTE, TOUTE LA TERRE, TOUT REPTILE QUI RAMPE SUR LA TERRE. »
(27) Élohim crée le glébeux à sa réplique,
à la réplique d'Élohim, il le crée,
mâle et femelle, il les crée.

(28) Élohim les bénit. Élohim leur dit :
« FRUCTIFIEZ, MULTIPLIEZ, EMPLISSEZ LA TERRE, CONQUÉREZ-LA.
ASSUJETTISSEZ LE POISSON DE LA MER, LE VOLATILE DES CIELS,
TOUT VIVANT QUI RAMPE SUR LA TERRE. »
(29) Élohim dit : « VOICI, JE VOUS AI DONNÉ
TOUTE L'HERBE SEMANT SEMENCE, SUR LES FACES DE TOUTE LA TERRE,
ET TOUT L'ARBRE AVEC EN LUI FRUIT D'ARBRE, SEMANT SEMENCE :
POUR VOUS, IL SERA À MANGER.
(30) POUR TOUT VIVANT DE LA TERRE, POUR TOUT VOLATILE DES CIELS,
POUR TOUT REPTILE SUR LA TERRE, AVEC EN LUI ÊTRE VIVANT,
TOUTE VERDURE D'HERBE SERA À MANGER. »
Et c'est ainsi.
(31) Élohim voit tout ce qu'il avait fait, et voici : un bien intense.
Et c'est un soir et c'est un matin : jour sixième.

2 (1) Ils sont achevés, les ciels, la terre et toute leur milice.
(2) Élohim achève au jour septième son ouvrage qu'il avait fait.
(3) Élohim bénit le jour septième, il le consacre :
oui, en lui il chôme de tout son ouvrage qu'Élohim crée pour faire.

La Genèse des pronoms personnels

Pour saisir l'arrivée de la parole dans ce premier livre de la Bible, j'ai simplement fait un tableau à double entrée : en haut les six jours de la semaine (le septième jour étant sans parole et ne faisant pas partie de la semaine), et à gauche les six personnes grammaticales. La coïncidence des chiffres me frappe mais je ne vois pour le moment rien à en tirer. Je vais reprendre avec le lecteur la première apparition de chaque personne grammaticale (JE, TU, IL, NOUS, VOUS, ILS). Y aura-t-il une logique décelable dans le déploiement de la parole ?

IL : jours 1 et 2

C'est la troisième personne, le IL, qui se présente tout d'abord, au premier jour : « Une lumière sera. » De même au deuxième jour : « Un plafond sera... »

ILS : jours 3 et 4

Le troisième jour, toujours la troisième personne, mais cette fois s'ajoute le pluriel : « Les eaux s'aligneront... le sec sera vu... la terre gazonnera du gazon. »

Le quatrième jour, encore la troisième personne plurielle : « Des lustres seront au plafond... »

Durant ces quatre premiers jours donc, la parole d'Élohim ne parle qu'à la troisième personne (singulier et pluriel), décrivant, appelant, disant ce qui sera, ce qui adviendra. Mais dès le troisième jour, avec l'apparition de la terre, du nouveau intervient. Il ne s'agit plus seulement d'un acte accompli par la parole créatrice. Cet acte créateur annonce des choses du monde elles-mêmes créatrices d'autres choses de même espèce, c'est-à-dire des reproductrices : l'herbe semant semence, l'arbre à fruit fructifiant...

VOUS : 5e jour

Avec le cinquième jour, la parole fait une mutation. Poissons et oiseaux sont créés. Le verbe « créer » lui-même est employé qui n'était pas réapparu depuis la première phrase (sorte de titre général : « Au commencement, Dieu créa les ciels et la terre... »). Qu'est-ce que créer ? Quelle différence avec dire ou faire, verbes utilisés jusqu'à maintenant ? Un changement dans la parole nous éclaire. Créer est ici lié à la catégorie « être vivant ». Élohim peut parler pour ces êtres-là : « Élohim crée tous les êtres vivants dans les eaux... et tout oiseau ailé. Élohim les bénit pour dire : "Fructifiez, abondez, emplissez les eaux dans les mers, le volatile se multipliera sur terre." » Auparavant, Élohim disait et faisait le monde. Maintenant, il parle à des êtres susceptibles de l'entendre. Il parle donc à l'impératif et à la deuxième personne du pluriel. VOUS. Impératif pourtant, non de domination mais de bénédiction. VOUS est apparu pour être béni. Premier autre, première bénédiction.

Dans notre compte de pronoms, nous avons donc déjà les troisièmes personnes et la seconde du pluriel. Il manque les autres personnes du dialogue : JE, TU, NOUS. La parole d'Élohim n'a pas encore atteint ces personnes, les plus personnelles justement.

NOUS et JE : 6e jour

Nous voici au dernier jour du travail de création (le septième sera celui de la non-création). Une fois encore, le livre nous étonne. Ce jour-là, Élohim dit : « La terre fera sortir l'être vivant pour son espèce. Cette parole, l'auteur biblique la reprend dans le récit par ces mots : « Élohim fait le vivant de la terre. » La terre fait ? Élohim fait ? Élohim fait en faisant que la terre elle-même fasse sortir la vie. L'être vivant sort de la terre et par elle au sixième jour. Peut-on rêver meilleur accord avec les découvertes de Darwin ? Le grand savant agnostique s'en est-il jamais aperçu ? Le verset 24 du premier chapitre de la Genèse m'apparaît pleinement évolutionniste.

Nous sommes toujours au sixième jour, la parole fait encore une avancée : « Nous ferons l'Adam, l'humain, en notre forme et selon notre ressemblance. »

Voici une de nos trois personnes manquantes. Attendait-on JE ? C'est NOUS qui vient en premier. NOUS précède JE, NOUS fait l'humain. C'est ce NOUS qui fonde l'humain. Cette fois, nous apprenons quelque chose sur Élohim lui-même : il parle avec un autre. Il dit NOUS, ce NOUS qui, pour être véritablement la première personne au pluriel, implique différence, ressemblance, alliance.

« En forme d'Élohim il *le* crée. Mâle et femelle il *les* crée. » Notre lecture se confirme. C'est une relation faite de différence (mâle et femelle) et de ressemblance (tous deux sont Adam, terrien) qui est forme d'Élohim.

La possibilité, non seulement du langage comme les animaux, mais de la parole personnelle avec une autre personne apparaît ici comme ce qui est proprement divin et que le divin transmet à l'humain. La terre a bien fait sortir des êtres vivants, mais c'est dans le NOUS divin qu'est créé l'humain. Créé non *par* la parole d'Élohim, comme la matière, mais *en* la parole qu'Élohim adresse à celui avec lequel il parle (?); créé en l'image du NOUS divin, l'humain est au-delà de la nature. D'où qu'il la domine. « Emplissez la terre, conquérez-la... »

Alors, puisqu'il y a maintenant de l'autre auquel parler, voici qu'apparaît la première personne, nous retrouvons ce verset déjà lu tout à l'heure :

> Voici je donne pour vous toute plante en nourriture.

TU n'est pas au rendez-vous

Une seule personne grammaticale nous manque : la seconde du singulier. Or, nous sommes là à la fin du sixième jour et le septième fermera ce récit sans qu'Élohim ait repris la parole. Chose remarquable, *le premier récit se clôt sans que TU soit apparu.*

Comment ne pas penser alors que le deuxième récit de la Genèse, d'une autre source nous dit-on, se trouve pourtant relié au premier par une logique profonde ? Ne raconte-t-il pas l'épreuve nécessaire à l'advenue de cette seconde personne, l'autre du dieu, qui à son tour pourra dire JE ? Dans ce premier récit, la Parole parle et trouve bon (« Élohim vit que cela était bon »). Tout bon ? Non, bien sûr — avec Élohim, jamais tout à fait tout; mais presque tout.

Au deuxième jour où est fait le firmament, je me souviens justement d'une anomalie intéressante.

C'est apparemment le jour du ciel, « des ciels », pour parler hébreu. Or c'est le seul qu'Élohim ne déclare pas « bon », dont il ne dit rien. Les ciels, qu'est-ce à dire ? Pas seulement un plafond entre les eaux d'en haut et les eaux d'en bas. Les ciels : le lieu où l'homme n'est pas. Ce dieu créateur ne dit pas bon le lieu où l'autre ne sera pas et qui n'a pas (comme les astres) de fonction directe pour l'homme.

Dans ce premier récit, la parole advient, mais pas entièrement : cinq personnes sur six et dans l'ordre : IL, ILS, VOUS, NOUS, JE. Pour les personnes du dialogue, le pluriel vient avant le singulier. Pourquoi donc TU n'est-il pas encore arrivé ? Car JE a bien parlé à quelqu'un, mais c'est à VOUS qu'il s'est adressé.

Nous avons rencontré :

	le parler-pour	VOUS les animaux
	le parler-à	VOUS l'Adam
Il manque :	le parler-à	TOI (et si c'est vraiment TOI, parler-avec TOI)

Parfois, je ne comprends pas comment je peux mettre tant d'années à remarquer des choses aussi simples, évidentes, fondamentales que celle que je vais dire ici. Comment alors ne pas constater une fois encore que j'ai lu sans être éveillée ? Hypnose éducative, hypnose théologique qu'a sécrétées notre culture autour de paroles qui constituent son fondement. Se fâchera-t-on de ce que les autres dorment, lorsqu'on l'a fait soi-même si longtemps et encore si souvent ? Et d'ailleurs, que dire à des hypnotiseurs dont tout porte à croire qu'ils sont eux-mêmes endormis ?

Dieu n'a pas créé homme et femme

Je m'approche maintenant, sans quitter ce premier récit, des mots mêmes qui ont été écrits pour raconter comment Élohim a créé l'homme. C'est tout d'abord « par acquit de conscience » que je me suis mise à relire ce verset 27. Au verset précédent, Élohim a donc délibéré avec lui-même « Nous ferons l'Adam... »). Le narrateur reprend le récit poétique :

> Élohim crée l'Adam en sa ressemblance
> en la ressemblance d'Élohim il le crée
> mâle et femelle il les crée.

Deux mots me frappent, maintenant, de n'être pas dans ce texte. Il y a bien Adam (le terrien, l'humain; de *adamah,* la terre), terme générique. Le terrien créé par Élohim est dit « mâle et femelle ». Tant de fois j'ai cru entendre « homme et femme » à cet endroit du texte [1].

Un jour où se rencontraient des groupes de lecteurs de la Bible pour s'entre-communiquer leurs découvertes, je fus frappée de ce que dit une participante, à quoi je n'avais jamais pensé : « Il est écrit : mâle et femelle, et non homme et femme. » Elle a raison, me dis-je. Il ne suffit pas pour lire de voir ce qui est écrit; encore faut-il remarquer ce qui n'est pas écrit. Or il n'est pas écrit : « Homme et femme il les créa. »

Tout à l'heure, je remarquais que la Genèse est le livre où il n'est pas écrit : « Je crée la lumière », mais où JE ne vient pas avant que l'humain n'apparaisse. Maintenant, je vois que c'est aussi le livre où il n'est pas écrit : Dieu créa l'homme et la femme. Le lecteur va peut-être se trouver dérouté dans sa mémoire du mythe. Peut-être voudra-t-il prendre patience, s'il veut bien faire se rejoindre cette donnée du premier récit de la création avec l'autre découverte que nous avons faite : la seconde personne grammaticale n'est pas apparue.

1. Une des plus lues de nos traductions françaises, la Bible de Jérusalem, écrit ici sans broncher : Dieu créa l'homme à son image, à l'image de Dieu il le créa, *homme et femme* il les créa. » C'est moi qui souligne.

L'humain est donc ici différencié seulement comme l'animal : mâle et femelle. La parole divine en première personne du singulier est *adressée* à eux comme « parlants », il est vrai, mais « pluriels » comme les autres vivants de la terre. JE à VOUS. Ainsi sommes-nous dans la logique d'un état psychique. Qui n'a pas reçu la parole en tant qu'unique, TU, n'est encore qu'humain. Le dieu n'a créé ici que la possibilité de l'homme et de la femme. Seulement la possibilité. Après les différentes espèces (le mot est revenu de nombreuses fois pour les animaux, créés « selon leur espèce »), advient le couple adamique qui justement n'est pas une espèce. La Genèse est aussi le livre où il n'est pas écrit : Élohim créa l'homme selon son espèce. Pas d'espèce humaine. Le mot résolument fait défaut. Le NOUS divin crée l'humain, non pas « selon leur espèce » mais « en son image ». « En l'image d'Élohim il le créa. Mâle et femelle il les créa. » L'auteur aurait-il pu dire autrement ? Certainement ; les mots homme (*ish*) et femme (*isha*) existent bien en hébreu, bien différenciés du terme générique Adam. Dans le texte original, ces mots n'apparaissent à aucun moment du premier récit.

Je découvre que ce récit apparemment clos (six jours de création, repos le septième) est structurellement inachevé. La seconde personne manque. Le créateur ne semble pas celui que je croyais. Il apparaît comme limité. Il me faut donc chercher plus loin. Si je trouvais confirmation de cela par la suite, la pointe de ce texte renverserait toutes mes habitudes de pensée. Pour provisoire qu'elle soit, une conclusion s'impose à moi ; le premier chapitre de la Bible est le récit

— où il est écrit que Dieu a créé le terrien, mâle et femelle ;

— où il n'est pas écrit que Dieu a créé l'homme et la femme.

Chapitre III

OÙ APPARAISSENT L'HOMME ET LA FEMME ET LA SECONDE PERSONNE

Ainsi le premier résultat de cette relecture pourrait bien être un renversement de ce que j'ai toujours cru voir écrit. Les récits de création racontent habituellement comment les dieux ou le dieu ont fait les hommes. Je repense au début de l'épopée de Gilgamesh, ce texte qui nous est parvenu de la littérature babylonienne et qui a certainement inspiré l'auteur biblique :

> Après que Gilgamesh eut été créé par les grands dieux, Shamash lui accorda la beauté et Adad la vaillance. Pour deux tiers il est dieu et pour un tiers il est homme. Il est semblable à un taureau sauvage... (traduction d'Abed Azrié).

Je pense aux travaux de Jean Bottéro dont le titre même donne le thème général de ces premiers récits mythologiques mésopotamiens : *Lorsque les dieux faisaient l'homme* [1]. Et je ne trouve pas ailleurs qu'en Genèse ce point étonnant d'un Créateur qui ne ferait que l'humain et non pas l'homme, c'est-à-dire seulement l'homme possible. Dans les traductions, sauf la seconde de Chouraqui, aucune différence n'est faite entre l'humain (Adam) et l'homme masculin (*ish*). Nous n'avions donc aucune chance de nous aperce-

1. Gallimard, 1989.

voir que le mot « homme », celui qui va avec « femme », n'était pas encore apparu.

Il me faut mettre cette première hypothèse à l'épreuve. Et l'épreuve, en matière de texte comme en psychanalyse, ce n'est pas l'expérimentation, bien sûr, c'est la suite. Comme l'hirondelle du proverbe, un seul indice ne fait pas le printemps... Y aura-t-il d'autres éléments allant dans le sens de cette non-création de l'homme ou bien ai-je seulement tiré le texte vers mon propre imaginaire ?

Je ne vois que deux façons de vérifier la cohérence de cette première intuition :

— chercher où apparaissent les mots « homme » et « femme » pour la première fois, puisqu'ils sont les grands absents de notre premier mythe ;

— relire ensuite, avec une extrême attention, les deux versets de ce premier récit où la création d'Adam est racontée.

Où Dieu ne crée pas l'homme et la femme mais les présente l'un à l'autre

Il suffit d'une concordance hébraïque pour trouver où les mots *ish* et *isha* font leur entrée dans le livre. Rien d'étonnant à ce que ce soit dans le second récit de création (Genèse, chapitres 2 et 3). Pour rendre les choses plus claires au lecteur non familier de ces pages, le premier récit, où nous venons de rechercher l'apparition des personnes grammaticales, était celui de la création du monde et de l'humain, échelonné sur les jours de la semaine. Le second récit raconte comment apparaissent au jardin d'Éden l'homme et la femme :

> YHWH Élohim façonne
> l'Humain ! [Adam], poussière du sol [Adamah].
> Il insuffle en ses narines haleine de vie : et c'est
> l'humain, un être vivant.

Le récit nous raconte encore comment YHWH le

divin plante un jardin en Éden, y installe l'humain « pour le travailler et le garder ». Travailler et garder le jardin d'Éden. « Éden », c'est-à-dire « volupté », ou « délices ». Jardin des délices. Cultiver les délices, garder le bonheur.

Puis YHWH donne le célèbre interdit (versets 16 et 17, littéralement) :

> « De tout arbre du jardin, manger tu mangeras.
> De l'arbre à connaître bien et mal, tu n'en mangeras pas, car du jour de ton manger de lui, mourir tu mourras. »

YHWH Élohim ajoute immédiatement :

> « Ce n'est pas bien pour l'humain d'être seul.
> Je ferai pour lui une aide contre lui. »
> YHWH Élohim façonne du sol tout animal des champs, tout oiseau des ciels.
> Il les amène vers l'humain pour voir ce qu'il leur crie.
> Et tout être vivant auquel l'humain crie : tel est son nom.
> L'humain crie les noms de toute bête,
> de tout oiseau des ciels et de tout animal du champ.
> Et pour l'homme il ne trouve pas d'aide contre lui.

Adam l'humain en est là. Le dieu a trouvé expressément « pas bon » que l'humain soit seul. Mais tout ce qu'il a lui-même façonné du sol ne constitue pas pour l'humain une aide qui convienne.

Gardant à l'esprit mon hypothèse, je suis maintenant étonnée de cette impossibilité où se trouve le dieu de créer de l'autre pour l'un. Tous les animaux du monde n'y suffisent pas. Est-ce l'haleine de vie, insufflée en ses narines ? Adam est-il autre que les bêtes ? Comment ? YHWH Élohim ne pourrait-il pas faire l'autre de l'humain selon la même opération que celle par laquelle il a fait l'humain : façonner à partir de la poussière du sol et insuffler une haleine de vie ?

Or ce n'est pas cela qui se passe dans le récit. Le

divin change tout à fait sa manière de faire et même son rôle. Ce n'est pas à partir de rien, ni à partir de la création qu'il va agir cette fois. Mais à partir de la créature, de l'humain lui-même, l'Adam. Et l'Adam dans un certain état psychique : Adam manquant — pas d'aide pour lui — et désirant...

> Alors YHWH Élohim fait tomber une torpeur sur l'humain.
> Il dort.

Ce texte devient un vrai délice, un véritable éden pour une psychanalyste pas rangée. (Un psychanalyste rangé, c'est quelqu'un qui croit que l'humanité n'a découvert qu'avec Freud que l'homme qui dort se met à désirer et part psychiquement à la recherche de ce qu'il désire.) La « torpeur » d'Adam, que la traduction juive en grec a choisi de rendre par le mot *extasis,* se trouve pourtant là, dans ces lignes, depuis des milliers d'années.

L'Adam cherche l'autre, l'être qui parle. Car il a déjà parlé lui-même, donnant un nom à tous les animaux. Et là, personne pour lui. L'autre qu'il désire n'est pas là. Il ne le trouve pas dans le monde créé par le divin. Cet autre ne fait donc pas partie des créatures. Il faut bien qu'il y ait pour l'humain un autre lieu que le monde où chercher l'autre. Son âme; ce lieu en lui d'où il a parlé en maître de tous les animaux et où il attend qu'un autre réponde. A la naissance même de son désir, en son profond sommeil. Avec l'aide d'YHWH Élohim qui

> ... prend une de ses côtes [d'Adam] et, sous elle, referme la chair.
> YHWH Élohim bâtit la côte qu'il a prise de l'humain en femme.
> Il l'amène vers l'humain.

Quand donc JE le divin veut faire une autre à l'un, il ne répète pas la création première. C'est l'un lui-même qui se tourne vers son désir le plus profond, le désir enfoui au fond de son extase. L'humain dort pour la première fois dans le livre. Et cette torpeur, cette extase, est le chemin vers ce qu'il désire et qui n'est pas encore. Ce qui n'existe pas encore vient de l'inconscience, de l'inconnaissance, de la nuit, du repos. Du non-savoir-vouloir-pouvoir. Le plus merveilleux, le plus proche, vient du moins conscient, du moins maîtrisé. L'être parlant viendra donc de l'être parlant, le créateur ne fait que « bâtir en femme » ce qu'il a pris « du côté », ou « de la côte » (même mot hébreu) d'Adam.

« Femme » : le mot apparaît ici pour la première fois, avant le mot « homme » mais venant de lui, désiré par lui. C'est le narrateur qui le dit dans le récit. Femme construite à partir de l'humain-désirant-l'autre, tel qu'il peut être dans le sommeil le plus dense. Le rêve ? On pourrait y penser mais rien n'est dit de tel. D'ailleurs, comment rêver de ce qu'on n'a pas perçu au moins une fois ? Ce n'est pas du mental de l'homme que la femme est tirée mais de son côté. Lieu du cœur, peut-être. Lieu du manque, quand on aime, ce vide dans la poitrine ? Tirée de sa chair (*bassar*). Ce mot dont j'ai entendu avec surprise jadis l'absolue ressemblance avec le verbe « annoncer » en hébreu (*bassar*).

Dans le premier récit, le couple humain était créé à partir du « NOUS » divin et en l'image de ce NOUS. Mâle et femelle.

Dans le second récit, la femme est construite de l'humain en attente de l'autre parlant, celle avec laquelle il pourrait dire NOUS. C'est en la voyant qu'il se dit « homme », pour la première fois.

Car alors l'humain parle. A la troisième personne, certes, comme l'enfant qui commence, mais c'est là qu'est dit pour la première fois dans le Livre le mot « homme » après que le mot « femme » a été prononcé :

« Cette fois-ci celle-ci
os de mes os
chair de ma chair
celle-ci sera proclamée femme car de l'homme elle a été prise. »

« Os *de* mes os » : ce « de » (*min* en hébreu), comme *from* en anglais, signifie la provenance. La femme n'est pas créée mais tirée de l'humain. Alors advient aussi l'homme. Il n'est pas issu de la bouche ou de la main du dieu. *L'homme n'apparaît que lorsque lui-même dit le mot homme. Et il ne connaît qu'il y a « homme » que lorsqu'il reconnaît « femme ».* Lorsque est séparée de lui et rendue présente à lui celle qu'il a désirée à son côté.

La femme dans ce récit ne provient pas du désir sexuel conscient de l'homme. A ce propos, la tradition juive n'hésite pas, dans le foisonnement de ses commentaires, à imaginer qu'Adam avait eu des rapports avec tous les animaux et n'en avait pas éprouvé véritablement de bonheur, d'éden. C'est d'un désir bien plus profond qu'il s'agit, le désir que quelqu'un soit là, non devant lui comme objet — ce à quoi l'animal eût pu suffire — mais à son côté. D'où peut-être que la femme soit prise « du côté » de l'humain : c'est le lieu où il la désire, son égale devant l'Autre.

Homme et femme adviennent donc ensemble, l'un par l'autre. Et, en tant qu'ils adviennent ainsi, increés.

Tandis que les autres vivants sont des créatures, « celle-ci » est « os de mes os et chair de ma chair ». De ma substance même, dit l'homme. Littéralement : « os de l'os de Je et chair de chair de Je. » « Je » ne parle pas encore en tant que sujet du verbe. Mais déjà JE est là. Là d'où l'autre est pris. Est-ce cela un homme : un être-JE dont l'autre-être-JE provient ? Un sujet provient-il toujours d'un autre sujet dont il est à la fois semblable et différent ?

Je cherche, une fois encore pour comprendre mieux, ce qui n'est pas écrit dans la Bible. Ce qui n'est pas écrit ici peut se formuler ainsi : celle-ci est mon os et ma chair. La différence peut paraître fine. Elle est à nouveau décisive. Il est écrit (littéralement) :

Celle-ci os [provenant] d'os de Je
— chair — chair

Je trouve un peu étrange de mettre ainsi littéralement les mots ensemble. Mais cela me permet de penser des choses nouvelles pour moi. En tant que substance humaine, cette substance dont est tirée la femme est substance de personne du dialogue; ce qui est tiré de cette substance est véritablement l'autre de la parole. Et c'est en voyant, c'est en disant l'autre tiré de lui que l'humain parle l'homme qu'il est.

Curieusement, l'homme dit que la femme « sera appelée femme ». Or, n'est-ce pas déjà ce qu'il fait lui-même : il l'appelle « femme » ? Il connaît bien qu'elle est femme et qu'il est homme, mais il paraît ignorer sa propre connaissance. L'homme, avant l'épreuve en Éden, connaît, mais il ne se connaît pas connaissant. Il dit, mais il ne connaît pas que c'est lui qui dit. La parole propre, non encore assumée, est énoncée sur les trois modes

de l'impersonnel : « il »,
du futur : « sera »,
du passif : « crié ».

Une fois encore la Genèse nous étonne. Dans un premier récit arrive, non un être tout prêt, mais la possibilité de cet être. Les personnes du dialogue ne sont pas encore venues chez l'humain. Mais il semble que tout soit en place dans le second récit pour qu'elles puissent advenir. La communauté de substance, la séparation des corps, la distinction des sexes : tout cela est connu au premier degré de la connaissance, c'est-à-dire l'impersonnel.

Je reconnais, dans ce niveau de conscience où l'humain parle de l'homme, de la femme et du sujet sans être encore lui-même sujet, un effet du premier niveau de la conscience et — est-ce lié ? — le premier niveau de la loi. En effet, après le don de tous les arbres, l'interdit posé par YHWH Élohim sur l'arbre à connaître bien et mal ouvre un autre monde, nous y avons déjà pensé : il y a de la chose qui ne se mange pas, donc du non-objet (et virtuellement, du sujet...).

Tant que l'humain respecte lui-même cette loi, tant qu'il ne mange pas ce qui n'est pas à manger, il connaît. Il n'entre pas dans la confusion entre lui et elle, entre lui et le divin, il n'a pas honte, il n'a pas peur. Seulement, il respecte l'interdit sans connaître qu'il le respecte (puisqu'il n'a encore jamais envisagé de le transgresser), et sans connaître que c'est lui qui le respecte. De même, il reconnaît la femme sans connaître qu'il la reconnaît, que c'est lui qui la reconnaît.

Voilà la limite de l'effet d'un interdit tant qu'il n'a pas été mis à l'épreuve : une justesse sans sujet. La loi observée sans qu'aucune voix ait suggéré de ne pas l'observer, la loi sans l'épreuve, sans l'essai (comme on essaie un prototype d'avion), c'est le bien, mais sans la conscience. Une connaissance sans sujet, un bien sans auteur, est-ce vraiment le bien ?

La nourriture de l'homme et de la femme : fruit et parole

Je m'étais fixé deux façons de vérifier mon hypothèse (Dieu a créé l'humain, il n'a pas créé l'homme) dans ce texte biblique : trouver où apparaissaient les mots « homme » et « femme ». C'est fait. Et relire, dans le premier récit, relire attentivement ce qui véritablement est écrit de la création de l'humain.

Cependant, avant de revenir à ces versets, avant de voir s'ils vont dans le même sens que ce que je viens de lire, je me retourne vers mon premier fil de recherche : les pronoms personnels. Le TU qui faisait défaut au premier récit (ÉLOHIM parlait à VOUS) est donc apparu dans le second. Ce JE qui s'adresse à TU maintenant, l'auteur biblique lui donne son nom propre YHWH [1]. Lorsque YHWH Élohim parle dans ce nouveau récit, il dit TU à l'humain et, exactement comme la première fois qu'il avait dit JE, c'est pour donner — ou permettre — la nourriture. La comparaison peut nous servir (Genèse, 1, 29) :

« Voici je donne pour vous toute l'herbe ensemençant semence
sur la face de toute la terre
et tout arbre qui porte en lui fruit d'arbre ensemençant semence :
pour vous c'est en nourriture, pour tout vivant de la terre... »

Ici, au premier récit, VOUS l'animal et VOUS l'humain ont même nourriture.

Dans le second, lorsque YHWH Élohim parle pour la première fois, il dit à TU (Genèse, 2, 16-17) :

« De tout arbre du jardin manger tu mangeras
de l'arbre à connaître le bien et le mal, tu ne mangeras
pas car du jour où tu en mangeras, de mort tu
mourras. »

Si l'humain reçoit le tutoiement, l'adresse singulière, à qui va-t-il lui-même adresser la parole comme JE ? Ce TU amène immédiatement le divin à dire : « Ce n'est pas bien pour l'humain d'être seul »

1. Les quatre lettres du nom divin, imprononçables sauf, jadis, une fois par an, selon la tradition juive, par le grand prêtre dans le Temple.

(Genèse, 2, 18). Une logique préside à la formation du mythe. Le dieu dit TU à l'humain et voilà qu'apparaît l'autre de la parole, le TU pour l'humain. VOUS avait reçu la nourriture, simplement. Pour la vie biologique, animale. Se nourrir, pour l'humain, c'est manger.

Cette évidence va se trouver dépassée, enrichie au second récit. A TU, la nourriture n'est pas donnée seule. A celui-ci, il ne faut pas seulement des fruits mais aussi quelque chose qui ne se trouve pas dans la nature, mais qui ouvre un autre lieu : la culture. La culture, le champ symbolique... : des noms différents pour parler du lieu de rencontre des êtres parlants. Et ce qui l'ouvre, ce n'est pas seulement le don du fruit de la nature, c'est aussi le don de la négation. Un interdit ouvre à l'humain le champ de la culture... Le divin donne les deux éléments ensemble à celui qu'il prépare à la rencontre avec l'autre : nourriture et négation. Et, saisissante concentration du mythe, la négation porte sur la nourriture. *Manger* de tous les arbres et *ne pas manger* de l'unique arbre interdit, c'est cela, se nourrir, pour homme et femme. Ainsi se présente le premier lieu de rencontre, en Éden, « jardin du Sens [1] »...

A quoi sert la négation ?

TU en a besoin, pour ne pas mourir. Si rien, en effet, ne sépare TU de JE, TU ne se maintiendra pas. *La séparation effectuée par le Créateur dans les éléments (la lumière séparée des ténèbres, les eaux d'en haut des eaux d'en bas, le jour de la nuit) ne peut être que proposée dans le champ de la parole ; c'est au sujet lui-même de décider : accomplir ou transgresser l'interdit de confusion et ainsi effectuer ou ne pas effectuer la séparation créatrice.* Le Créateur de ce récit n'est pas avare de son pouvoir. Car l'interdit

1. J'ai trouvé cette belle expression dans le livre de Marc-Alain Ouaknin, *Lire aux éclats. Éloge de la caresse*, Lieu commun, 1989.

remis aux humains leur donne le privilège de s'accomplir ou de se défaire en leur identité propre.

Quand JE TE parle, il y a entre nous la négation (JE ne suis pas TOI) sans laquelle NOUS, l'image de Dieu, serait impossible, faute de séparation entre Toi et Moi. Il ne dépend que de nous, une fois entendue la loi de relation, de nous tenir debout (verticalité des sujets au-dessus de la nature) l'un à côté de l'autre, l'un contre l'autre (« une aide contre lui »...) et de nous reconnaître mutuellement.

Il semble bien que cet interdit divin soit placé dans cette logique puisqu'il est situé, je l'ai déjà noté, entre l'arrivée de l'homme et celle de la femme. Interdit nécessaire à la relation. Posé devant le premier qui parlera. Tu peux manger tout sauf l'autre. Tout, sauf TU. Du jour où tu en mangeras, tu mourras. Condition ? Punition ? Non, simple loi physique de l'esprit. Le jour où j'aurai mangé ce qui me différencie de toi — manger ce qui n'a pas été donné mais interdit, c'est dédifférencier — tu seras moi, je serai seul ; et sans TU, JE ne se maintiendra pas. A la fin, personne. Logique du néant.

Qui respecte l'interdit séparateur s'empare pour lui-même de la négation. Elle travaille désormais aussi pour lui aussi. Elle le protège. En respectant l'interdit d'identité, l'observant charge d'énergie le « ne... pas ». Cette parole le gardera de toute confusion, de toute honte. Autrement dit : JE-qui-ne-suis-pas-toi (je ne te mange pas, tu ne deviens pas moi) parle à toi. Dès lors, je peux t'écouter, te parler sans que ta présence me dévore. Car, de même que je ne suis pas toi, tu n'es pas moi. Mais c'est dans un deuxième temps. Le premier temps de la négation est mon propre respect sur lequel psychiquement je m'appuie ; je peux désormais croire la négation efficace, croire à mon identité parce que je reconnais la tienne en maintenant la séparation — le non-manger. Parce que je ne te mange pas, je ne suis pas mangé. Logique du Verbe.

La logique du diable, toute proche, est la perversion de ces éléments. Le lecteur se souvient du diable au désert (second Testament). Sa version du dialogue : Je te donnerai tout à condition que tu te prosternes, c'est-à-dire que tu reconnaisses que moi seul suis JE. Aucune négation n'est observée par Satan. Un JE sans limites. La négation, pas là, mais la *néantisation,* cachée. Elle ne porte pas comme la négation sur un acte, explicitement, mais, implicitement, sur la personne de l'autre qui est néantisée (TOI qui n'es plus TOI). L'absence de loi du diable se révèle plus onéreuse que la loi. La loi, c'était ne pas faire. Ici la condition, c'est ne pas être. Deux logiques s'affrontent dans ces textes :

YHWH : Tu es toi avec l'autre (pas seul) aussi longtemps que tu ne prends pas tout.

Satan : Tu auras tout pour toi seul si tu renonces à être toi.

Il me semble que rien d'humain n'échappe tout à fait à ce choix. Ces deux logiques appartiennent à deux mondes, deux ères différentes. D'elles peuvent dépendre deux façons de gouverner, d'éduquer, de soigner. Deux façons d'aimer. Combien de fois la religion diabolique est-elle enseignée, dans l'aveuglement le plus grand, en nos temples... Chez les chrétiens, par exemple, combien de fois est-il proposé de s'abandonner complètement au Dieu de Jésus-Christ et de renoncer à être soi-même. Or, renoncer à être l'autre n'est pas renoncer à être soi. Tout au contraire... Et quelle perversion de la mystique fait du dieu séparateur le grand possesseur auquel l'humain devrait se livrer dans la fusion ? Combien de fois le vocabulaire dit religieux nous arrive-t-il dans cet état... Aider les sujets à sortir de ce qui les possède, c'est lutter contre une idole dévoratrice, souvent appelée Dieu, dont toute institution elle-même dévorante ne peut critiquer la figure : celui qui ne s'interdit pas de manger l'autre ne saurait évidemment transmettre sans perversion l'interdit fondateur. Mais comment ne pas dévorer lorsqu'on ne sait pas qu'on est dévoré ou, pis encore, que l'on croit « saint » de l'être ?

La religion du serpent

Qu'en est-il donc de cette deuxième personne du singulier, ce « TU » qui n'étant pas Tout n'est pas seul, dans la bouche du serpent de l'Éden ? Quelle torsion va-t-il lui faire subir dans cette deuxième partie du mythe où TU apparaît dans la bouche de Dieu ?

La réponse est bien plus simple que la question. Le serpent qui pourtant parle à la femme seule annule purement et simplement l'usage de notre sixième pronom tant attendu. Dès qu'il ouvre sa bouche irréelle d'animal parlant, le serpent supprime TU. Il n'emploie que le pluriel. A la femme seule il dit VOUS, dans une langue où l'on ignore totalement le vous de politesse. Il lui dit Vous comme si elle était l'humain, l'Adam, et non *isha* tirée de *ish,* comme si aucune séparation symbolique n'avait été mise en place. Il est donc d'une logique irréfutable qu'il s'attaque justement à l'interdit. (Genèse, 3, versets 1 à 5) :

> Le serpent était nu
> plus que tout vivant du champ qu'avait fait YHWH Élohim.
> Il dit à la femme : « Ainsi Élohim l'a dit :
> "Vous ne mangerez pas de tout arbre du jardin..." »
> La femme dit au serpent :
> « Nous mangerons du fruit des arbres du jardin,
> mais du fruit de l'arbre au milieu du jardin, Élohim a dit : "Vous n'en mangerez pas, vous n'y toucherez pas afin de ne pas mourir." »
> Le serpent dit à la femme :
> « Non, vous ne mourrez pas, vous ne mourrez pas,
> car Élohim sait que du jour où vous en mangerez
> vos yeux se dessilleront et vous serez comme Élohim
> connaissant le bien et le mal. »

Si l'interdit est donné à VOUS, aux deux à la fois, l'humain mâle et femelle, à coup sûr, il est privation. Il est, *entre le dieu et les hommes,* fossé à ne pas franchir. La religion du serpent ne nous est pas inconnue. Elle est peut-être la plus répandue : Dieu se réserve la toute-connaissance, les humains n'y doivent pas prétendre. Dieu tyran, Dieu jaloux. D'où la suite donnée par le serpent : seule la transgression de cette frontière peut donner à l'homme sa gloire.

Subtile différence, que bien des exemples familiaux et politiques peuvent illustrer.

« Vous serez comme... » Tactique diabolique : promettre aux deux humains (s'ils mangent de l'arbre interdit) un statut (comme des Élohim), statut qu'ils ont déjà, étant faits « en l'image d'Élohim », c'est nier ce qu'ils sont en leur promettant d'y atteindre.

Manger l'interdit séparateur pour « être comme ». Il y a bien là une logique en effet. Élohim dit « NOUS » et dire NOUS, c'est respecter un interdit séparateur entre soi et l'autre. Ce NOUS en l'image duquel ils ont été créés. Sans distinction JE-TU, pas de NOUS. Si JE est « comme TU », NOUS est un faux. Il a suffi de déplacer l'interdit, de le faire glisser de sa place — entre JE et TU — pour l'introduire entre JE et VOUS, et voilà l'interdit lui-même devenu pervers.

YHWH avait donné *l'interdit entre homme et femme.* Et si l'interdit est donné entre l'Adam et la femme, il est *bonne séparation,* possibilité du sujet et de l'autre sujet, du dialogue, avènement de la conscience. Il est, entre l'un et l'autre, ce qui permet à chacun la présence. Le serpent, lui, raconte qu'Élohim (il n'emploie jamais le nom propre YHWH, étant décidément ennemi du sujet), qu'Élohim a établi la mauvaise séparation, *l'interdit entre lui et eux, la ségrégation entre le divin et l'humain,* et propose la transgression qui établira l'égalité de puissance. Il y a finalement à choisir entre *être-avec-l'autre dans le*

NOUS divin ou être-comme des dieux qui seraient sans l'autre.

Si vous n'êtes pas tout, tout-connaissant, tout-puissant, vous n'êtes rien, dit en nous le serpent. Ce qui n'existe pas, l'animal parlant, dit que seul ce qui est tout existe. C'est le néant qui propose la totalité.

La version du serpent peut séduire. Elle est là, chez nous, reprenant une vision de la condition humaine elle-même très ancienne, très archaïque, une vision désespérante à laquelle les plus « sages » ou les moins désirants des hommes se résignent et de laquelle les plus hardis ont toujours essayé de sortir. Nous en trouverions la trace, je crois, à travers tous les âges de l'humanité. Je choisis pour exemple un texte du tout début, l'épopée de Gilgamesh que je citais tout à l'heure de l'Antiquité mésopotamienne, dans les commencements de l'écriture [1] :

> Où vas-tu Gilgamesh ?
> La vie que tu cherches
> tu ne la trouveras pas.
> Lorsque les grands dieux créèrent les hommes,
> c'est la mort qu'ils leur destinèrent
> et ils ont gardé pour eux la vie éternelle,
> mais toi Gilgamesh
> que sans cesse ton ventre soit repu
> sois joyeux nuit et jour
> danse et joue
> fais chaque jour de ta vie
> une fête de joie et de plaisirs
> que tes vêtements soient propres et somptueux
> lave-toi et baigne-toi
> flatte l'enfant qui te tient par la main
> réjouis l'épouse qui est dans tes bras.
> Voilà les seuls droits que possèdent les hommes.

La religion du serpent se divise donc en deux voies selon qu'on s'arrête au début de son dire ou qu'on va

1. Abed Azrié, l'*Épopée de Gilgamesh,* Paris, Berg International, 1979, p. 143.

jusqu'au bout avec lui. *Il y a d'abord la religion du dieu-selon-le-serpent,* un dieu gardant pour lui-même la connaissance afin que les hommes sous menace de mort ne deviennent pas des dieux. Chose étonnante : ce qui était, ce qui continue d'être appelé « sagesse » dans bien des temps et des lieux de culture, cette résignation à ne pas atteindre la connaissance et la vie est dans la Genèse attribué au tentateur : c'est lui qui présente ainsi le désir divin. Si donc quelqu'un vous dit que le dieu appelé YHWH veut que vous renonciez à connaître, veut que vous viviez sans vous, attention, c'est le serpent, dit la Genèse. Si l'on vous apprend que ce dieu ne veut pas que l'homme désire jusqu'à Dieu, sachez que cette sagesse-là n'est pas divine; sachez que c'est le tentateur qui vous parle, dit la Bible.

Je ne crois pas qu'il soit nécessaire de faire beaucoup de commentaires pour que le lecteur trouve dans son expérience la religion dont je parle, qui ne s'appelle ni judaïsme, ni christianisme, ni islam, mais qui est une certaine façon de penser chacune de ces traditions. L'éternité est pourtant promise à ces croyants, mais dans quel état... Éternellement inférieure au Supérieur, la créature participe à la gloire du dieu lorsqu'elle est devenue non pas elle-même, mais Lui : elle aura tout si elle se prosterne... Monothéisme meurtrier qui ressemble au dieu despotique qu'il adore, au nom duquel on fera, par les armes ou par la parole, mourir qui n'adore pas. Ce dieu unique là, c'est le serpent qui nous l'a fait connaître. Parce que c'est lui. Monodiabolisme.

Après la religion du dieu du serpent vient *la religion du serpent lui-même : c'est la transgression libératrice,* l'essai en somme pour sortir de la mortelle acceptation d'un statut dégradant. Il y a une certaine grandeur à braver le dieu tyran, comme en témoignent bien des mythes. Et le dernier de chez nous : Don Juan qui ne cède jamais sur son désir, qui enseigne à l'autre (son valet...) à ne respecter rien; celui qui a pour seule religion l'arithmétique (« je crois que deux et deux sont quatre ») et pour éthique « viva la libertà ». Si l'on vous apprend à désirer infiniment, mais sans loi c'est-à-dire sans l'autre, c'est encore le serpent qui vous parle, dit la Genèse. En cette voie, un et un ne feront jamais deux et la « libertà » ne sera pas pour tous.

Ces deux composantes du discours du serpent, sa version de la volonté divine et sa proposition pour y échapper, il eût été plus confortable de les croire indépendantes l'une de l'autre. Pourtant la clinique donne raison à ce rapprochement. Lorsque ce n'est pas la même personne qui vit les deux étapes successives, c'est bien souvent la même famille sur deux générations. Qui n'a connu d'être d'abord soumis à la religion la plus sacrificielle et intolérante, puis en révolte contre elle et prenant le contre-pied en tout point de ce qu'il avait autrefois observé et enseigné ? ou de fils de parents rigidement religieux qui, ayant accès à l'adolescence, ne pourra plus ensuite en sortir et établir sa vie au-delà, comme s'il était condamné à la transgression autant que ses parents l'avaient été à l'observance ? Don Juan devait avoir un père du premier discours, comme l'a si bien deviné Molière qui n'avait qu'à penser à lui, sans doute, pour trouver cela. Ne disons-nous pas : « brûler ce qu'on a adoré » ? On adorait donc quelque chose qui pouvait brûler.

Nous vivons actuellement un autre renversement, que l'homme d'Occident n'avait pas connu à semblable échelle et que ni Darwin ni Freud, par exemple, ne pouvaient imaginer. Une génération, élevée par des parents eux-mêmes « libérés », se trouve en désarroi. La proposition du serpent a été donnée en premier. A été donnée comme loi, comme le Bien : « Vis selon ton seul désir ; transgresse les vieux interdits dont d'ailleurs nous ne te transmettons pas le contenu mortel. Ce qui m'importe à moi, parent, c'est que tu sois heureux. »

Le refus par les jeunes de cette programmation à être heureux aussi bien que l'impossibilité d'atteindre le bonheur par le seul bonheur peuvent les amener à retrouver, dans des sectes ou des communautés autoritaires et fermées, le premier temps du discours, la religion du dieu selon le serpent, la première sagesse enseignée ; ils éprouvent alors comme véritablement salvatrices et structurantes une religion, une doctrine qui leur permettent de ne plus être livrés les uns aux autres puisque enfin il y a de la loi pour eux (et leurs parents seront alors scandalisés de voir leur si libre progéniture s'aliéner sous leurs yeux) ; jusqu'à ce qu'un jour peut-être le désir d'une nouvelle liberté leur vienne, mais cette fois la leur et non celle que leurs éducateurs leur avaient imposée. Enfin, à tâtons, quittant l'abri de la secte, ils en viennent à chercher des paroles, des lieux où, peut-être, le désir d'être soi et celui d'être ensemble trouveraient leur chemin et leur minimum de loi.

La religion d'un homme ne se connaît pas sans celle de sa femme : Charles et Emma Darwin

Au moment où je me suis intéressée à la critique de Freud envers la religion, j'avais remarqué comme bien des lecteurs que la femme de sa vie, Martha, ne partageait pas son athéisme. J'avais bien noté diverses choses dans la biographie de Freud, comme celles-ci :

Freud, jeune médecin, pour son bureau à l'hôpital, « demande à Martha de lui broder deux "panneaux votifs" qu'il pendrait au-dessus de son bureau. Dans cette intention, il fit choix de deux inscriptions ; l'une, tirée de *Candide,* était :

> Travailler sans raisonner,

l'autre, empruntée à saint Augustin, sur le conseil de son ami Fleischl :

> En cas de doute, abstiens-toi.

Trois ans plus tard, au moment où il allait commencer à pratiquer la médecine, il pria Martha de lui broder un troisième panneau portant, cette fois, une sentence chère à Charcot :

Il faut avoir la foi.

J'avais bien remarqué ces demandes ambiguës et la persistance chez sa femme de la mémoire juive, dont, après la mort de son mari, elle célébrera plus souvent les fêtes. (Je ne veux pas reprendre plus longuement ici la biographie de Freud, à propos de laquelle ces remarques ont déjà été faites.) Mais cela n'avait pas vraiment attiré mon attention. N'était-il pas fréquent à l'époque du scientisme qu'on laissât femmes et enfants, ceux qui ne comptaient pas pour la vie publique, garder ces illusions consolatrices puisqu'ils n'étaient pas capables d'affronter la dure réalité : le ciel vide et la mort ?

C'est en lisant les Mémoires de Darwin que je commençai à formuler une autre hypothèse grâce à leur dernière édition faite, non plus par le fils, mais par la petite-fille de Darwin, Nora Barlow, qui rétablit le texte intégral, signala les passages censurés et fit connaître, chose tout à fait intéressante pour notre recherche, les annotations de sa grand-mère, Emma Darwin.

Il se trouve que Darwin, lui aussi, avait épousé pour la vie entière une femme qui croyait en Dieu. Hasard ? N'y avait-il pas assez de femmes athées pour tous les scientifiques ? Ou bien... Et si la femme choisie selon leur cœur venait, comme pour l'Adam originel, de leur plus profond désir, de leur torpeur ? Darwin se préparait à être pasteur, lorsque, encore célibataire, il partit pour le grand voyage au cours duquel il recueillit toutes ses observations sur les espèces. Au cours de sa longue croisière sur le *Beagle,* il fut conduit, dit-il dans son autobiographie, à beaucoup réfléchir sur la religion. La première chose qu'il évoque à ce sujet est la moquerie de plusieurs officiers, pourtant croyants eux-mêmes, quant à son attitude envers la Bible, autorité pour lui inquestionnable...

Mais j'en étais peu à peu venu ultérieurement à considérer que l'Ancien Testament n'est pas plus digne de confiance que les livres sacrés des Hindous, ou les croyances d'autres barbares, de par son histoire du monde manifestement fausse, avec la tour de Babel, l'arc-en-ciel comme signe, etc., et parce qu'il attribuait à Dieu les sentiments d'un tyran vindicatif [1].

Darwin ne savait visiblement pas à quoi pouvait servir la pensée religieuse dans une culture. La symbolisation ne lui était pas connue. Il en vint donc à abandonner sa croyance ; à contrecœur :

J'étais cependant très peu disposé à abandonner ma foi ; de cela je suis sûr, car je me rappelle que j'inventais souvent des rêves éveillés, dans lesquels de vieilles lettres, échangées entre des Romains distingués, ou des manuscrits découverts à Pompéi ou ailleurs, venaient confirmer de la manière la plus frappante tout ce qui était écrit dans les Évangiles. Mais je trouvais de plus en plus difficile, même en donnant toute latitude à mon imagination, d'inventer des preuves qui suffiraient à me convaincre. Ainsi l'incrédulité m'envahit-elle très lentement, pour devenir finalement totale. L'évolution fut si lente que je ne ressentis pas d'angoisse, *et je n'ai pas depuis douté une seule seconde de la vérité de ma conclusion. En fait, je peux difficilement admettre que quelqu'un puisse souhaiter que le christianisme soit vrai; car si c'était le cas, la lettre semble clairement indiquer que les hommes qui ne croient pas, dont mon père, mon frère et presque tous mes meilleurs amis, seront punis éternellement.*

Or, cette doctrine est condamnable.

Ce n'est pas moi seule qui souligne ici, c'est

1. *Darwin. La vie d'un naturaliste à l'époque victorienne*, autobiographie, texte original restitué, présenté avec annexes et notes par la petite-fille de Charles Darwin, Nora Barlow, traduit et préfacé par Jean-Michel Goux, Belin, 1985, p. 71.

d'abord sa femme Emma [1]. Lorsque, après la mort de Charles Darwin, son fils Francis Darwin voulut publier l'autobiographie de son père, sa mère Emma Darwin, la femme de Charles donc, lui demanda de ne pas publier certains passages; dont le passage ici souligné :

> Je n'aimerais pas que le passage entre crochets soit publié, écrit-elle. Il me semble brutal. On ne peut rien dire de trop sévère sur la doctrine du châtiment éternel — mais peu de gens maintenant appelleraient cela « Christianisme » (quoique les mots y soient). Il y a aussi la question de l'inspiration verbale. E.D.

Après avoir lu cela, j'avais déjà de quoi réfléchir sur les représentations de Dieu dans l'esprit de chacun des époux Darwin. Mais quelques pages plus loin, je trouvai des lignes de lui qu'Emma avait aussi soulignées et annotées et qui me laissèrent, comme elle, vraiment songeuse [2] tout en me confirmant ma première intuition. Darwin dit qu'il était demeuré d'abord « théiste », en grande partie pour trouver une Cause Première à l'Univers :

> Cette conclusion [la croyance théiste] me paraissait solide, autant qu'il m'en souvienne, à l'époque où j'écrivais l'*Origine des espèces*; depuis ce temps, et avec bien des fluctuations, elle s'est affaiblie très progressivement. Naît alors le doute — l'esprit de l'homme, dont je crois pleinement qu'il s'est développé à partir d'un esprit aussi fruste que celui de l'animal le plus inférieur, mérite-t-il confiance lorsqu'il tire d'aussi importantes conclusions? Celles-ci ne sont-elles pas le résultat de la connexion entre cause et effet, qui nous paraît nécessaire, mais qui dépend probablement d'une expérience héritée? Ne sous-estimons-nous pas la probabilité qu'une éducation constante à la

1. *Darwin..., op. cit.,* p. 71; en note 57, le commentaire d'Emma Darwin.

2. *Ibid.,* p. 76. Le commentaire d'Emma Darwin que je cite après se trouve en une note (62).

croyance en Dieu dans l'esprit des enfants ne produise un effet si puissant, qui peut être héréditaire, sur leurs cerveaux incomplètement développés? *Il leur serait aussi difficile de rejeter la croyance en Dieu qu'à un singe d'abandonner sa haine et sa peur instinctive du serpent.* »

Le lecteur aura remarqué les deux animaux choisis par Darwin.

Lorsque Emma Darwin lit ce passage, elle ressent de la douleur et l'écrit à son fils :

Mon cher Frank,

Il y a une phrase dans l'Autobiographie dont je souhaite vivement l'omission, certainement en partie parce que l'opinion de votre père selon laquelle toute moralité s'est formée par évolution m'est douloureuse; mais aussi parce que cette phrase, là où elle apparaît, fait un choc — et pourrait permettre de dire, bien que ce soit faux, qu'il considérait toutes les croyances spirituelles comme n'étant rien de plus que des goûts ou des aversions héréditaires, telles que la peur des serpents chez les singes.

Emma Darwin exagère-t-elle en souhaitant censurer ce passage? Peut-être, mais elle ne croit pas que le serpent soit Dieu, et elle sait de son mari bien autre chose. Peut-elle oublier les deux lettres sur la religion qu'elle lui a écrites, l'une au tout début de leur mariage et l'autre en 1861 (Darwin avait alors cinquante-deux ans), lettres qu'il a gardées précieusement et annotées de sa main, au bas de la feuille. Dans la première lettre, sa femme Emma, tout en respectant beaucoup sa quête de vérité scientifique, lui parle, pour la simple satisfaction d'avoir dit ce qu'elle pensait et non pour le contraindre, de ne pas oublier « l'autre côté » de la vie, la vérité non scientifique :

L'orientation de vos recherches peut vous avoir conduit, ce me semble, à considérer les difficultés surtout d'un seul côté, négligeant la chaîne des difficultés de l'autre; je crois pourtant que vous ne considérez pas votre opinion comme définitive. Puisse cette habitude scientifique de ne rien croire qui n'ait été prouvé ne pas trop influencer votre esprit en d'autres matières, celles qui ne peuvent être prouvées de la même manière et qui, si elles sont vraies, sont probablement au-delà de notre compréhension. Je veux dire aussi qu'il y a un danger à abandonner la révélation qui n'existe pas de l'autre côté : c'est la peur de l'ingratitude qu'il y aurait à rejeter ce qui a été fait pour votre bien et pour celui du monde entier, et qui doit vous rendre encore plus prudent, peut-être même craintif, de peur de n'avoir pas employé tous vos efforts pour juger véritablement. Je ne sais pas si mes arguments se présentent comme si un côté était vrai et l'autre faux, c'est ce que je voulais éviter, mais je ne pense pas. Je ne suis pas tout à fait d'accord avec vous lorsque vous avez dit une fois qu'il n'y avait heureusement pas de doutes sur la manière dont on devait agir. Je pense que la prière est un exemple du contraire [...]. Je ne souhaite pas que vous répondiez à tout ceci — c'est une satisfaction pour moi de l'écrire : lorsque j'en parle avec vous je ne sais pas exactement ce que j'ai envie de dire, et je sais que vous êtes patient avec votre chère femme. Ne pensez pas que cela n'est pas mon affaire et que cela n'a pas beaucoup de sens pour moi. Tout ce qui vous concerne me concerne et je serais très malheureuse si je pensais que nous ne nous appartenons pas l'un à l'autre pour toujours. Je suis assez effrayée que mon cher Nègre puisse penser que j'ai oublié ma promesse de ne pas l'ennuyer, mais je suis sûre qu'il m'aime, et je ne peux lui dire combien il me rend heureuse et combien je l'aime tendrement et le remercie pour toute son affection, qui fait le bonheur de ma vie, toujours plus chaque jour.

Elle parle du sujet et du désir à un homme qui risque de ne s'intéresser qu'à l'objet et au savoir. Or, à la fin de cette lettre, Charles Darwin a écrit de sa main :

Quand je serai mort, sachez
que bien des fois, j'ai
embrassé cette lettre
et pleuré. C.D.

Pourquoi donc parler à partir de sa mort ? Tant qu'il est vivant, donc, Darwin ne peut répondre à la lettre de sa femme. Ne dirait-on pas qu'elle le sait ? D'ailleurs, si elle n'arrive pas à dire, elle non plus, ces choses qu'elle vient de lui écrire, n'est-ce pas qu'il ne peut pas encore les lui laisser dire ? Tant qu'il n'est pas mort, il ne peut pas lui faire savoir qu'il embrasse les paroles qu'elle lui a dites sur « l'autre côté », la révélation, le mystère, qu'il pleure sur elles. Sa réponse, son accord avec elle sur ce sujet, n'est pas de ce monde. Voici que ce jeune marié (leur mariage date de janvier 1839 ; il a alors presque trente ans) se situe en pensée au-delà de sa mort. Darwin-le-vivant désire que Darwin-le-mort fasse parvenir à sa femme ce message : il a autrefois pleuré et embrassé cette lettre sur la religion, cette lettre pleine aussi de respect pour lui, de tendresse.

Chose aussi étonnante pour quelqu'un qui ne croit plus à la vie divine et éternelle, cette autobiographie rédigée vers la fin de sa vie, il l'a pensée en se plaçant mentalement au même lieu, celui de sa mort. En voici les premières lignes :

> Un éditeur allemand m'ayant écrit pour me demander un compte rendu du développement de mes idées et de mon caractère, avec une esquisse autobiographique, j'ai pensé que la tentative m'amuserait et pourrait peut-être intéresser mes enfants ou leurs enfants. Cela m'aurait captivé d'avoir une esquisse, même courte et ennuyeuse, des idées de mon grand-père, écrite par lui-même, sur ce qu'il pensait et faisait, sur sa façon de travailler. J'ai essayé de rédiger le présent compte rendu que je fais de moi-même, exactement comme si j'étais mort dans un autre monde, jetant un regard rétrospectif sur ma propre vie.

Darwin choisit précisément pour parler de lui-même la position psychique que l'animal ne peut pas prendre : se situer en pensée au-delà de sa propre mort. Pour parler en première personne, à ses petits-enfants ici, à sa femme tout à l'heure, le grand découvreur de l'évolution fait précisément ce que ne peut pas faire qui descend du singe, ce que l'animal inconscient de sa fin, l'animal qui n'enterre pas ses morts, ne saurait expliquer. Darwin éternel parle de Darwin mortel. Le sujet qui ne meurt pas raconte son histoire sur terre à ceux qui sont encore ici-bas.

La seconde lettre de sa femme conservée par lui est datée de quelque vingt ans plus tard. Ce n'est plus cette fois la jeune femme qui tente de poser devant son scientifique de mari « l'autre côté de la question ». C'est la femme qui a passé avec lui déjà bien des années, mis au monde leurs dix enfants, perdu trois d'entre eux, qui lui écrit maintenant dans la compassion pour toutes les souffrances qu'elle lui voit endurer (Darwin en effet souffre constamment d'un mal qu'on n'a pu véritablement expliquer ; probablement une maladie tropicale contractée lors de son voyage) :

> Mon cœur était souvent trop plein pour parler ou faire attention. Vous savez assez comme je vous aime, j'en suis sûre, pour croire que je me préoccupe de vos souffrances à peu près autant que si c'étaient les miennes, et la seule aide que je trouve pour mon esprit, c'est de recevoir cela de la main de Dieu, et d'essayer de croire que toute souffrance ou maladie a pour but de nous aider à élever nos esprits, et de considérer l'avenir avec l'espérance d'une existence future. Quand je vois votre patience, votre profonde compassion pour les autres, votre maîtrise de vous-même et surtout la gratitude que vous témoignez à la moindre tentative pour vous soulager, je ne peux m'empêcher de désirer que ces précieux sentiments soient offerts au Ciel en faveur de votre bonheur quotidien. Mais je trouve cela assez difficile dans mon propre cas. Je pense souvent aux paroles : « Tu le garderas dans une paix parfaite, celui dont l'esprit s'est

appuyé sur toi ! » C'est le sentiment et non la raison qui conduit à la prière.

Je me sens présomptueuse de vous écrire cela. Je sens au plus profond de mon cœur vos qualités et sentiments admirables, et tout ce que je souhaiterais, c'est que vous les dirigiez vers le haut, comme vers Celui qui les met au-dessus de tout au monde. Je garderai ceci en moi jusqu'à ce que je me sente de nouveau joyeuse et réconfortée à votre sujet, mais cela m'est passé souvent par l'esprit ces temps derniers, et j'ai voulu l'écrire en partie pour me soulager [1].

Là encore, Emma n'écrit pas à Charles pour lui faire la morale (elle se sent « présomptueuse »), mais parce qu'elle espère comme quelqu'un qui veut que la vie soit le plus possible la vie ; tout ce qu'elle « espérerait » (*all I would hope...*) : qu'il dirige vers le Ciel les admirables qualités et sentiments qu'elle reconnaît en lui, qui la touchent et dont elle ne veut pas être la seule destinataire. Ce que vous me donnez est aussi à Dieu et cela vous rendrait plus heureux de le lui adresser. Là encore, Charles Darwin a silencieusement répondu, au bas de la lettre :

God Bless you. C.D. 1861

c'est-à-dire « Dieu vous bénisse. Charles Darwin. 1861 ».

Je vois là deux religions. Celle que l'un refuse et celle que l'autre choisit.

La religion selon Charles : un dieu despotique, revanchard, totalitaire (la foi ou la damnation éternelle). N'est-il pas exactement le dieu du serpent ? Darwin a trop fréquenté la Bible, ce ne peut pas être un hasard s'il parle du dieu qui fait peur aux hommes comme le serpent au singe. Ce tyran, Charles, solidaire des hommes qu'il aime le plus, le refuse ; et c'est son honneur. Troublante coïncidence

1. *Darwin..., op. cit.,* p. 152, 153.

tout de même qu'il place face à face le dieu/serpent et l'homme/singe.

La religion d'Emma est tout à fait autre. Elle n'en dit pas beaucoup ici, mais on peut en percevoir quelque chose à la manière dont elle s'en sert, car c'est sur sa religion qu'elle s'appuie pour critiquer de la plus sévère façon celle qu'expose son mari. Elle pourrait donc être d'accord avec lui : elle aussi refuse le dieu despote qui damne l'incroyant. Mais à la différence de son homme, elle conteste à cette représentation le nom de Dieu et à cette religion le nom de « Christianisme », bien que « les mots y soient ». Où a-t-elle les pieds pour être aussi assurée de sa critique ? Je ne sais. Mais contrairement à Ève, elle sait que la religion du dieu vu par le serpent est un faux.

Souvent, je me suis interrogée sur cette différence d'attitude : celui qui *refuse* un dieu et celui qui le *récuse* comme dieu. Dans la vie privée de ces grands savants qui nous ont appris le refus de croire, il y a une femme qui continue de croire. Elle ne croit pas au dieu qu'ils nient. Ils ne la convertissent pas à leur athéisme, au contraire. Il me semble même qu'ils la gardent précieusement auprès d'eux, croyante. Quand le savant agnostique dit, en secret il est vrai, et même se pensant mort, quand il dit tout bas à sa femme pour qu'elle l'entende plus tard : « Dieu te bénisse », de Qui parle-t-il ?

Dans les temps où des autorités religieuses enseignent officiellement la religion du serpent, où donc les justes cachent-ils leur juste foi ?

A l'époque des Lumières, lorsque la foi en la Raison a commencé de grandir et d'imposer peu à peu sa loi contre le divin tyran, les hommes de science, chercheurs de vérité, ont-ils mis au nom de leur femme leur foi dans le dieu qui bénit, comme un homme riche cache son argent à l'étranger lorsque arrive un gouvernement populaire ? Plusieurs exemples me viennent à l'esprit de ces transferts mystérieux : lorsque les femmes allaient à la messe et que les hommes les attendaient au café, y avait-il plus à comprendre que je ne le croyais dans cette image d'Épinal de nos dimanches matin au village ?... Combien de pères ayant quitté à l'adolescence leur religion ont pourtant voulu que leurs enfants en soient instruits, qui ont eu curieusement mal lorsque l'enfant s'en est écarté à son tour... De vieilles femmes, dit-on, ont seules fréquenté les églises russes durant des dizaines d'années. Mais ce ne pouvait être les mêmes durant soixante-dix ans. Aussi finit-on par comprendre qu'elles constituaient la seule catégorie sociale qu'une pratique religieuse ne mettait pas trop en danger, les babouchkas ne représentant plus grand-chose dans les rouages officiels de la société communiste.

Chapitre IV

OÙ DIEU NE FAIT QUE LA MOITIÉ DE SON TRAVAIL

Je me retourne vers ce que j'ai lu dans la Bible, et je m'étonne. Comment ce récit peut-il à la fois raconter la création de l'humain et situer ensuite l'arrivée de l'homme et de la femme dans un autre registre, celui de la reconnaissance et de la révélation ? Comment donc le dieu créateur du premier récit avait-il créé Adam mâle et femelle pour qu'il reste encore à ceux-ci à advenir comme homme et femme ? Comment avait-il donc parlé son projet et fait son travail ?

Retour au premier récit : l'image mais pas la ressemblance

Le lecteur me pardonnera ce retour en arrière. C'est que la recherche avance ainsi, dans un ordre qui n'est pas celui du texte mais des obstacles et des ouvertures qu'y rencontre l'esprit de celui qui lit.

C'est donc après avoir trouvé que les mots « homme » et « femme » n'apparaissent jamais avant qu'ils ne soient présentés l'un à l'autre que m'est revenue la question de la première création, dans le récit des six premiers jours. Devant quoi suis-je passée sans m'arrêter ? Il y avait certainement une question à poser et je ne l'ai pas vue.

Je repense à ce navire suédois, le *Vasa*, qui appareilla dans le port de Stockholm le dimanche 10 août 1628, tout lesté et armé, ayant à son bord les membres de son équipage et plusieurs parents de ceux-ci, invités pour le bref voyage qui allait conduire le navire à son port d'attache, et qui sombra peu après son départ, au premier coup de vent dans le port même. Ce vaisseau qu'un « chercheur du dimanche », Anders Franzén, en sondant patiemment le port depuis son canot plusieurs étés, retrouva en 1956. La marine suédoise put alors, sur ses indications, envoyer ses plongeurs et une impressionnante opération de remontée fut entreprise. Il s'agissait d'extraire de la vase qui l'avait conservée, et de ramener de trente-deux mètres de fond sans briser la coque, l'épave du « plus ancien vaisseau du monde qui soit parfaitement identifié et dont on connaisse l'épave dans les eaux abritées d'une grande ville [1] ». L'histoire me fut racontée lorsque j'étais adolescente et m'enthousiasma. Plus tard, j'eus l'occasion à Stockholm de visiter l'immense édifice dans lequel est présenté désormais le navire. Je trouvai aussi un livre où le chercheur entêté racontait l'aventure. J'y découvris cette phrase de Philippe Diolé :

> En outre un naufrage est un inventaire, un abrégé — et des meilleurs qui soient — de la civilisation à l'heure du drame. Il n'y a guère que sur un bateau que l'on puisse trouver réunis en un si petit espace tant de témoignages : des marmites, des meules à grains, des lampes, des vivres et parfois une cargaison comme celle-ci. Une portion de vie est descendue d'un bloc dans la mer.

Je suis reconnaissante à ce découvreur suédois, comme à tous ceux qui ne nous ont pas seulement apporté leur découverte mais aussi leur aptitude à

1. *Le « Vasa » vaisseau du roi,* Anders Franzén, Norstedts Fackboksavdelning éditeur, Stockholm, 1966.

oser. Oser désirer follement, longuement, sans s'interdire l'impossible. De semblables histoires me servirent de paraboles plus tard lorsque je fis l'expérience de l'inconscient. Des souvenirs, eux aussi naufragés, pouvaient être ramenés au jour, par le patient travail de la cure d'âme. Comme le *Vasa,* il fallait les localiser, puis les remonter tout doucement et faire l'inventaire de ce qui émergeait alors.

Lorsque, plus tard encore, je me mis à lire la Bible, je m'aperçus que les textes aussi pouvaient sombrer. Une portion de sens était descendue d'un bloc dans l'oubli.

Je prends, moi aussi, mon bateau du dimanche et je me réembarque vers notre premier récit. Maintenant du moins, je sais où jeter la sonde : là où Élohim dit qu'il va créer l'Adam, et ce qu'il fait ensuite (Genèse, 1, 26-27). Il me faut reprendre cela de tout près et ruminer le mot à mot du texte hébreu :

> Élohim dit : « Nous ferons Adam en image de nous, comme ressemblance de nous, et ils domineront... »

« En... comme... » Je remarque ces deux mots différents qu'une traduction pourrait faire disparaître [1]. L'humain n'est donc pas directement image et ressemblance du divin. Il est créé « *en* image de nous, *comme* ressemblance de nous ».

Un jour, une nouvelle lecture du texte me donna tort. Non pas à propos de ce « en » et de ce « comme », mais à propos de l'ensemble des deux versets de la création humaine. Dans ma lecture habituelle, un endormissement s'était établi depuis toujours, dont un jour je m'éveillai pour constater que le verset 27 n'était pas la répétition du verset 26. Je vis qu'Élohim, garant de la parole fiable selon

1. Ce qui est arrivé dans la traduction grecque des Septante, où le même mot grec traduit « en » et « comme » : *kat.*

cette tradition, disait qu'il allait faire deux choses et n'en faisait qu'une seule. Sans doute est-ce parce que je n'imaginais pas chez lui une telle inconséquence que je ne l'avais pas remarqué. Voici une mise en parallèle des deux phrases :

26	« Nous	ferons	Adam	en notre image	comme notre ressemblance »
27	Élohim	crée	l'Adam	en son image En l'image d'Élohim	
	Il	crée	lui	Mâle et femelle	
	Il	crée	eux.		

Après le discours du dieu, on attendait l'exécution de son programme. Or, la deuxième formule du projet énoncé en 26 (*comme notre ressemblance*) fait défaut dans l'accomplissement du projet en 27. Et, à la place de cette deuxième formule manquante, revient la première formule répétée : Élohim crée l'Adam *en son image, en l'image* d'Élohim il le crée.

Voici un procédé littéraire propre à éveiller l'attention (donc nous dormons vraiment très fort). Ce dieu-là ne fait les choses qu'à moitié et ce fait nous est signalé justement par cette première moitié, redite, tandis que la seconde reste apparemment en souffrance. L'humain est bien créé en l'image mais non comme la ressemblance d'Élohim.

Le premier récit porte donc, lui aussi, le double message : la création de l'humain *et* son incréation. Déjà au premier chapitre, on peut comprendre qu'il faille une suite à cette histoire, que l'œuvre est inachevée; que la création n'est pas le seul et le dernier mot de l'origine de l'homme. Ce qui dormait là en ce premier chapitre préparait donc bien ce que j'ai découvert dans le second récit. Cependant, lorsque je m'avisai de cette subtilité inaperçue, j'eus peine à croire mes yeux parce que mes oreilles n'avaient rien entendu de ce genre. Il me paraissait invraisemblable que je fusse la première à voir cela. Me l'avait-on déjà dit ? Comment avais-je pu alors ne pas y prêter attention ? Comment aurais-je pu l'oublier ?

Un voyage fructueux chez des Pères de l'Église

J'en parlai, comme toujours en pareil cas, à d'autres, plus familiers que moi de l'ensemble de l'histoire biblique. Un ami [1] me dit que cela lui rappelait des commentaires des Pères de l'Église. Me voilà donc cherchant dans les commentaires des premiers siècles de notre ère ; sans vouloir faire le tour complet de la question, je voulais rencontrer des témoins de cette lecture. De ce voyage dans la patristique, j'ai gardé pour le lecteur tout d'abord ces passages d'Origène :

> Par ces mots : Il le fit à l'image de Dieu, en ne parlant pas de la ressemblance, il montre que l'homme a reçu, dans sa première création, la dignité de l'image, mais que la perfection de la ressemblance est réservée pour la fin : à savoir que lui-même doit l'acquérir par ses propres efforts en imitant Dieu, afin qu'ayant reçu au début par la dignité de l'image une possibilité de perfection, il puisse la consommer à la fin en parfaite ressemblance par l'accomplissement des œuvres. Mais l'apôtre Jean affirme qu'il en est ainsi avec plus de clarté et d'évidence lorsqu'il dit : Mes petits enfants, nous ne savons pas encore ce que nous serons ; lorsqu'il nous sera révélé, nous lui serons semblables. (*Peri Archon,* III, 6, 1.)

Ailleurs (*Homélies sur la Genèse,* p. 82), Origène écrit :

> Dieu fit donc l'homme et il le fit à l'image de Dieu. Il nous faut voir quelle est cette image de Dieu et chercher à la ressemblance de quelle image l'homme a été fait. Car il n'est pas dit que Dieu fit l'homme à son

1. Xavier de Chalendar.

image et à sa ressemblance, mais qu'« il le fit à l'image de Dieu ». Quelle est donc cette image de Dieu à la ressemblance de laquelle l'homme a été fait ? Ce ne peut être que notre Sauveur.

Ce passage confirmait donc ma lecture mais me laissa un certain goût de moralisation et de « récupération chrétienne » : la ressemblance divine, l'homme « doit l'acquérir par ses propres efforts », en « imitant Dieu » ; finalement pour Origène la ressemblance est déjà faite : c'est « le Sauveur ».

Je cherchai encore. Cet autre passage, de Basile de Césarée, me parut plus heureux pour l'humain (*Sur l'origine de l'homme,* homélie 1, 15-16) :

— N'as-tu pas remarqué que cette proposition est incomplète ? « Créons l'Homme à notre image et ressemblance. » La délibération comprenait deux éléments : « à l'image » et « à la ressemblance ». L'exécution n'en contient qu'un. Dieu a-t-il délibéré d'une façon et puis changé d'avis ? Quelque repentir au cours de la création n'est-il pas intervenu ? N'y a-t-il pas eu impuissance du Créateur, qui décide une chose et en réalise une autre ? Ou bien bavardage dans les paroles ? Peut-être en effet veut-il dire la même chose : « Créons l'Homme à l'image et à la ressemblance » ; car (ici) après avoir dit « à l'image », il n'a pas dit « à la ressemblance ». Quelque explication que nous choisissions, nous prendrons en défaut ce qui est écrit. Si en effet il s'agit de la même chose, il est superflu de dire deux fois les mêmes choses. Dire qu'il y ait une parole vaine dans l'Écriture est un blasphème redoutable. Mais, en vérité, l'Écriture ne parle pas en vain. Il est donc nécessaire que l'homme soit à l'image et à la ressemblance.

— Pourquoi n'est-il pas dit : « Et Dieu créa l'Homme à l'image de Dieu et à sa ressemblance » ? Le Créateur était-il impuissant ?

— Propos impie !

— Celui qui donne l'ordre s'est-il repenti ?

— Argument plus impie encore !

— Mais alors, il a parlé et puis a changé d'avis ?

— Non, l'Écriture ne dit pas cela, le Créateur n'est

pas impuissant et la délibération n'a pas été rendue vaine. Quelle est la raison du silence?

« Créons l'Homme à notre image et à notre ressemblance. » Nous possédons l'un par la création, nous acquérons l'autre par la volonté. Dans la première structure, il nous est donné d'être nés à l'image de Dieu; par la volonté se forme en nous l'être à la ressemblance de Dieu. Ce qui relève de la volonté, notre nature le possède en puissance, mais c'est par l'action que nous nous le procurons. Si, en nous créant, le Seigneur n'avait pris la précaution de dire « Créons » et « à la ressemblance », s'il ne nous avait pas gratifiés de la puissance de devenir à la ressemblance, ce n'est pas par notre pouvoir propre que nous aurions acquis la ressemblance de Dieu. Mais voilà qu'il nous a créés en puissance capables de ressembler à Dieu, il a permis que nous soyons les artisans de la ressemblance à Dieu, afin que nous revienne la récompense de notre travail, afin que nous ne soyons pas comme ces portraits sortis de la main d'un peintre, des objets inertes, afin que le résultat de notre ressemblance ne tourne pas à la louange d'un autre. En effet, lorsque tu vois le portrait exactement conformé au modèle, tu ne loues pas le portrait, mais tu admires le peintre. Ainsi donc, afin que ce soit moi l'objet d'admiration et non un autre, il m'a laissé le soin de devenir à la ressemblance de Dieu [1].

Ainsi donc, en l'an 378, cet homme pouvait penser un dieu unique et non tout-puissant, créant mais aussi ne créant pas. Cependant ma lecture se séparait de celle des Pères sur un point : ce n'était pas, si je lisais bien, à « l'Homme » que le récit de la Genèse confiait la ressemblance, c'est à l'humain mâle et femelle. A la relation humaine, potentiellement homme et femme.

1. Comme Origène, Basile ajoute à ce beau passage une phrase qui peut aussi passer pour de la récupération : « En effet, par l'image je possède l'être raisonnable, et je deviens à la ressemblance en devenant chrétien. » Je ne sais pas ce que signifiait « être chrétien » pour Basile, étant donné ce qui précède et qui évoque un contenu tout différent de celui que ces mots auraient aujourd'hui pour nos contemporains.

Ce créateur parle au pluriel (nous) et, dans ce pluriel d'alliance entre des sujets, il crée des créatures qui peuvent à leur tour advenir comme êtres parlants ensemble. La ressemblance à Nous c'est un autre Nous. Comme l'écrit Jean Kirchmeyer[1].

> L'image est en nous *sans nous*, la ressemblance ne peut l'être qu'*avec nous*.

Cet auteur, commentant les Pères, a rétabli, sans le souligner d'ailleurs, la conformité au texte, l'image d'un pluriel et non d'un singulier.

Combien de fois ai-je cherché à comprendre la logique divine à ma façon... Discutant, réfléchissant, je me disais : comment l'Incréé peut-il s'y prendre pour faire des êtres increés semblables à lui ? Les créer le moins possible et leur permettre d'advenir.

Pour que nous soyons en lui, il faut qu'il nous fasse en lui, lui, le « Nous » divin.

Mais pour que nous soyons comme lui, il ne faut pas qu'il nous fasse.

Où Adam, lui, après deux mal engendrés, ne fait pas son fils à moitié

Pour satisfaisant qu'il fût de trouver confirmation chez d'éminents évêques des premiers temps de l'Église, je ne pouvais me tenir quitte d'une exigence de confirmation interne au texte lui-même, et je revins au livre de la Genèse, en quête d'un autre point d'appui. Le chemin à suivre s'imposait là encore : la création en l'image et comme la ressemblance se répéterait-elle lorsque les humains à leur tour allaient transmettre la vie humaine ? Les deux mots apparaîtraient-ils, ou seulement l'un d'eux comme lorsque Élohim agissait ?

1. Dans le *Dictionnaire de spiritualité*, à l'article « Grecque ».

Le lecteur n'a sans doute pas oublié que les premiers enfants nés d'humains dans la Bible s'appellent Caïn et Abel. Or, aucun des mots que je cherche ne se trouve employé par le narrateur lorsqu'il nous annonce leur naissance (Genèse, 4, 1-2) :

> Adam pénètre Hava, sa femme. Enceinte elle enfante Caïn.
> Elle dit : « J'ai eu un homme avec YHWH. »
> Elle ajoute à enfanter son frère Abel.

Ils ne sont faits ni en l'image ni comme la ressemblance de qui que ce soit, homme ou dieu. On est bien loin du « Nous » créateur. Le rapport sexuel est dit mais le père n'est pas nommé dans l'engendrement. (Il n'y a d'ailleurs ni le mot « père », ni « mère », ni « fils ».) C'est *avec Dieu* qu'Ève a fait Caïn, dit-elle, et c'est à partir d'elle seule (Je, pas Nous) et dans sa possession qu'il est institué (« Caïn, de *Qaniti* : « J'ai acquis »). Cette expression annule la naissance : au moment où il sort d'elle, elle dit l'avoir. Le dieu n'a été ici qu'un moyen (en hébreu, le nom divin est dans la parole d'Ève un complément, un instrument). Quant à Abel, il est bien situé par rapport à un autre que sa mère, mais c'est à son frère et non à son père qu'il est référé. Le « Nous » est bien loin ; bien loin le lieu où peut vivre la vie.

Les deux premiers sont bien mal engendrés. Serons-nous plus heureux dans notre recherche d'image et ressemblance, avec l'arrivée du suivant ? Voici comment est racontée la procréation du troisième enfant d'Adam et Ève (Genèse, 4, 25-26) :

> Adam pénètre encore sa femme, elle enfante un fils.
> Elle crie son nom : Shet.
> « Oui, Élohim m'a placé [*shat*] une autre semence à la place d'Abel :
> Oui, Caïn l'a tué. »

Cette fois, elle enfante un *fils*, première apparition

de ce mot si important dans la Genèse. Elle prononce le nom d'Élohim (et non le tétragramme) et, cette fois, elle ne l'utilise plus. Élohim est le sujet du verbe, en place de Père : il « a placé une autre semence ». Et la vie parlante se transmet.

> Pour Shet aussi, il a été enfanté un fils. Il crie son nom : Enosh.
> Alors le nom de YHWH commençait à être crié.

Au passage, je note que celui qui a été le premier *fils,* Shet, crie pour la première fois le nom de son fils, « Enosh », qui veut dire « Homme », masculin exact de « Femme » en hébreu. Alors on commence à pouvoir proclamer le nom divin. La mère, cette fois, n'a pas dit ce nom à l'avance. A chaque fils d'appeler le dieu par son nom.

Je ne peux croire que ce soit par hasard : la vie alors se réorigine ; le récit fait un nouveau commencement et voici qu'image et ressemblance réapparaissent (Genèse, 5, 1-3) :

> Voici l'acte des enfantements d'Adam :
> au jour où Élohim crée Adam, *en la ressemblance* d'Élohim, il le fait.
> Mâle et femelle, il les crée et les bénit.
> Il crie leur nom, Adam au jour de leur création.
> Adam vit cent trente ans, fait enfanter *en sa ressemblance, comme son image* et crie son nom, Shet [1].

Je remarque d'abord que les mots « image » et « ressemblance » ont été inversés par rapport au premier chapitre : « en la ressemblance... comme l'image... » Je ne sais pas ce que cela signifie, mais je vois que préposition et conjonction n'ont pas changé de place. Cette fois, la comparaison n'est plus entre ce que Dieu dit et ce qu'il fait mais entre ce qu'il fait

1. C'est moi qui souligne.

et ce que fait Adam. La différence entre création divine et procréation humaine apparaît ici fortement soulignée par leur rapprochement dans le texte. Il serait difficile maintenant de ne pas les examiner l'une par rapport à l'autre :

Élohim, ici encore, se présente comme celui qui ne crée qu'à moitié : « en sa ressemblance », et pas comme son image ;

Adam, au contraire, fait enfanter « complètement » : « en sa ressemblance et comme son image ».

Si j'interrogeais sans lui donner ces pages l'homme de la rue et que je lui demande qui, de Dieu ou de l'homme, ne fait qu'à moitié son travail de créateur, qui répondrait conformément à ce que nous venons de lire ? Ce texte, comme probablement toute révélation, va contre le sens commun. Je me demande même, en rédigeant ce livre, s'il se trouvera des lecteurs qui veuillent bien croire ce qu'ils liront, ayant moi-même mis tant d'années à le faire.

Le métier de psychanalyste, pourtant, prépare à ce genre de découverte. De quoi souffrent si souvent les enfants, même lorsqu'ils sont devenus adultes ? De ce que leurs parents ont trop voulu les faire, et les faire semblables à leur moi idéal. Qui de nous, parents, ne se reconnaît dans cet Adam des origines ? La vie et la littérature ne sont-elles pas remplies de fils et de filles, en souffrance d'avoir été complètement enfantés en la ressemblance du parent dominant et comme son image ? Trop fait, certes, le troisième fils d'Adam a du moins été engendré comme fils et non récupéré comme possession. S'il y a encore méprise sur la vie, la Genèse, dans sa sagesse, nous dit qu'une telle méprise n'arrive pas par hasard. Une erreur plus grande encore a précédé le passage que nous lisons, un malheur plus grand : Caïn et Abel, les si mal engendrés que l'un ne trouve que le meurtre de l'autre pour, croit-il, advenir en face de Celui qui parle le premier...

Où le serpent propose ce qu'Élohim n'a pas fait : « comme des dieux »

Dans cette lecture que nous faisons d'une création divine inachevée, où, pour reprendre l'image de Basile, les humains ne soient pas seulement le portrait mais aussi le peintre, c'est-à-dire ne soient pas eux sans eux-mêmes, il nous reste à nous confronter à l'autre voie proposée, celle du serpent. Y aurait-il un rapport entre la ressemblance manquante et la tentation ? En effet. Et cette tentation prend maintenant plus de signification. Élohim n'avait pas fait « comme », et c'est un « être-comme » que le serpent propose. Le lecteur se souvient du chapitre 3, versets 4 et 5 :

> « Non, *vous ne mourrez pas, vous ne mourrez pas,* car
> Élohim sait que du jour où vous en mangerez
> vos yeux se dessilleront et *vous serez comme Élohim*
> connaissant le bien et le mal. »

Nous l'avons déjà vu, le serpent transforme la parole divine en la prétendant adressée à un « Vous » pluriel alors que l'interdit ne concernait que « Tu ». C'est à ce « Vous » qu'il propose d'agir pour « être comme » ; un Vous indistinct. Le « comme Élohim » est bien à faire par l'humain, le serpent a raison. Mais au lieu de le situer dans la reconnaissance mutuelle des sujets singuliers, homme et femme, il le situe dans la possession d'un objet dérobé au dieu. Cet objet magique donnerait l'ouverture des yeux et le statut divin, c'est-à-dire la toute-connaissance et la vie éternelle. Or, si nous restons dans la logique du sujet, il est certain qu'aucun objet au ciel ni sur la terre ne peut lui donner la vie, mais seulement la présence à lui d'un autre sujet, que lui-même reconnaîtra comme tel, selon le cadre qui permet une telle reconnaissance, c'est-à-dire la loi symbolique.

Si homme et femme avaient été créés, seraient-ils accessibles à la tentation ? C'est leur inachèvement même qui permet le choix du chemin. Entre l'assurance sans conscience de la pure créature (l'animal) et la souveraineté du sujet déjà advenu comme incréé (fils de l'Incréé), l'humain chemine, mâle et femelle, allant vers homme et femme; géniteur et génitrice, vers père et mère, créé vers engendré...

La proposition du serpent présente les traits de l'universelle tentation pour tous les êtres parlants : chercher la vie dans la puissance par la possession de la chose d'un tout-puissant; et non dans la présence par la reconnaissance de l'autre lui-même.

Celui qui propose la vie par la possession de l'objet pour atteindre le tout-connaître, celui-là prétend éviter la mort naturelle (la mort de « Vous » humains).

Celui qui propose la vie par l'interdit d'un objet, signifiant le non-objet puis le sujet avec lequel je suis, celui-là met en garde contre la mort de l'être parlant. Il ne dit rien de la mort de Vous, les créatures. Il signifie selon quelle voie le sujet peut advenir, éviter la mort et atteindre la vie. Il ne peut s'agir alors de la mort « naturelle », la mort de la créature humaine qui comme tout ce qui est né, tout ce qui est créé, doit mourir. L'enjeu paraît bien plutôt celui de la mort dans le champ symbolique de l'être parlant (Tu auquel Je s'adresse), qui, comme incréé, n'est pas soumis à la mort naturelle. Pour le sujet, la question n'est pas de vivre ou mourir comme dans la nature; c'est « *to be or not to be* ». Il n'est pas donné d'avance; le sujet n'est pas un fait; il peut être, s'il parvient à se lever; ou ne pas être, s'il choisit sa route hors du champ de l'esprit (« Tu mourras... »). Avec cette perspective ouverte par les religions que seul ce qui est esprit (ce qui ne nie pas forcément qu'il y ait du corps) aura part au monde à venir.

Peut-on jamais tromper les humains sans nier peu ou prou qu'ils vont mourir, tous, et chacun de sa propre mort? Si l'on vous dit : « vous ne mourrez pas », c'est le serpent qui parle, dit la Genèse. Quiconque vous promet de ne pas mourir comme créature vous niera comme sujet. Je suis sensible à la différence d'écoute selon qu'on reçoit autrui comme s'il n'allait pas mourir, dans la pensée d'une technique toute-puissante, où la mort est l'accident dont un jour on parviendra à triompher (« vous ne mourrez pas... »); ou bien comme être parlant, à la fois créature qui va mourir et sujet qui cherche à advenir et qui transcendera (du moins il n'est pas absurde de le croire) cette condition. S'il n'y a pas d'avènement de l'homme, de la femme, la mort est vraiment une mauvaise nouvelle. S'ils adviennent dans la création mais ne lui appartenant pas et donc non assujettis à la mort, celle-ci demeure le grand passage, terrible peut-être, mais la fin du statut de créature est assurément une bonne nouvelle pour l'incréé.

S'il est pensable qu'une autre vie existe pour l'humain, je ne vois pas d'autre voie pour y atteindre que celle du Verbe. Celui qui dit véritablement en première personne « Je meurs » n'est-il pas parvenu à « Je » qui ne meurt pas?

Parfois il m'arrive de douter, comme je l'ai dit, de ce que je trouve. Faute d'en recevoir réponse par autrui. Rien n'est vrai pour moi qui n'est vrai que pour moi seule. Que faire alors d'une intuition que personne encore ne partage, ou que l'on serait encore bien en peine de communiquer? Finalement, je continue dans un certain brouillard jusqu'au jour où l'occasion se présente de la dire. Alors je peux savoir si ce que j'ai trouvé sert, et comment cela sert.

Il y a des nouvelles qu'on reçoit comme simple auditeur et qu'on transmet comme simple porteur de la parole d'un autre. Et puis, il y a d'autres nouvelles ou plutôt d'autres façons d'annoncer une nouvelle qui transforment celui qui la transmet en annonceur à son tour. Comme l'écrit François Mauriac : « Au-dedans de l'Église, les tenants du dépôt s'opposent aux tenants du message [1]. »

1. *Ce que je crois,* Grasset, chap. 5.

Le terrible serait de parler du sujet sans permettre qu'il advienne en celui auquel on parle. Faire un savoir sur l'autre qui dévorerait en lui la possibilité d'être : je vais te dire si bien qui tu es que tu n'auras plus rien à dire.

Réflexions

Parvenue à ce moment de la recherche, j'éprouve le désir de m'arrêter pour me demander ce que ça change de dire cela. Ce que cela apporte à la vie des humains et, plus modestement, ce que cela modifie au métier d'écoute des êtres parlants.

D'abord, à la manière du commentaire juif qui fait parabole de tout signe, je repense au premier mot : « Au commencement... » En hébreu « *Beréchit...* » La première lettre du grand livre n'est pas la première lettre de l'alphabet (*aleph*); c'est la seconde, *beth* (comme *ben,* fils). La seconde lettre du grand livre n'est pas encore *aleph,* c'est *resh* (comme *ruah,* esprit); la première lettre de l'alphabet n'arrive qu'en troisième, *aleph* (comme *ab,* père). Pourquoi ? A qui, à quoi peut bien être réservée la première lettre ? Est-elle celle du nom de Dieu ? Pas du tout (YHWH). Pourquoi le livre de la parole divine ne s'ouvrirait-il pas par *aleph* ? A la multitude des commentaires, aux mille raisons trouvées à cela, j'ajoute encore ceci :

La première lettre de l'alphabet hébreu a une valeur toute particulière en ce qui concerne la parole. Elle est la lettre de JE (*Anokhi*), puis de TU (*Ata* et *Ate*), de NOUS (*Anakhnou*) et de VOUS (*Atem* et *Aten*). Toutes les personnes du dialogue commencent par *aleph,* tandis qu'une autre lettre (*Hé*) sert d'initiale aux pronoms de la troisième personne. Le livre de la parole d'Élohim ne prend pas la première place, n'utilise pas en premier la première lettre. Au commencement, le livre du dieu qui parle se retire de la première place pour l'offrir à ceux qui vont parler, ceux qu'il crée mais aussi qu'il ne crée pas. Le livre de la Parole commence par faire que la parole soit possible. Au commencement était la possibilité de parler.

Il y a bien des années que la psychanalyse parle de « l'avènement du sujet ». Lacan écrit à propos de la cure analytique et de la relation symbolique dans laquelle elle se déroule :

> Rien ne doit y être lu concernant le *moi* du sujet qui ne puisse être réassumé par lui sous la forme du « *je* », soit en première personne [1].

Un peu plus loin, je lis encore :

> C'est bien cette assomption par le sujet de son histoire, en tant qu'elle est constituée par la parole adressée à l'autre, qui fait le fond de la nouvelle méthode à quoi Freud donne le nom de psychanalyse [...] [2].

Lacan a bien écrit *moi* sans guillemets et « *je* » avec.

En ce domaine, il est très facile d'être séduit et trompé, séducteur et trompeur. Lacan lui-même, celui qui m'a le plus appris sur la première personne et son importance décisive pour la cure, pour la vie, était aussi capable de fonder une revue (*Scilicet*) où lui seul signait ses articles de son nom. Les autres auteurs, restant anonymes, apportaient au seul nom de Lacan leur propre travail de pensée [3]. Par une perversion longtemps non dénoncée, le même qui prônait l'avènement du sujet pratiquait son anéantissement dans sa propre école. Anéantissement consenti et même reconnaissant; jusqu'à dire, comme je

1. Jacques Lacan, *Écrits,* Seuil, 1966, p. 251.
2. *Ibid.,* p. 257.
3. Avec quelle sagesse la tradition juive ne dit-elle pas : « Le Messie viendra lorsqu'on attribuera chaque parole à son auteur. »

l'entendis un jour de la bouche d'un de ses plus proches : « Lacan duquel nous tenons le peu de figure que nous avons en ce monde... »

Lorsque je découvris ceci, je n'avais pas encore identifié comme « du diable » cet usage du JE qui interdit à l'autre de le dire à son tour, mais je sentais bien en moi-même qu'un tel écrasement venait en contradiction avec la théorie et surtout l'éthique du « bien dire » proposées au psychanalyste. Nul être, me disais-je, si génial fût-il, ne peut s'arroger le droit de parler à la place d'autrui. Aucune théorie du sujet, si exacte fût-elle, ne dispenserait jamais de respecter l'interdit d'être l'autre. Dans ma naïveté, je me demandais comment on pouvait écouter Lacan parler du « Pas tout » et, en même temps, le laisser lui-même livré au malheur d'occuper toute la place. Mais que faire? L'expérience lacanienne n'est ici qu'un exemple parmi d'autres du mensonge qui peut s'insinuer entre théorie et pratique, entre ce qu'on prêche et ce qu'on fait. La première société fondée par Freud n'échappait pas non plus à cette mise en question, comme tant de travaux d'historiens de la psychanalyse nous l'ont fait connaître.

On peut assurément écrire des choses admirables sur l'Altérité avec la majuscule de l'Universel, sans reconnaître à tel autre le statut d'autre; et faire preuve de l'humilité du serviteur en lavant les pieds le Jeudi saint tout en laissant l'autre prosterné devant soi le jour de Pâques, comme je l'avais vu pratiquer à Rome sur le parvis de Saint-Pierre par l'un de ses successeurs. Où donc ai-je lu que, dans la primitive église, il était interdit de s'agenouiller le dimanche, étant le jour de la résurrection? Ne pas s'agenouiller, même devant Dieu — j'allais dire : surtout devant Lui —, ce jour-là; que dire alors de l'agenouillement devant un homme? Du premier pape il est dit dans les Actes des Apôtres (10, 25-26) que, voyant venir à lui un païen qui tombe à ses pieds, il « le réveille et dit : "Lève-toi; je suis moi-même un humain." »

De ces expériences, j'apprends que le piège est redoutable et qu'il ne suffit pas de l'apercevoir chez autrui pour être à l'abri de semblable dévoiement du verbe. Au lecteur, donc, de se défier de celle que « je » voudrais pourtant ne pas être...

Si la parole du Père de la Parole ne prend pas la première lettre, puissent les pères humains s'en souvenir. Que celui qui fonde un lieu pour « nous » commence par le bon commencement, laisse à la relation la première place. Qu'il soit d'abord l'autre de l'un et l'autre. Adam lui-même ne dit-il pas *isha* avant de dire *ish* ?

De ce point de vue, la fondation de l'école freudienne par Lacan — le 21 juin 1964 — est encore une fois exemplaire. Le texte qui l'institue commence ainsi : « Je fonde — aussi seul que j'ai toujours été dans ma relation à la cause psychanalytique — l'École française de psychanalyse... » N'eût-il pas fallu l'entendre en bibliste : « Il n'est pas bon que l'humain soit seul » ?

Qui se dit seul depuis toujours parle en homme qui souffre. Mais fonder seul un être-ensemble pour soigner un être seul, est-ce le bon soin ? Le symptôme appelait-il de la part de « *je* », tandis que le moi voulait faire fondation ? L'homme semblait apparemment attendre qu'on lui réponde : « Je viens, je vous suis. » Tandis que sa souffrance de sujet appelait peut-être ailleurs, comme s'il avait mystérieusement espéré qu'un jour quelqu'un entendrait en lui l'être emprisonné dans sa propre puissance... Je ne sais.

Je vois seulement qu'il est difficile d'écouter les symptômes d'un homme de génie sans leur obéir. Pourtant sa tristesse disait assez que nous ne l'entendions pas là où l'être parlant, le sujet Jacques Lacan, l'espérait. Aurait-il cependant accepté qu'elle soit entendue, cette souffrance, aurait-il renoncé à tant de séduction, à ce type de gloire qui pourtant l'isolait encore et l'a laissé seul, jusqu'à la fin, je crois ?

Une question s'est peu à peu imposée à moi, qui m'a conduite à chercher ailleurs que dans la psychanalyse les fondements de sa pratique : la théorie psychanalytique nous préparait-elle à entendre véritablement le désir vivant du sujet ? N'étions-nous pas aveuglés par une image de l'homme biologique, le petit d'animal de Darwin, l'homme de Freud aussi, celui qui cherche la satisfaction de ses pulsions ? N'étions-nous pas muets et souffrants de ces images de l'homme ? Il était si éclairant, si heureux d'entendre alors Lacan parler enfin de l'homme de parole qu'il devint difficile de faire un tri critique dans ce qu'il disait et faisait.

Genèse du désir humain

Je reviens à notre mythe biblique qui éveille tant d'autres pensées. Et d'abord celle-ci : la Genèse pose qu'avant toute erreur, toute faute, le désir humain commence par désirer juste. C'est bien au plus profond en lui que l'Adam va chercher l'autre, de sa torpeur. Or ce désir profond ne désire pas le même mais l'autre. Cet autre n'est pas son double. Pour l'Adam du principe, l'autre est Adam aussi, humain mais femme tandis qu'il est homme. Venant du plus lui-même en lui.

Adam endormi ne se trompe pas de chemin pour devenir homme.

Adam endormi ne se trompe pas de bonheur.

La théorie de Freud se méfie de l'inconscient. Elle le décrit le plus souvent comme le réservoir de forces dangereuses, veut en acquérir la maîtrise, lui dérober son secret et le renvoyer dans les Enfers.

La tradition biblique fait confiance au désir inconscient. Elle le désigne comme le lieu d'où vient à la fois la possibilité de l'autre et la possibilité de soi.

Il n'est pas bon que l'humain soit seul, dit Élohim. Il n'est pas bon que le dieu soit seul, lui non plus, lorsqu'il s'agit de faire l'être parlant. C'est du désir inconscient de l'Adam qu'il bâtira celle que l'homme attend pour être-lui-avec-elle.

En arrivant à de telles pensées, je comprends un peu mieux ce que je cherche. Voici un des plus vieux mythes du monde et sans doute celui qui a le mieux réussi, si je mesure sa réussite à sa propagation (la Bible, best-seller mondial). L'une des raisons de son succès pourrait-elle être qu'il raconterait la genèse du désir humain ? Il semble centré, bien plus qu'une lecture pieuse pouvait le laisser croire, sur la croissance de l'humain et non sur la volonté du dieu. A moins que la volonté de ce dieu ne soit justement cette croissance de l'humain. Ce dieu-là, le dieu unique, à la différence des dieux de tant d'autres mythologies, ne crée pas l'homme pour le remplacer dans les corvées du monde. Ce dieu-là ne veut rien pour lui et apparemment pas grand-chose de l'autre. Sinon — et c'est plus que grand-chose — que l'homme et la femme adviennent en l'Adam.

Le cadre dans lequel la conscience de soi et de l'autre surgit comporte un interdit ; cet interdit, je ne peux plus le lire comme ce que le dieu se réserve mais, au contraire, comme ce que, en donnant l'interdit, il ne se réserve pas : la relation à l'autre, la connaissance heureuse, la gloire mutuelle. (Parfois nous sommes pris nous-mêmes dans une sorte de paresse et, pour un moment ou pour longtemps, nous ne transmettons plus de loi fondatrice à ceux que nous devons élever. Or, il semble bien que, contrairement à ce que nous pouvions croire, nous ne les libérons pas ainsi de la loi [1], nous les privons de l'accès à l'humanité.)

Adam endormi... Comment ne pas s'intéresser à lui lorsqu'on a suivi Freud dans son désir de

1. Sauf de la loi pervertie que nous rejetons avec raison.

déchiffrer l'énigme de nos nuits ? Cependant il ne s'agit pas ici de l'enfant endormi, ni non plus de l'adulte ; il s'agit du sujet, celui qui parle et qui cherche l'autre parlant — et qui donc saurait dire à quel âge cela commence ? Il s'agit de l'être humain, celui qui a entendu la loi d'altérité. Au plus profond de cet être-là se trouve la source du désir ; c'est vers elle qu'il est conduit lorsqu'il manque. Un manque très particulier : celui que l'on éprouve encore et même plus vivement lorsqu'on a tout ce qui relève du verbe avoir. Lorsqu'on a tout pour être heureux — l'Éden. A l'être manquant-de-rien qui pourtant manque, il n'est pas répondu par une chose mais par un voyage vers son désir inconnu. C'est de là que viendra l'autre.

La cure nous apprend cela également. Voici venir chez un psychanalyste un être qui souffre parce que celui qu'il aimait lui manque : un deuil, une rupture, un abandon... A quoi servirait que cet être vienne parler à quelqu'un qui, certes, ne peut lui rendre l'être perdu si la guérison, la vie nouvelle, ne pouvait surgir de celui qui souffre, de celui-là même qui s'éprouve en ce moment pauvre de tout ? Nul n'est si pauvre qu'il ne puisse désirer plus profond, si quelqu'un est auprès de lui... La cure dit cela, toutes choses égales d'ailleurs, comme la Genèse.

Le dieu de la Bible est celui qui accompagne l'humain jusque-là. Il ne donne pas ce qui manque, il rejoint celui qui manque. Jusque-là où, en lui, dort le véritable désir de l'autre.

Le couple affronte aussi ce passage : on s'aime tant, puis vient un jour où l'« objet sexuel », pour parler comme Freud, est perdu. Et il est heureusement presque fatal qu'il le soit. Quel autre moyen a le sujet de se faire reconnaître comme non-objet que d'infliger à l'autre sa perte en tant que chose aimée, faire défaut à la possession ? A moins qu'aucun des deux n'advienne comme sujet, ce qui serait le pire évidemment : le couple dans ce cas peut tenir admirablement, le « Nous » ne contenant ni Je ni Tu ; pas de conflit, ni, à l'extrême limite, de conscience.

L'objet perdu ne peut être retrouvé ; perte terrible, passage redoutable dont, toute une vie, on peut éviter l'expérience en changeant chaque fois d'objet. Une fois irrémédiablement perdu, il peut se faire, si l'objet d'amour n'a pas été remplacé durablement auprès de l'un ni de l'autre, que l'aimé réapparaisse, plus loin, plus tard, tout différemment. Comme sujet cette fois. Et qu'il soit découvert en tant que sujet par celui qui, comme objet, portait son deuil. Découvert comme l'autre que l'un attendait dans sa nuit.

Encore faut-il, pour ce grand passage, que le malheureux du début puisse lui aussi se lever, désirer comme sujet, d'abord ailleurs et avec d'autres. La cure analytique à laquelle on a tant reproché, et apparemment à juste titre, de favoriser le divorce pourrait bien répondre que ce n'est pas sa faute si, comme le dit à peu près Mauriac, le drame commence lorsque l'un des deux devient une personne. Ce n'est pas la faute des accoucheurs si des enfants demandent à naître. Il arrive donc parfois que la cure, qui a fait divorcer le premier naissant, conduise en un chemin où, au-delà de la cure, les époux-objets-divorcés se trouveront en première personne, ayant souffert l'un de l'autre, étant nés l'un de l'autre. Ô Adam ! Ô Ève !

Ou bien ce passage par la perte et la seconde rencontre n'est pas possible avec le premier aimé, la première aimée, et l'aventure sera reprise ailleurs ; le sujet naissant se mettra en quête de quelqu'un de moins inapte à la mort, en mesure de supporter un jour le deuil d'objet.

Le désir de l'autre comme sujet est en nous, au fond de notre nuit, d'un lieu d'esprit inconnu et d'abord sans lumière. Comme le soleil se couche à l'ouest et vient d'ailleurs le matin suivant, le sujet ne vient pas du lieu où nous avons perdu l'objet. Traverser la nuit, sans rien voir, sans rien savoir, sans plus comprendre, même parfois, ce qu'est donc la vie, pour se retourner finalement vers l'est. Ici, la comparaison s'arrête.

C'est par la lumière que commence la création du monde. En la lumière est créé l'objet.

C'est par la nuit que commence l'avènement de l'homme. Par l'ombre qu'advient le sujet, l'incréé.

Quelle doit être une culture pour que l'accès à ce lieu secret, celui où un sujet désire un sujet autre, soit possible ? N'y a-t-il pas devant l'homme tout d'abord deux grandes voies pour le bonheur : celle qui propose d'avoir plus et celle qui invite à ne plus désirer ? A très grands traits, l'Occident et l'Orient.

A partir de la révélation d'Israël et de ses déploiements dans l'humanité, peu à peu, s'invente un autre rapport au désir : non pas l'abolir par le détachement, ni seulement le satisfaire par la possession, mais le guider, l'appeler à croître jusqu'à ce qu'il mute, qu'il traverse le désir d'objet, sa douloureuse perte et qu'il parvienne à la présence avec l'autre. Or, la première institution posée dans la Genèse à la fin de la création est justement la fin de la création. L'arrêt du travail divin. L'arrêt de sa maîtrise sur le monde. Le créateur se limite. Le septième jour, il n'est pas dit qu'il dort mais qu'il chôme, qu'il « sabbate ». Au premier récit se déploie la logique d'un grand mouvement : Dieu crée durant cinq jours pleinement, ne crée qu'à moitié le sixième jour et s'arrête de créer le septième. Il a remis son œuvre à Adam, mâle et femelle, et terminé sa tâche.

La cure nous apprend, nous réapprend la nécessité psychique de cette *tardéma,* cette torpeur, ce repos sabbatique. Qu'il y ait des temps où l'humain mette en sommeil sa capacité à dominer le monde pour aller puiser au désir.

C'est à partir de ce premier sabbat que va commencer le second récit. Ou bien on n'y voit qu'une autre version, parallèle, collée là sans réelle nécessité. Ou bien l'enchaînement a sens en lui-même, quel qu'en soit l'auteur, quelle que soit l'époque à laquelle il a été fait. Le sabbat divin pose dans le temps à la fois le début et le sommet de la culture. Jour sans travail et sans domination, jour sans chose, jour pour désirer ce qui n'est pas chose. Désirer parler. Jour du sujet.

Récits fondateurs de l'humanité et fondation de la psychanalyse

Dans ces deux premiers chapitres de la Bible, ces deux récits du commencement, je trouve un tout autre rapport à notre humanité que celui sur lequel se sont établies les sciences humaines et particulièrement la psychanalyse.

Heureusement pour moi, j'ai longtemps ignoré ce que Freud pensait de l'humanité et j'ai cru d'après ma propre expérience que l'écoute analytique s'appuyait sur un respect *a priori* de l'être parlant. J'ai cru qu'un analyste était l'accompagnateur et l'avocat du sujet auprès de lui-même. J'ai cru que l'analyste lui reconnaissait valeur même lorsque le patient ne s'en reconnaissait pas. J'ai cru qu'il n'était pas dupe des figures que son patient avait pu construire pour cacher son âme, mais qu'il ne le méprisait pas de les avoir construites. Cette heureuse expérience de la cure ne me préparait guère à accepter les fondements théoriques que j'allais par la suite découvrir, ni les pratiques qui pouvaient en découler.

Freud ne l'a pas caché : il n'était pas un thérapeute. L'amour de l'humain ne constituait pas la composante essentielle de sa vocation. Il voulait savoir l'homme et non d'abord le reconnaître ; non d'abord l'aider, l'aimer. Les éléments ne manquent pas pour affirmer ceci ; je ne reprends ici pour le lecteur qu'une de ses paroles, une des preuves de son cœur fermé.

Il écrit à son élève Ferenczi (c'est au tout début de leur rencontre) à propos d'un cas sur lequel celui-ci l'a consulté :

Ne vous laissez pas abattre par l'absence de succès dans le cas de la paranoïa de Mme Marton. Il n'y a pas là de résultat à rechercher, nous avons besoin de ces analyses pour parvenir enfin à la compréhension de toutes les névroses [1].

Toutes les névroses... Qu'importe une Mme Marton à celui qui a pour objectif de tout comprendre. L'amour du (tout) savoir et l'amour du sujet ne sont pas du même bord, une fois de plus. Tout, ou Tu... Pauvre méchant Freud. Sans doute n'a-t-il pas reçu lui-même cet accueil qui vous donne d'être reconnu sans être su, de valoir davantage que le savoir qu'on peut tirer de vous. Et, cela du moins nous en avons l'incontestable expérience, cette aptitude profonde en chacun ne peut apparaître que si un autre l'adopte envers lui. Ce n'est pas l'étude exhaustive de l'œuvre du Maître, bien sûr, qui la développera ; ni même une cure, quelle qu'en soit la durée, si elle n'est pas conduite dans cette attitude. Cependant le respect peut se tromper d'objet ou, pour le dire autrement, le respect n'est dû qu'au sujet lui-même. Si le psychanalyste respecte dans son écoute ce qui a déjà dévoré le sujet, il est le médecin qui confondrait dans un même accueil le malade et le mal dont celui-ci cherche à se débarrasser. Discernement bien difficile.

Si, en tant qu'analyste, je m'intéresse à ces récits des origines, c'est bien parce que les fondations actuelles de la psychanalyse ne correspondent ni à la façon dont j'ai été écoutée, ni à celle dont j'essaie d'écouter moi-même. Je rencontre aussi des collègues, de différents réseaux et écoles, chez lesquels je reconnais une même préoccupation, une même attitude profonde. Bien loin, en fait, de celle de Freud. Freud lui-même, lorsque ces analystes

1. Lettre du 25 mars 1908, in *Correspondance Freud/Ferenczi, 1908-1914,* Calmann-Lévy, 1992.

reviennent à lui, a droit à leur accueil; ils ne le contestent pas comme théoricien sans l'aimer comme homme. C'est avec compassion qu'ils examinent ses contradictions, ses erreurs. Je ne crois pas que ce soit par « charité chrétienne » qu'ils se situent ainsi devant le fondateur de la psychanalyse mais par nécessité psychique; pour pouvoir respirer eux-mêmes un autre air que le cynisme médical de Freud et recevoir leurs patients comme ils aimeraient eux-mêmes être reçus. Freud n'a pas droit à plus mais pas à moins non plus que l'autre et que soi-même.

Lorsque je me suis demandé si cet amour du prochain se trouvait bien à sa place dans une recherche de vérité, un travail scientifique, force m'a été de convenir de ceci : de même que des phénomènes chimiques ne se déclenchent qu'à une certaine température, de même l'avènement de l'être parlant en son propre nom, l'émergence du sujet, n'arrive pas dans n'importe quelle condition affective. Il ne serait donc pas « scientifique » de nier ce fait : le sujet ne parle vraiment que lorsqu'il se sait vraiment écouté. Une science qui prétendrait à la vérité sur l'homme sans tenir compte de cette dimension serait victime d'une illusion. D'ailleurs, Freud lui-même, capable d'un grand mépris envers les humains, n'a pas nié cela. Sa fille a certes pu dire que la psychanalyse est une « psychologie des pulsions ». Pourtant, à de nombreuses reprises, Freud a présenté sa méthode comme une « guérison par l'amour ».

Il savait cela sans savoir aimer. Qui le sait véritablement ?

Le premier humain — ou ce qui est premier dans chaque humain — désire juste, cherche l'autre, dit la Genèse. Là où Freud croit que l'homme cherche d'abord l'objet sexuel (la mère, puis la femme qui ne ferait que rappeler la mère), la tradition d'Israël pose avec force que, « au commencement », le désir de l'être parlant, c'est l'autre. Ce n'est pas l'objet sexuel, c'est le sujet sexué. Notre vocabulaire prétendument scientifique rabat homme et femme sur mâle et femelle. Mais en relisant nos traductions et bien des commentaires bibliques, je me suis aperçue que ce n'était pas la science qui avait commencé à faire cela, c'était la religion. En parlant de « création de l'homme et de la femme par Dieu », nos traductions et leurs commentaires en font des « sujets créés ». Or, il n'y a de créable que l'objet. Le sujet, lui, avec la liberté qui lui est indispensable, apparaît transcendant la créature dès qu'il est engendré en elle.

Qu'est-ce que l'autre selon la Genèse ?

— Celui qui vient du désir de l'un (pour l'humain pas d'aide contre lui),

— dont l'un ne connaît pourtant pas l'origine (il vient tandis que le premier dort),

— celui qui lui est semblable (chair de ma chair, os de mes os),

— cependant différent (*isha* et non *ish*),

— tiré de l'un (car de *ish,* celle-ci est prise) et formé

— par acte d'un dieu qui ne se définit que de créer puis d'ouvrir à l'humain créé le champ de la parole

— et lorsque l'un reconnaît l'autre, il se reconnaît lui-même,

lui, l'un, dont l'autre ne connaît pas l'origine, qui est aussi semblable, différent, tiré de l'autre (c'est de *isha* qu'il peut dire *ish*), apparu par acte divin et qui sera aussi, lorsque l'autre le reconnaîtra, le lieu de sa propre reconnaissance. Grande subtilité de deux avènements à la fois dissymétriques et semblables.

Je trouve là un mythe autrement plus cohérent avec l'expérience de la parole et la pratique de mon métier que le mythe freudien du père de la horde primitive dont j'avais déjà remarqué la similitude avec le discours du serpent : entre un dieu qui se réserverait la toute-connaissance sous peine de mort pour les créatures et un père primordial qui garderait pour lui toutes les femmes sous peine de castration pour les fils, la comparaison peut aisément s'établir.

Cette fois, il n'y a plus de contradiction entre ce

que je vis et ce que je lis : au livre de la Genèse comme dans mon cabinet, j'entends que le sujet en l'humain est invisible comme le dieu dont il est dit qu'il l'a fait en son image. Incréé comme lui, il advient en se révélant à un autre sujet.

Deux modes de ressemblance : l'ombre et le sang

Est-il possible de creuser encore ce texte tel qu'il nous est parvenu ? Certainement. Cependant, ne suis-je pas arrivée moi-même au bout de ce que ma part de culture, la communauté humaine dans laquelle je vis, les relations dont je suis capable et les limites de mon propre esprit me permettent de penser nouvellement ? Me faut-il enfin quitter ce mythe ?

Il y a pourtant dans le texte une ombre que je voudrais bien voir moins épaisse : il s'agit d'ombre justement. Les deux mots « image » et « ressemblance », ces deux mots employés d'abord pour la création de l'humain à l'origine, puis réemployés mais dans l'ordre inverse, lors de la procréation du troisième enfant et premier à être appelé « fils ».

Élohim avait fait l'Adam originel « en l'image de lui », tandis qu'au chapitre 5 le dieu fait l'humain « en la ressemblance de lui ».

Il est possible évidemment, comme l'ont écrit certains qui ont remarqué cette différence, que ces mots interchangés soient justement interchangeables, c'est-à-dire que leur emploi ici, leur non-emploi là ne signifient pas. Une différence non signifiante : l'exégète peut la dire telle, avec élégance et autorité (« Pourquoi voulez-vous que le changement de nom de la femme d'Abraham, Sarai, en Sarah, signifie quelque chose ? »). Le psychanalyste, s'il le répétait après lui, n'y mettrait pas la même conviction. Faisant tous les jours de l'exégèse avec un auteur vivant, il sait que le moindre fragment de vie psychique, le moindre message d'âme qu'on met chaque jour et chaque nuit au panier, contient assez de sens pour que trois quarts d'heure de dialogue attentif n'en épuise pas la richesse. Que dire de chaque mot d'un texte qu'un peuple et, à sa suite, une bonne part de l'humanité se transmettent précieusement au péril de leur vie depuis des millénaires ?

Cet argument me persuade de ne pas quitter encore la Genèse et d'essayer de trouver une ouverture dans ces deux mots qui nous ont déjà, par leur simple présence ou absence, tant apporté. Les mots eux-mêmes sont-ils des synonymes — s'il en existe ? Leurs étymologies, si aisées à retrouver en hébreu, vont-elles les départager ? Je vais les approcher des mots concrets qui sont leurs racines, encore lisibles en eux.

En Genèse, 1, 27, le dieu fait l'humain « en l'image de lui » : c'est *zelem,* qui vient du mot *zel,* l'ombre. Ombre, mais aussi protection. Dans les contrées où le soleil peut tuer, l'ombre est en effet protection.

Le dieu ne fait pas « comme la ressemblance de lui », disions-nous. Le mot est alors *demout,* qui nous emmène cette fois vers le mot *dam,* le sang. *Dam* me conduit à Adam, à *Adamah,* à *Edom,* qui veut dire « rouge », la *Adamah,* la terre, serait rouge comme le sang.

Pour le moment, je ne vois rien à tirer de cela. Je me contente de m'habituer à cette nouvelle pensée et je pose mes mots comme je le ferais d'une équation mathématique :

Avant l'Éden,	Élohim crée l'humain	en l'image-ombre et	pas comme l'image-sang.
Après l'Éden,	Élohim crée l'humain	en l'image-sang et	pas comme l'image-ombre.
—	Adam fait enfanter	en l'image-sang et	comme l'image-ombre.

Que comprendre à ce renversement ? Je vois bien que deux modes de ressemblance sont présentés ici,

et deux rapports à ces modes. L'ombre et le sang ; « en », et « comme ».
Je peux penser que les événements de l'Éden et leurs suites tragiques ont modifié la façon dont notre mythe nous raconte notre création, puisque le dieu semble choisir l'un puis l'autre de ces modes, tandis que l'humain, lui, fait les deux. Demeure la constante : le dieu ne fait jamais « comme ». A qui appartient de faire l'humain « comme l'image-ombre » ? Qui est l'acteur manquant ici et duquel Adam aurait usurpé la place ?

Alors me revient à l'esprit ce qui est dit de la génération du Christ (Luc, 1, 26-35).
Le messager Gabriel est vu par une jeune fille fiancée à un homme nommé Joseph. Nom de la jeune fille : Marie. Le messager annonce qu'elle concevra et enfantera un fils :

> « ... Lui sera grand,
> il sera appelé fils du Très-Haut.
> Le Seigneur Dieu lui donnera
> le trône de David son père.
> Il régnera sur la maison de Jacob pour l'éternité.
> A son royaume il n'y aura point de fin. »

De qui donc Gabriel est-il le messager ? Je ne sais. Mais son message ressemble d'abord étrangement à une tentation si l'on se souvient d'Ève. Gabriel ne propose-t-il pas à la jeune fille de *faire un enfant avec le dieu* ?

Enfant divin, enfant roi, enfant qui ne mourra jamais. Filiation divine sans référence à l'humain, domination sur les autres, immortalité : les trois tentations qui seront entendues un jour au désert par l'homme adulte sont présentes ici, analogiquement (avoir le pain sans travail humain, recevoir la domination du monde, ne pas être soumis à la mort ; Luc, 4, 1-13). Si cette femme ne dit que oui, c'en est fini pour l'enfant d'avoir un père, d'être fils de l'homme, de reconnaître des frères. Si elle accepte, il est à elle, rien qu'à elle. Il est perdu pour lui-même.

Si elle accepte, c'est Caïn qui recommence.

Alors, elle dit au messager :

« Comment cela sera-t-il,
puisque, d'homme, je ne connais point ? »

Simple question sur le « comment », vite apaisée par la réponse de l'ange ? Sans doute. Rien ne nous empêche de nous arrêter là, selon la lecture la plus courante.

Que le lecteur veuille bien pardonner à une psychanalyste de vouloir entendre résonner chaque morceau de parole, de le laisser susciter les harmoniques qu'il pourrait contenir...

Car voici deux mots de la Genèse qui reviennent : homme, ici en grec *aner,* homme masculin, l'équivalent de *ish* en hébreu. Et puis le verbe connaître, encore lui. A quoi pense-t-elle en le disant ? Il ne peut pas avoir le sens banal d'une connaissance puisqu'elle est fiancée à un homme nommé Joseph, donc elle le connaît. Lorsqu'elle dit : « Homme [*Ish,* en hébreu] je ne connais pas », tout le monde semble comprendre qu'il s'agit du rapport sexuel. Comment y comprendrais-je autre chose ?

Me faudra-t-il une dernière fois retourner à l'Éden, la connaissance ? L'humain a « connu » sa femme et Ève a produit un *ish,* non avec son *ish* mais avec YHWH. Or, c'est un meurtrier. Cette connaissance était-elle donc « normale » ? Pourquoi alors l'enfant est-il rendu fou ? Affaire à reprendre donc.

Mais d'ores et déjà je remarque que Marie ici fait tout à l'envers du couple originel lorsqu'il avait procréé son premier enfant : elle refuse l'enfant divin d'elle seule, demande un père humain pour l'enfant à l'inverse d'Ève, et dit qu'elle est non-connaissante d'un homme, à l'inverse d'Adam.

L'ange répond et lui dit :

« Esprit Saint viendra sur toi,
Puissance du Très-Haut t'obombrera.
Ainsi ce qui va naître, saint,
sera appelé Fils de Dieu... »

La génération de cet enfant semble relever aussi

de la Genèse, revenir à l'origine. Ici apparaît la génération « selon l'ombre » que l'Adam fera lui-même, lui seul, pour son fils Shet et que le dieu n'avait pas faite. Marie n'a-t-elle fait qu'une objection de principe qui se trouverait balayée par l'insistance de l'ange ? Elle réclamerait un homme dans la génération de son fils, on lui enverrait l'Esprit Saint, la Puissance du Très-Haut (majuscules partout dans le texte français, pas en grec) ; elle n'aurait plus qu'à s'incliner.

Mais j'ai du mal à l'entendre ainsi. Une femme qui est capable d'arrêter le messager Gabriel dans ses splendides propositions ne doit pas s'avouer vaincue si aisément. Qu'y a-t-il donc dans la seconde parole de l'ange qui la fasse accepter ? Je remets le français plus près du grec en abaissant les lettres : « L'esprit saint viendra sur toi et la force du plus haut ombrera sur toi. Ainsi ce qui va naître, saint, sera appelé fils de dieu. »

Quelle est cette force du plus haut ? Dieu ? Ou bien ne peut-on le comprendre comme la force la plus haute, l'esprit, le saint, en lequel se lèvent ceux qui se parlent ? Le messager s'appelle Gabriel — littéralement « Él[ohim] est fort ». Marie, en quête de l'autre sujet ? Cherche-t-elle dans ce message l'homme-qu'elle-ne-connaît-pas, c'est-à-dire l'autre véritable, le différent, celui avec lequel il est possible d'engendrer et non de créer l'enfant sujet ? Rapport d'ombre. En l'image-ombre, semble dire ce texte, et pas comme l'image-sang.

Comme il paraît encore difficile de penser cela. Est-ce plus simple que je ne le crois ? En tout cas, l'esprit vient ici lorsque la femme a réclamé l'homme au messager du dieu.

Le sujet incréé, seul l'esprit peut l'engendrer. Ni le dieu seul, ni l'homme seul, ni la femme seule.

L'esprit mystérieux apparaît entre un homme et une femme qui passent par la confiance, par le refus de faire honte, par la reconnaissance mutuelle, c'est-à-dire par le champ de l'Autre. Le Troisième, le divin.

Venu d'entre eux et au-dessus de la mère (et de l'enfant) se place l'esprit. Incréé, engendrant l'incréé.

Confirmation inconsciente

Je me souviens que lorsque j'ai commencé à lire l'annonciation non seulement comme une annonce mais d'abord comme une épreuve, j'en ai parlé à un ami religieux qui n'a pas paru sur le moment partager mon intérêt pour cet essai d'interprétation. Le peu d'écho que je trouvai chez lui refroidit quelque peu mon ardeur à poursuivre dans cette voie. Huit jours plus tard, je rencontrai à nouveau cet ami qui semblait tout joyeux. Je m'informai du motif de cette joie. Il me raconta alors qu'il venait de faire pour ses compagnons une lecture du texte de l'annonciation et qu'il leur avait fait voir le message de Gabriel comme d'abord ambigu et tentateur, et que l'attitude de Marie réintroduisant l'homme par sa question triomphait de l'épreuve qu'Ève n'avait pu réussir. Je fus contente de l'entendre dire cela mais en même temps étonnée : ne lui avais-je pas moi-même présenté ainsi les choses une semaine plus tôt ? Il se souvint alors de notre conversation et s'étonna à son tour de son oubli.

Mon hypothèse d'exégèse reprise sans le savoir par cet homme et faite sienne m'a été confirmée ainsi plus sûrement que par une approbation immédiate. Si je pose à côté de vous une baguette de bois dont je crois qu'on peut faire une certaine utilisation et que vous la preniez pour écrire, je saurai que c'est bien un crayon plus sûrement que si vous me disiez : vous avez raison, ce doit être un crayon.

Cela n'est pas sans me rappeler ce qu'on appelle dans mon métier confirmation inconsciente.

L'analyste propose une interprétation que le patient n'approuve pas et peut même parfois refuser explicitement. Si l'analyste accepte lui-même que son interprétation soit refusée, alors s'ouvre une double possibilité. Ou bien il a fait erreur et le dialogue va s'éloigner vers d'autres thèmes. Ou bien il a dit juste et l'esprit de son patient fera un travail d'appropriation qui pourrait se traduire ainsi : ce que vous avez dit est vrai et cette vérité doit d'abord cesser d'être vôtre pour qu'il me soit possible de devenir celui qui la dit. Et c'est en passant par un exemple qui corrobore ce que vous avez dit, mais dans mon histoire et dans ma langue, que je pourrai en être le sujet.

Je me souviens à ce propos de la première fois où je fis l'expérience d'une telle confirmation.

Dans un service externe d'hôpital psychiatrique de jour où je travaillais alors, débutante, on m'avait demandé de recevoir une femme, assez âgée, déprimée, qui ne pouvait guère entreprendre une cure analytique mais qu'« un peu d'écoute analytique sans ambition », comme me l'avait dit mon patron, pourrait aider. Je la reçus donc. Elle m'apparut en effet comme quelqu'un qui ne se prête plus à lui-même assez d'amour et d'estime pour se présenter à l'autre avec le moindre signe de gloire. Vêtue, mais non vraiment habillée ni lavée, et d'une tristesse profonde. Après quelques séances, lorsqu'elle se fut peu à peu accoutumée à ma présence, à mon attention à elle, elle prit la parole un peu plus longuement que d'habitude pour me signifier qu'elle ne valait pas l'intérêt que je semblais lui porter, ni la peine que je l'écoute; qu'elle n'était rien ici, ni rien chez elle; qu'elle ne comptait pour rien auprès de son mari, ses enfants ni ses petits-enfants, n'ayant rien à leur donner...

Je cherchais un point d'arrêt, juste un point, à cette dépréciation sans fin d'elle-même. Le seul que je trouvai, qu'elle pourrait peut-être reconnaître, c'était qu'elle était là, qu'elle était présente. Elle n'en convint que pour ajouter aussitôt :

« Mais ce n'est rien d'être là.

— Vous croyez ? » dis-je.

Un silence s'établit, puis elle parut changer tout à fait de sujet, passer ailleurs et, pour la première fois, commença un récit.

Quelques semaines auparavant, un de ses fils lui avait amené une petite chatte noiraude, sale et affamée, vraiment pas jolie. Elle prit soin d'elle et l'animal, se trouvant bien, demeura dans la maison sans que personne fît attention à lui. Or, la semaine passée, la chatte avait disparu. Alors elle s'aperçut que la chatte lui manquait, à elle mais aussi aux autres, ceux qui habitaient ou visitaient sa maison et qui, à son grand étonnement, la lui réclamèrent.

Ce n'était pas rien que la présence.

Ainsi circulent les messages. Le fils n'avait-il pas amené à sa mère la représentation de sa mère elle-même ? J'y pensai en l'entendant décrire le chat. Une injonction du fils (« Maman, prends soin de toi... ») n'aurait pas été entendue ; la chatte perdue dont il demandait l'accueil et le soin en fournissait la parabole. Parabole de la présence précieuse, que la disparition ultérieure avait ensuite permis de lire.

Chapitre V

DE L'ANGOISSE D'ÊTRE INCRÉÉ

De tous les mythes fondateurs que j'ai pu entendre ou lire — mais il m'en reste certainement bien d'autres à découvrir, des lecteurs peut-être m'y inciteront —, le double récit biblique demeure à ma compréhension d'aujourd'hui celui qui va le plus loin dans la participation de l'humain à son propre éveil. Fait unique, je crois, dans les mythologies : c'est à la relation humaine différenciée qu'est attribué le pouvoir, ailleurs réservé aux dieux, de faire l'homme et la femme... ou de ne pas les faire. L'homme ? un vivant qui s'est levé, qui s'est éveillé en reconnaissant l'autre.

Et ceci n'est pas fait une fois pour toutes. Ni la verticalité ni la conscience ne sont inscrites dans les gènes, ce que la découverte d'enfants loups nous a confirmé. L'accès à l'humanité n'est pas héréditaire. Seule l'aptitude à l'humanité l'est. Car personne ne naît homme ni femme, dit la Bible. A chaque naissance, c'est à faire. Et chaque fois, la Genèse commence pour la première fois.

Science et sujet

Si nous pensons le sujet comme incréé, il ne fait plus partie des objets et des phénomènes de la nature. Il est celui qui parle, l'Homme-JE, comme le divin à la ressemblance duquel il n'a pas été créé. Y aura-t-il un nouveau rapport entre la science telle que nous la faisons et cet être-là venu d'ailleurs que du monde où il se trouve?

La science a certainement son mot à dire dans la question de l'éveil de l'homme, un mot en tout cas : c'est que, du sujet lui-même, elle ne peut rien dire. Bien qu'elle puisse valablement observer les effets de son éveil, par exemple, en médecine, sur le corps propre, en psychologie, sur le comportement individuel, en sociologie, sur le corps social... Sans doute aussi peut-elle parler des conditions dans lesquelles le sujet peut apparaître; celles où il disparaît. Reste qu'elle ne fait là qu'en saisir la visibilité, elle n'en peut dire, je crois, la genèse.

Comment se génère l'humain, voilà la question. Le phénomène de la conscience relève d'autres lois que celles de la science. Il se forme dans la relation éthique à un autre sujet.

L'objet précède la loi qui en décrit les rapports invariants avec d'autres objets.

La loi précède le sujet qu'elle institue auprès d'autres sujets.

Disant cela, j'ai choisi, je le sais, un autre camp que celui de la psychanalyse scientifique et Freud lui-même a pris des positions auxquelles je ne puis souscrire, lorsqu'il substitue la technique à la morale [1].

Mais qu'appelait-on « morale » à l'époque de Freud? Peut-être combattrais-je à ses côtés si notre culture, comme la sienne, étendait sur la vie privée une tyrannie morale au lieu de transmettre la loi symbolique et de laisser l'être parlant se décider par rapport à elle.

1. « ... je puis ici ramener les prescriptions morales à leur origine, c'est-à-dire à leur opportunité. Je suis, en l'occurrence, bien placé pour remplacer, sans que les résultats puissent s'en trouver modifiés, les décrets de la morale par les égards dus à la technique analytique » (la *Technique psychanalytique,* PUF, 1953, p. 121).

Je découvre pourtant peu à peu que le désir semble répondre à des lois, des « lois de l'esprit ». Fait-on forcément de la science lorsque l'on découvre des lois ? Ne connaissons-nous pas, même dans la société la plus laïque, un domaine où les lois sont particulièrement importantes et qui n'est pas la science mais le droit ? Nous avons peut-être oublié que l'exercice reconnu de la raison humaine n'est pour aucun d'entre nous d'origine scientifique. Lorsque nous avons été déclarés comme humains, porteurs d'un nom et futurs êtres de raison, ce n'est pas au laboratoire que nos parents sont allés nous faire inscrire.

A la recherche de verbes pour le sujet

Parvenue à ce point de l'écriture, je vais discuter avec mon éditeur [1]. Avec deux sentiments contraires : d'une part, saurais-je changer une virgule de ce qui précède ? et, en même temps, il m'importe de connaître l'avis de mon « premier lecteur » puisque c'est ainsi qu'il veut se placer dans cette recherche. L'intérêt qu'il porte aux pages précédentes m'encourage à continuer; je lui demande ses objections. Il en formule deux : apparemment légères, mais auxquelles il dit (lui aussi...) ne pas savoir comment je pourrais remédier :

L'usage trop fréquent du verbe « advenir » lorsqu'il s'agit du sujet : « le sujet advient... ». Jargon d'analyste que le dictionnaire et l'usage courant n'approuvent pas.

La signification trop multiple du verbe « parler », ou du mot « parole », depuis des sens ordinaires jusqu'à des sens très forts, voire solennels.

Les deux remarques me paraissent toucher bien plus loin qu'à des questions d'élégance ou de défini-

1. Que Denis Bourgeois soit ici remercié de son attentive lecture.

tion. C'est la pensée même qui ne sait plus penser en ces deux lieux-là. De plus, les deux problèmes sont certainement liés et je n'ai pas encore réussi à les articuler plus précisément ensemble. Mon premier lecteur me place ainsi d'emblée devant le fond de la difficulté.

Comment vais-je dire que l'homme se met debout psychiquement ? Qu'il devient conscient ? J'ai beau chercher, je ne trouve que deux mots pour décrire par analogie l'apparition du sujet en l'humain : il se lève, il s'éveille.

Alors, je m'aperçois que ce sont les deux verbes employés en grec biblique pour dire « ressusciter ». Celui que l'on disait mort se lève (ἀνίστημι) ou s'éveille (ἐγείρω). Ainsi donc, les mêmes mots servent, qu'il s'agisse du sujet incréé se mettant à parler en première personne ou du vivant au-delà de la mort.

Parler : là aussi, comment se contenter d'un verbe alors que la signification et la force de cet acte peuvent être si différentes ? Ne dit-on pas d'un perroquet qu'il parle ? Or, il ne « dit » pas, il répète (même si cela peut être à bon escient, ce qui nous laisse étonnés). Le verbe en lui-même ne suffit pas à reconnaître à quel niveau de souveraineté l'acte de parler est accompli [1]. Il va donc me falloir progresser dans ces deux questions au long de ces pages.

1. Je ne suis pas la seule à éprouver des difficultés avec le verbe « parler » dans la Bible. Certains traducteurs du second Testament, comme E. Delebecque, ont même renoncé à séparer des couples de verbes apparemment synonymes. Lisant la liste de ces verbes indifférenciables, selon lui, dans une traduction, je découvre qu'il s'agit de verbes aussi essentiels qu'aimer (αγαπαο-φιλειν), dire ou parler (λεγειν-λαλειν), garder (τηρειν-φυλασσειν), être guéri (θεραπευ-σαι-ιασθαι), souffrir (θρηνειν-λυπειν)... Je me réjouis que d'autres traducteurs (dont Lucien Deiss qui cite Delebecque, in *Synopse*, Desclée de Brouwer, 1991, p. 18 en note) ne se soient pas résignés à faire disparaître de telles traces de sens, fût-ce pour préserver la beauté du texte traduit en notre langue.

De la paix sans le sujet
à la paix du sujet par l'angoisse

L'angoisse, la peur, second des sentiments humains, comme le dit la Genèse ? Ce dont tout homme qui écoute ses semblables et lui-même peut témoigner, c'est que devenir sujet ne va pas sans angoisse. Or cette angoisse est encore plus compréhensible si l'homme et la femme ne sont pas créés. S'ils peuvent donc douter d'être.

Tous et toujours angoissés ? Non, pourtant. On pourrait dire en schématisant qu'aux deux extrémités du champ de la conscience les humains semblent en paix. En deçà et au-delà du passage :
— en deçà, ceux qui demeurent encore totalement englobés dans un autre, individu ou collectivité : l'enfant non séparé de sa mère, l'adulte inclus dans un corps social non différenciant... ceux qui sont totalement à l'autre ;
— au-delà, les sages (... les saints...), pleinement individués et confirmés comme sujets ; assurés, fût-ce devant la mort, de leur présence ; complètement eux-avec-l'autre.

Est-ce la même paix ? Nullement. La première paix, celle de l'endormi heureux, est fragile : toute croissance, toute poussée vers la conscience la détruira. La seconde paix au contraire est inaltérable autant que possible en ce monde. Je décris là deux pôles, deux extrêmes ; la vie, inutile de le préciser, se déroule surtout entre les deux.

Un exemple.
Lorsque les sciences humaines débutantes commencèrent à étendre leur champ, des chercheurs se penchèrent sur l'expérience de la grossesse et essayèrent de comprendre les symptômes qui en marquent souvent les premiers mois ; symptômes apparemment ignorés des autres mammifères. Pourquoi ces « mal aises » de la femme enceinte ? Ils

notèrent alors que deux catégories de femmes n'en semblaient pas affectées :

— celles qui ne refusaient pas la grossesse parce que leur psychisme, en fait, ne l'avait pas encore « enregistrée ». Cela ne signifiait pas qu'elles ne « savaient pas ». Comment dire ? Le lecteur connaît sûrement de ces situations où l'on est lucide mais pas conscient (ce n'est pas « Je » qui sait ; ou : « Je sais bien mais quand même... ») ;

— celles qui pouvaient accepter d'emblée profondément la venue de l'enfant (que cet enfant ait été consciemment voulu ou non, l'acceptation psychophysiologique se faisant à un niveau plus profond que celui de la volonté consciente).

Apparemment semblables quant à l'absence de troubles, les deux grossesses n'étaient pas vécues par la même instance. Aussi les deux états de bonne santé différaient-ils en qualité et en solidité. La grossesse acceptée n'avait rien à craindre du temps, tandis que celle qui n'était que « pas refusée » se déroulait sous une menace : que la femme en vienne à s'apercevoir que c'était bien elle qui était enceinte. Et qu'elle soit alors plus « choquée » qu'une femme de la population centrale située entre ces deux pôles, les nombreuses femmes qui passaient au début par une phase d'alternance refus/acceptation avec troubles intermittents tendant à disparaître.

Ainsi nous faut-il distinguer entre la paix et la paix. Entre celle d'une famille ou communauté qui vit (souvent) en harmonie parce que chacun peut s'y exprimer ; parce que le conflit est possible et dépassable. Et une autre qui vit (« toujours », mais ça ne peut pas durer) en harmonie parce que tout le monde se tait, soumis à un contrôle permanent, sans possibilité de protester. Aux humains de discerner, comme depuis le premier jour de la conscience, entre bonheur et bonheur.

Il semble qu'il y ait là une loi, une loi du désir, une loi de l'Esprit : tout ce qui est obtenu des humains sans qu'ils en soient sujets est menacé par la germination secrète en eux de la première personne, phénomène invisible qui tend un jour ou l'autre à apparaître. Il y a une orientation, un tropisme de l'humanité vers l'éveil, un désir de devenir homme. Sauf s'il est privé de tout contact avec d'autres êtres parlants. Il y a chez l'être humain un désir que la nature n'organise pas, un désir qui ne vient pas d'une pulsion mais qui surgit de la rencontre avec l'autre humain : le désir de se parler et de vivre en personne avec d'autres.

L'homme n'existe pas ; il est

Pour passer du non-éveil à l'éveil, le futur sujet s'avance en terrain découvert. Puisqu'il n'y a que lui qui puisse être lui, la solitude devient son lot. Même s'il trouve en chemin d'autres solitaires dont la rencontre ne le rendra pas moins seul ; simplement, il ne sera plus seul à être seul.

Le passage, les passages du sujet vers l'éveil sont lieux d'angoisse. Voici qu'il se présente à autrui, non plus pour servir et plaire, pour conquérir et dominer, mais pour être reconnu. L'enjeu est considérable. Et si l'autre, auquel il croit qualité pour le confirmer, si cet autre lui refuse l'existence, qu'il le traite avec indifférence comme une chose, avec haine comme un animal ou un esclave, ou encore avec ce qu'il croit être de l'amour comme un morceau de lui-même, que devient le sujet incréé ? Il peut éprouver le sentiment terrible de basculer, de disparaître. Il peut se sentir rien, fini, liquidé. Or s'il demande reconnaissance, c'est aussi qu'il en a déjà reçu un peu, qu'il est déjà assez sujet pour qu'il ait quelqu'un en lui, quelqu'un qui « assiste à son propre anéantissement », comme l'écrit terriblement Antonin Artaud.

J'ai rencontré, il y a maintenant assez d'années pour que je puisse en parler, dans un groupe de lecture de textes psychanalytiques, le Dr X psychiatre.

C'était un homme doux, triste et réservé. Lorsque nous nous retrouvions pour lire et commenter, il se mettait au travail sans jamais parler de lui-même. Plusieurs fois il manqua au rendez-vous de notre petit groupe, mais à peine davantage que d'autres, chacun ayant ses obligations. Puis il réapparaissait et, bien qu'il eût une mine d'homme de plus en plus épuisé, il n'encourageait guère la moindre question.

Parfois, il arrivait que deux ou trois personnes du groupe choisissent un moment de rencontre pour rattraper un retard dans la lecture. Un soir où nous n'étions que deux, il ouvrit le texte que nous devions travailler avec une grande lassitude et, sinon tout à fait à moi, du moins vers moi, il dit : « Je prends des médicaments et cela me rend difficile de me concentrer. » Ne voyant pas comment l'aider sans doute, je lui demandai si quelqu'un l'aidait dans ce passage. Il me cita alors un des noms les plus prestigieux de cette époque dans nos professions et ajouta : « Il m'a dit que, puisque je prenais des médicaments, je ne pouvais plus recevoir de patients. » Telles qu'il les rapportait, ces paroles n'évoquaient pas la protection pour autrui et pour lui-même mais la condamnation sans appel. Je ne sus rien lui dire sinon que je trouvais cela bien cruel.

Je me souviens aussi d'une conversation un peu antérieure, alors que j'ignorais encore ce par quoi il passait. Le texte que nous lisions devait tourner autour de la question de l'existence et de l'Être car j'avais repensé à ce qu'un enfant de mon entourage m'avait dit quelques jours plus tôt. Saisissant au vol des paroles échangées avec une amie, qui tournaient autour d'une formule qui nous était venue : « Dieu n'existe pas, Il est », « Mais oui, avait alors dit l'enfant. C'est comme nous. Quand quelqu'un meurt, il n'existe plus, IL EST mort. »

Je rapportai donc à X ce mot, et l'allégresse avec laquelle l'enfant nous l'avait adressé. Un bref sourire passa sur son visage dont je retins l'éclat inattendu et vite caché. Comme un affamé auquel on donne un pain l'enfouit rapidement dans sa musette et s'en va.

La mort du Dr X, par suicide, eut lieu quelque temps après. C'est un de ses collègues qui me l'apprit, m'apprenant aussi les nombreuses tentatives qui avaient précédé. Il me raconta que sur la table de X, sa famille — très religieuse à ce qu'il me dit — trouva écrite la phrase suivante : « Dieu n'existe pas. » Ils furent consternés.

Peut-être suis-je la seule à connaître la fin de la phrase et cette page que je dédie à sa mémoire sera peut-être lue par les siens, auxquels je n'ai aucun autre moyen convenable de transmettre le message...

Je n'existe plus, je suis.

Après une telle mort, il arrive que les amis, les collègues se réunissent — et surtout nous, pensais-je, nous qui faisions ou allions faire profession d'aider les autres — pour réfléchir ensemble. Pourquoi est-il mort ainsi, pourquoi lui, pourquoi n'avons-nous pas entendu, ou entendu et rien pu ? Aucun de nous n'était-il par rapport à X assez proche et d'assez de poids ? Trop jeunes, trop égaux... Le groupe des « frères » découvrait son incapacité à aider le sujet là où les mères, les pères et les autorités n'avaient pu sans doute accorder à l'être souffrant et parlant une véritable reconnaissance. Aurions-nous pu le conduire vers d'autres personnages en place symbolique d'instituants ? Il aurait fallu pour cela que nous puissions assez vite douter pour lui de celui qu'il avait désigné comme son analyste. Or, ce n'est qu'après sa mort que le doute est venu.

Lacan avait écrit, il est vrai, que le suicide est le seul acte réussi. Mais il était, lui, toujours vivant, tandis que notre ami était mort.

Le suicide est un grand mystère mais chacun peut essayer de dire ce qu'il en comprend. Pour ma part, il me parut d'abord, à ce moment-là, que l'être qui ne trouvait d'autre passage que la mort pour ne pas mourir psychiquement n'en était pas n'importe où du chemin : la plupart du temps il était au bord de « naître d'en haut », comme le dit l'évangéliste Jean.

Et, parvenu en ce grand passage, il ne rencontrait au-dessus de lui que des humains non nés, en deçà du point où lui-même se trouvait en cette voie vers l'éveil. Des humains non nés, c'est-à-dire encore dans une matrice psychique, donc soumis à la « loi du monde » et y soumettant l'autre [1].

Ou bien, le sujet en train de naître rencontrait bien un autre sujet, mais il ne pouvait pas situer cet autre ailleurs que dans la matrice dont il essayait lui-même de sortir : thérapeutes non différenciés, en tout cas pour lui, de l'institution et qui ne réussissaient pas à se manifester à lui comme à la fois institués eux-mêmes et non fusionnés avec ce qui les avait institués. Dans le cas de thérapeutes chefs d'école comme l'avaient été Freud ou Lacan, il était encore plus difficile de les voir décollés d'institutions qu'ils avaient eux-mêmes fondées.

Le sujet qui essayait de sortir de l'emprise d'un parent tout-puissant se retrouvait chez un thérapeute encore pris lui-même dans une telle relation (avec un maître vénéré par exemple) et qui ne faisait donc pas plus de poids que le sujet souffrant ; ou chez un thérapeute trop prestigieux qui risquait de représenter, par ce prestige même, le parent unique et totalisant qu'il s'agissait de quitter. Ces deux formes de transfert sont bien évidemment analysables ; encore faut-il que le thérapeute qui est « pris pour » ne soit pas « pris dans » (la soumission à un plus puissant ou le culte de sa propre puissance).

S'ajoutent à cette liste les situations de confusion organisées par les thérapeutes eux-mêmes, comme cela se passa chez les premiers analystes. Confusions, situations quasi incestueuses entre eux et leurs patients, qui ne furent pas toutes aussi tra-

1. La « loi du monde », pour parler encore comme l'évangéliste Jean, est une loi inconsciente qui ne comporte qu'un seul commandement : Tu ne sortiras pas de ce monde. C'est-à-dire : Tu ne naîtras pas à un autre monde — car il n'y en a aucun. Tu ne parleras pas toi-même. Tu ne te lèveras pas en tant qu'incréé, car il n'y a rien que le néant hors d'ici.

giques mais qui entravèrent le développement des personnes. Je pense ici à la fille de Freud analysée par son père, qui ne put le quitter, et à tant d'autres situations analytiques qui amenaient l'un à parler sur le divan qui accueillait aussi sa maîtresse et la fille de celle-ci. Je pense encore à ces analystes qui se sont crus assez forts, malgré cette fois l'avertissement de la théorie, pour entendre, en analyse (je ne parle pas ici de thérapies familiales), maris et femmes, parents et enfants. Situations fusionnelles mises en œuvre dans les cures et parfois précisément avec ceux des patients que l'analyste refusait d'entendre ou de reconduire jusqu'au récit d'un inceste préalablement vécu. En corps ou en esprit. Comme cela se produit généralement en ce cas, on organise aveuglément, dans la pratique même de la cure, ce qu'on ne veut point laisser venir au jour. Les deux choses sont liées. Ce que je t'empêche de dire, je le fais moi-même sans le savoir. Triste confirmation inconsciente, cette fois.

Les premiers analystes furent comme une peuplade isolée et peu nombreuse : l'alliance avec un étranger y était difficile. Ils furent aussi, je crois, comme Marie Curie découvrant la radioactivité sans comprendre que son propre corps allait être détruit par les métaux qu'elle maniait sans protection. Les premiers analystes ne surent pas vraiment que la science ne suffirait pas à comprendre comment l'humain devient homme, ni à régler les relations qui le génèrent ou le régénèrent comme sujet.

Le sujet incréé est-il une maladie, docteur Freud ?

Je choisis comme exemple un passage d'une cure célèbre : le « cas Dora ». Cette jeune patiente raconta un jour un événement de son passé que je vais rapporter au lecteur dès que je lui aurai parlé de l'homme dont il va être question dans cet épisode. Il s'agit d'un certain M. K..., ami de la famille de Dora, officiellement, ainsi que sa femme Mme K... En réalité, Mme K... était la maîtresse du père de Dora, ce que Dora a deviné lorsqu'elle consulte Freud ; elle a deviné aussi qu'elle, Dora, était une monnaie d'échange dans cette affaire : son père la livrait à M. K... en rançon de la complaisance dont celui-ci faisait preuve quant à la relation entre sa femme et lui. La jeune fille était encore bien loin de comprendre tout cela lors de l'épisode traumatique qu'elle raconte à Freud — et qu'il nous rapporte avec ses mots à lui :

> Elle était alors âgée de quatorze ans, M.K... avait convenu avec elle et sa femme que les dames se rendraient dans l'après-midi à son magasin pour regarder de là une solennité religieuse. Mais il décida sa femme à rester chez elle et donna congé aux employés. Lorsque la jeune fille entra dans le magasin, il se trouvait seul. Quand le moment où devait passer la procession fut proche, il pria la jeune fille de l'attendre auprès de la porte qui menait du magasin à l'escalier de l'étage supérieur, pendant qu'il abaisserait les persiennes. Il revint ensuite et, au lieu de sortir par la porte ouverte, il serra la jeune fille contre lui et l'embrassa sur la bouche. Il y avait là de quoi provoquer chez une jeune fille de quatorze ans, qui n'avait encore été approchée par aucun homme, une sensation nette d'excitation sexuelle. Mais Dora ressentit à ce moment un dégoût intense, s'arracha violemment à lui et se précipita, en passant à côté de l'homme, vers l'escalier, et de là, vers la porte de la maison.

Voilà les faits. Freud a déjà commencé son commentaire en parlant de l'excitation que Dora aurait dû ressentir ; il continue ainsi :

> Je tiens sans hésiter pour hystérique toute personne chez laquelle une occasion d'excitation sexuelle provoque surtout ou exclusivement du dégoût, que cette personne présente ou non des symptômes somatiques.

Selon Freud, Dora est une malade : elle n'a pas joui comme il le fallait. Après la « morale chrétienne » qui interdisait de jouir, la morale psychanalytique qui interdit de ne pas jouir.

Pour ma part, je m'étonne que cette opinion de Freud ait pu si longtemps être admise, et j'entends bien autrement le dégoût de la jeune fille : Dora, être parlant, refuse que du plaisir sexuel lui soit imposé, sans parole. Qu'elle soit emmenée de force dans un plaisir hors sens. A cette violence, le dégoût répond. Le sujet est dégoûté. Freud, lui, déclare hystérique celle qui refuse d'être livrée au désir d'un homme de la saisir comme une chose sans la demander. On dirait que Freud ignore qu'il s'agit d'un être humain; il ne semble voir ici qu'une femelle malade qui n'obéit plus à la loi de l'espèce. « Je tiens sans hésiter pour hystérique toute personne chez laquelle une occasion d'excitation sexuelle provoque surtout ou exclusivement du dégoût. »

Comment les relations amoureuses entre homme et femme sont-elles devenues, dans l'esprit de Freud, des « occasions d'excitation sexuelle » et seulement ça ? Ne fait-il donc aucune différence entre le baiser violé et l'échange amoureux ?

Si Dora n'a parlé à personne de cet incident, c'est qu'elle ne voit personne autour d'elle susceptible de l'écouter et de la croire; aucun avocat en mesure de la défendre. Le père, amant de Mme K..., ne veut entendre aucun reproche concernant ce couple. La mère ne fait pas le poids devant le père. « Dora s'est imaginée... », dira le père lorsque plus tard elle se plaindra d'une autre avance de M.K...

Elle se confie alors à Freud qui la poignarde dans le dos : après le « Dites-moi tout... », le « Je tiens pour hystérique... ».

Freud n'écrira-t-il pas de l'homme qui a rompu la solidarité avec le monde animal : « ... les travaux de Charles Darwin, de ses collaborateurs et de ses prédécesseurs, ont mis fin à cette prétention de l'homme [...]. L'homme n'est rien d'autre, n'est rien de mieux que l'animal, il est lui-même issu de la série animale... » ?

Voilà donc pourquoi Dora n'a pas le droit de refuser avec dégoût le baiser de M. K... Elle prétend être autre, être mieux qu'un animal. Elle sort de la série dont, selon Freud, elle est issue.

A propos du baiser forcé du magasin et du dégoût de Dora :

Ceci est une maladie, dit la science.

Ceci est une offense, dit la justice.

Le sujet, le don et la mort

Je reviens à l'homme angoissé, celui en qui commence à venir le désir de se lever, de s'éveiller, de parler en son propre nom. Mais qui est-il, pour qu'il puisse ainsi se mettre à parler lui-même à ceux qui sont (encore) pour lui la source de parole légitime ? Il a jusqu'à maintenant obéi et cherché à plaire. S'il a transgressé, il s'est caché.

Nous voilà revenus à notre père Adam et sa femme. Ils viennent de manger de l'arbre, leurs yeux se sont ouverts, ils connaissent qu'ils sont nus et se font des ceintures de feuilles qui les cachent l'un de l'autre. Alors ils entendent la voix d'YHWH et se cachent de lui. Ceux qui voulaient « être comme des dieux » sont maintenant dans un arbre, couverts de feuilles comme de l'arbre ; et cependant « nus » comme du serpent. Devenus ce qu'ils ont mangé et semblables à qui leur a dit de manger.

> YHWH Élohim crie à l'Adam, il lui dit : « Où es-tu ? »
> Il [Adam] dit : « Ta voix, j'ai entendue dans le jardin et j'ai craint
> car JE, je suis nu, et je me suis caché. »

Le premier JE humain dans la Bible vient donc là, dans cette crainte et cette solitude. Il est ce JE trompé par le serpent nu, trompé sur l'Autre au point d'avoir honte d'être soi. JE sans TU : ne sont-ils pas deux à s'être cachés, et pourtant Adam ne dit jamais NOUS. Elle n'a pas été gardée, la loi des délices : ne pas connaître comme chose celui qui ne peut être que reconnu comme sujet.

Peur d'être JE devenu chose, en entendant la voix de JE demeuré sujet. Impossible de dire NOUS avec la femme, ni avec dieu. Créés en l'image de l'Élohim, ils n'atteignent pas à ce bonheur : se lever eux-mêmes et dire NOUS. Sans crainte et sans honte.

Voilà l'Adam et sa femme malheureux, n'étant pas de simples objets créés de ce monde et n'ayant pas trouvé le chemin pour être sujets incréés en l'autre.

Cette confusion d'Adam entre l'objet donné et le sujet qui lui a été présenté et l'a rendu présent, cette confusion apparaît tout de suite dans le texte ; lorsque le dieu, continuant le dialogue, lui dit : « Qui t'a raconté que tu es nu ? L'arbre dont je t'avais ordonné de ne pas manger, en as-tu mangé ? » l'Adam dit : « La femme qu'avec moi tu as donnée m'a donné de l'arbre, elle, et j'ai mangé. »

D'où prend-il que la femme a été donnée ? Le seul don qu'Élohim ait fait, c'est l'objet-nourriture, cela seul qui doit, qui peut, être tout à fait donné, tout à fait reçu ; l'objet qui donne sa force à celui qui le prend en lui. Jamais le dieu n'a donné la femme à l'homme ni même « avec » l'homme, comme le dit l'hébreu [1].

« La femme qu'avec moi tu as donnée... m'a donné de l'arbre. »

Voici où conduit le non-respect de l'interdit gardien de l'altérité : désormais l'autre et l'objet ont même statut : tu as donné la femme... elle a donné de l'arbre...

1. Cet « avec » essaie-t-il de corriger la possession ? Mais n'est-il pas justement impossible d'être-avec ce que l'on a ? Pauvre Adam, essayant de concilier ce qu'a proposé le serpent — posséder-manger — et ce qu'a institué le dieu : le non-avoir l'autre, l'être-avec.

Si JE est en danger d'être donné, d'être mangé, il a de quoi avoir peur.

Cela me rappelle tant de séances, tant de vies. Un être est donné à un autre. Véritablement. Comme une poupée, comme un jouet, comme une tartine, comme une douceur. Souvent cet être croira qu'il faut continuer et se donner lui-même comme objet à d'autres, au travail, que la religion le lui demande.

Notre culture semble particulièrement peu avertie au sujet du don. Peu immunisée contre le don mortel qui semble parfois même *ne plus pouvoir être pensé.* Tout ce qui s'appelle don en Occident n'a-t-il pas la figure de la bonté ? D'autres cultures avant nous, autour de nous, d'autres cultures que nous avons souvent fait taire à coups de dons, savaient que le don peut être une arme de mort ; et l'une des plus efficaces qui soit puisque l'autre ne pense pas à s'en protéger tout d'abord. Lorsque le don tue, c'est un revolver à silencieux sous des fleurs : une arme pour crime parfait.

Un don tué d'avance... et qui tue... Il y a les exemples presque humoristiques à force d'être mal déguisés. On racontait autour de moi l'histoire de cette belle-mère qui, la veille des fiançailles de son fils, portait la bague destinée à la jeune fille devant celle-ci, en lui disant : « Il faut que j'en profite avant qu'il te la donne. » Elle trouva un jour dans le commerce et offrit à sa belle-fille un tablier de cuisine sur lequel étaient brodés ces mots : « Ne m'embrasse pas, j'ai du travail »... Jamais elle n'aurait osé dire à sa belle-fille, ni même penser qu'elle lui disait : « Je resterai toujours la première femme de mon fils [la bague]; toi, tu ne seras jamais que sa servante [le tablier] et tu vas toi-même le lui dire ["Ne m'embrasse pas..."]. » Ces dons alternaient avec d'autres, plus agréables, qui pouvaient aussi signifier de l'estime et de l'amour. Bon grain et ivraie des dons de tous les jours.

Qui de nous n'a envoyé fût-ce une simple carte postale à quelqu'un envers qui il éprouvait des sentiments mitigés et ne s'est aperçu ensuite que le message amical en comportait un autre qui l'était moins ?

Une chercheuse avait publié un livre qui avait fortement déplu à l'un de ses maîtres, sur un sujet voisin des siens. La situation entre eux demeura très tendue, en dépit d'une longue amitié. C'est sans doute à cause d'elle qu'ils essayèrent l'un et l'autre de dépasser leur différend et de se revoir. Au moment des fêtes de fin d'année, le maître envoya à son ancienne élève une grande carte illustrée d'une belle photo personnelle avec quelques lignes chaleureuses. Touchée par ces vœux, elle regarda attentivement la photographie : un joli panier de fleurs, devant une fenêtre. Fermée et pourvue d'une grille.

Était-ce ce qu'il souhaitait qu'il lui arrive à elle, ou ce qui lui était arrivé à lui ? Ou les deux ?

La reine a fait faire un bouquet
La reine a fait faire un bouquet
De belles fleurs de lyse
Et la senteur de ce bouquet
A fait mourir Marquise.

Ainsi chantons-nous l'histoire de la femme d'un marquis qui eut la malchance de plaire au roi, que son mari ne put disputer par la force au monarque et dont la reine, par un don, se débarrassa.

Il y a des dons mortels. En tout cas, pouvant conduire l'autre à la mort. Qu'y a-t-il derrière ces dons d'armes, d'engins dangereux ou de substances toxiques ? Don encore, étonnamment prétendu tel, qu'un parent incestueux prétend faire ou demande de faire à l'enfant qu'il veut abuser. Tant de souhaits de mort se cachent sous le déguisement du don.

Mort « seulement psychique » aussi : je pense à tous ces cadeaux qui signifient à celui qui les reçoit :

tu n'es qu'un gamin. Ces jouets enfantins donnés à celui qui pourrait déjà recevoir de vrais outils. Ces choses inefficaces que le donneur prétend pour cela « inoffensives » et qui pourtant vont offenser par leur message : tu ne feras jamais rien de sérieux, tu n'es capable que de jouer.

Est-ce un hasard? Le pseudonyme que Freud a choisi pour nous parler de la jeune embrassée qu'il juge hystérique est « Dora ». Un mot grec, que Freud connaissait bien, qui veut dire « don ». Elle est en effet celle qui est donnée, donnée au mari de la maîtresse de son père. Freud l'écrivain, en l'appelant « Dora » pour la présenter à ses lecteurs, a mieux dit de quoi elle souffrait que Freud le médecin, en l'appelant hystérique avec sa science. Comme toujours, et comme lui-même le reconnaîtra, c'est le poète qui en sait le plus long sur le sujet.

Si j'ai repris la scène de Dora et de M. K..., c'est avant tout parce qu'une telle scène et son interprétation révèlent une anthropologie; ou une autre.

L'eût-il frappée au lieu de l'embrasser, les intérêts de la jeune femelle Dora et du sujet Dora auraient été confondus. Le corps blessé et la personne offensée n'auraient fait qu'un; apparemment du moins. Les deux choses pourraient se dire d'un même mot et Freud ne la prendrait pas pour une hystérique.

Mais dans ce petit événement, il se trouve qu'il y a offense sans blessure et même offense avec du plaisir. J'introduis ici une catégorie que la psychanalyse scientifique ne reconnaît guère [1]. Elle connaît le traumatisme, notion médicale qui en psychanalyse a traversé des fortunes diverses tout au long de l'œuvre

1. Freud cependant dans ce même cas clinique parle un moment d'injure faite à Dora, mais presque en passant, notant seulement : « Il est possible que cette injure [Mme K... trahit un secret de Dora] l'ait plus affligée, ait été plus pathogène que l'autre, l'injure que lui avait faite son père en la sacrifiant. » Freud ne connaît pas le plaisir offensant.

du maître sans jamais tout à fait disparaître. Mais c'est un terme applicable à tout le règne animal : un chien peut être traumatisé.

Il ne saurait être offensé. Car l'offense touche le sujet et lui seul. Que fait l'offense au sujet ? Précisément, elle le nie ; c'est comme sujet qu'elle nie l'être humain. Ainsi de Dora à laquelle M. K... ne dit rien, ne demande rien, mais prend ce qu'il veut. M. K... en âge d'être son père, M. K... marié à Mme K..., femme que Dora aime et même vénère. La jeune fille peut se sentir offensée à plus d'un titre. Qui est-elle pour lui, s'il fait cela ? Et que devient Mme K..., niée aussi ?

Nous voici au cœur de la question du sujet : s'il n'est pas un objet de la création, ni même seulement un vivant du monde, où est son lieu ? son appui ? D'où est-il ?

De la reconnaissance d'autres sujets. Il est lui et il est de l'autre. Pour JE, être reconnu, c'est être ; ne pas l'être, c'est n'être pas.

Ceci peut être, évidemment, partiel. Le sujet est reconnu dans telle aptitude, dans tel acte, dans tel sentiment, dans telle parole... Mais il ne l'est plus dans telle autre aptitude, acte, sentiment, parole...

Comment articuler ici offense et désir refoulé ? Si le sujet ne parvient pas à intégrer ses propres pulsions sexuelles, n'est-ce pas qu'il a été offensé à propos d'elles, non reconnu comme sujet dans le champ de la sexualité ? Une vision scientiste de l'humain conduit à dire de Dora : elle refoule son amour pour M. K..., et son amour homosexuel pour Mme K..., ajoutera Freud. Autrement dit, c'est d'elle-même que vient son mal, c'est en elle que ça ne va pas. Mais, face à cette enfant devenant femme, comment les époux K... se sont-ils comportés, sinon successivement comme deux séducteurs, la première pour attirer la fille de son amant, le second pour se venger peut-être de sa propre femme et de l'amant de celle-ci ?

Si le sujet doit être reconnu pour être, il doit l'être

peu à peu dans chacune des avancées de sa vie. Reconnu mangeant — ou ne voulant pas manger —, marchant ou non, reconnu parlant ou silencieux, reconnu désirant ou ne désirant pas. Toute méconnaissance de sa souveraineté en matière de désir est une offense.

Il y a donc des plaisirs qui offensent et des dons qui donnent la mort : tout ce qui est donné au sujet en le niant lui-même.

Et si c'est la vie elle-même qui lui est ainsi donnée, en niant son droit à venir d'une relation humaine, qu'en attendre d'heureux ?

Toute offense à un autre sujet offense le sujet

J'ai bien des fois rencontré l'étonnement de mes collègues qui rejoignait le mien devant un phénomène de la vie mentale que nos devanciers et nos maîtres ne nous avaient pas vraiment préparés à entendre. Je me le formulais d'abord ainsi : en cours d'analyse, le patient peut atteindre un jour une zone d'intense souffrance qui ne se rattache apparemment à rien le concernant. Par exemple, un enfant choyé et reconnu dans sa propre famille présente des peurs, des troubles qui correspondraient mieux à un enfant abandonné. Ou encore, celui qui n'a jamais été battu semble redouter de l'être comme si cela avait déjà eu lieu. Ou encore, quelqu'un de bien inséré socialement craint sans cesse d'être exclu de son travail, du lieu qu'il habite...

Nous écoutons cela, comme analystes, sans tout d'abord comprendre. Avec notre patient et comme lui, nous constatons qu'il y a souffrance. Nous différons de lui, cependant, sur un point : là où il se donne tort de souffrir (« Je n'ai aucune raison d'avoir peur... d'avoir mal... »), nous lui donnons raison. Peut-être est-ce cette foi qui fonde en partie notre métier : nous ne croyons pas que le sujet souffre sans raison. Bien que nous ne trouvions pas ce qui en lui a été lésé, nous ne renonçons pas pour autant à chercher avec lui.

Par les associations libres — et non par le raisonnement logique dont il a déjà épuisé tous les possibles — apparaît, peu à peu ou brusquement, une situation, une scène que le sujet retrouve avec beaucoup d'émotion et dont il avait jusqu'à ce jour ignoré l'importance en lui.

Par exemple, il se souvient d'un jour où, enfant, il revient de l'école et il voit une ambulance arrêtée devant la maison. Deux infirmiers en sortent ; ils tiennent fortement par le bras sa grand-mère qui se débat et crie qu'elle ne veut pas, crie qu'on la laisse... Les infirmiers l'installent de force dans la voiture qui démarre. L'enfant bouleversé rentre alors dans la maison et trouve ses parents. Ils sont là, sans parler entre eux ; ils ne le regardent pas et ne lui disent rien non plus. Il ressent une douleur violente, une envie de pleurer atroce et tout se bloque en lui. Il ne pleure pas et s'enfuit dans sa chambre.

Cette scène est restée enfouie, non pleurée, non dite, durant des dizaines d'années. Elle a brisé sa confiance dans ses parents, dans la vie peut-être... La pensée confuse que ce qui est vieux est bon à jeter s'est posée en lui sans qu'il puisse vraiment penser qu'il la pensait. Seulement, il la refuse inconsciemment comme il peut, par des actes-symptômes dont le sens lui reste caché — il ne peut pas jeter, quitter... Le jour où il retrouve ce souvenir, il pleure la peine gardée en lui, puis se demande pourquoi ses parents n'ont rien dit. S'ils ne pouvaient plus garder cette grand-mère chez eux, pourquoi n'ont-ils pas expliqué ? Pourquoi ne l'ont-ils pas accompagnée, aidée pour ce déménagement ? Dans son souvenir, elle n'était pas folle du tout. Elle était seulement vieille et ne savait plus bien reconnaître les gens, se retrouver dans le temps. Pourquoi ses parents se sont-ils conduits ainsi, avec honte, comme des malfaiteurs ?

Certainement, ils ne savaient pas que ce qu'ils faisaient à la vieille femme atteignait le fils bien-aimé.

Peut-être même avaient-ils pensé le faire pour leurs enfants.

Ce récit a bien des variantes. Le père militaire qui a fait torturer sous son commandement dans la cave de sa propre maison, croyant sans doute ainsi hâter la victoire et la paix, ignorait qu'il ne torturait pas une mais deux personnes à chaque fois : visiblement, son ennemi, et invisiblement, son fils.

Ceux qui ont éloigné pour toujours, sans plus de contact avec lui, un enfant anormal, pour que les autres enfants puissent vivre dans une maison gaie et n'aient pas à avoir honte, ne savaient pas, certainement, que la douleur chassée allait secrètement demeurer dans la maison, d'une présence de spectre dans l'âme des autres, une souffrance supprimée et pourtant présente, qu'on ne peut ni pleurer ni guérir.

« Ce que vous avez fait au plus petit d'entre les miens, c'est à moi que vous l'avez fait... » Cette phrase me revient en mémoire; elle prend un tout autre sens, lorsque je l'associe à cette loi de l'esprit : toute offense au sujet offense tout sujet. Je me demande dans quel contexte elle se situe.

C'est l'évangile de Matthieu (25, 31-45) :

Quand viendra le fils de l'homme dans sa gloire,
et tous les messagers avec lui,
alors il s'assoira sur le trône de sa gloire. [...]
Alors le roi dira à ceux de sa droite :
« Venez les bénis de mon père,
héritez du royaume préparé pour vous depuis la fondation du monde.
Car j'ai eu faim et vous m'avez donné à manger,
J'ai eu soif et vous m'avez abreuvé,
J'étais étranger et vous m'avez recueilli [littéralement : synagogué],
nu et vous m'avez vêtu,
infirme et vous m'avez visité,
J'étais en prison, et vous êtes venus à moi. »
Alors les justes lui répondront en disant :
« Seigneur, quand T'avons-nous vu
affamé, pour T'abreuver? [...] »
[Je traduis ici littéralement :]

Le roi répondra et leur dira :
« Amen, Je vous dis :
dans la mesure où vous avez fait à un de ces frères de Je les plus petits,
à Je vous avez fait. »

Le texte continue et présente ceux qui n'ont pas donné à manger, ni à boire..., à Je qui avait faim, soif...

« Amen, je vous dis : dans la mesure où vous ne l'avez pas fait à l'un de ceux-ci, les plus petits,
pas à Je vous l'avez fait. »

Faut-il lire seulement ce texte comme le fait la tradition, interprétant que ce fils de l'homme devenu roi et juge des nations n'est autre que Jésus lui-même qui s'identifie à tous ceux qui souffrent ? Ou bien peut-on lire *aussi* que c'est en tant que sujet que Jésus parle : tout sujet peut dire ce qu'il dit ?

La cure par la parole m'a conduite pour ma part à penser de la même manière : tout ce qui est fait à l'autre sujet est fait au sujet lui-même. Le bien, l'omission du bien, le mal...

J'apprécie dans ce passage qu'il ne s'agisse pas de juger une personne seule. Il n'est pas dit : ce que tu as fait, ce que tu n'as pas fait, mais ce que *vous*... Le sujet ici n'est jamais seul pour nourrir, abreuver, accueillir, visiter... Ô combien vrai : qui peut, isolé lui-même, offrir l'accueil à un autre sujet ? N'est-ce pas finalement comme la vie ? C'est une relation qui peut la nourrir, l'abreuver...

Je ne sais pas si ce passage évangélique décrit le jugement final, mais je vois qu'il peut bien parler des conséquences pour Je de ses actes envers Tu.

La douleur de détruire

A propos d'accueil de la vie, je pense à son non-accueil.

Notre civilisation, dans la majorité des pays qui en relèvent, a accepté de dépénaliser l'avortement dans certaines limites. Bien qu'il demeure légalement interdit, dans l'opinion publique s'est peu à peu formée la pensée que c'était un acte légal.

Que se passe-t-il sur le plan psychique ? Ce devrait être mieux : plus de danger, plus de culpabilité. Je ne prendrai pas la parole à la place de celles qui m'ont parlé, qui me parlent d'une telle expérience. Je veux simplement porter à la connaissance d'autrui ce qu'il m'est donné de comprendre à travers ces rêves, ces associations, ces états de l'âme après un avortement. Lorsqu'un tel acte est pensé légal, sa douleur est refoulée bien souvent hors de la conscience. Je ne parle pas de la douleur physique, peu présente lors d'une IVG. Je parle de la douleur psychique. Elle est toujours là, bien que la femme ait demandé elle-même cette intervention.

Les rêves, la parole inintimidable dans l'esprit humain, font apparaître des images de violence l'atteignant, de mise au rebut d'elle-même ou d'une partie d'elle ; elle est tuée... elle se tue... elle est jetée comme un déchet... ; l'enfant peut être imaginé en rêve et c'est dans un sentiment de perte. Il est remarquable que le plus souvent la rêveuse n'ait vu aucun rapport entre son rêve et l'intervention, surtout, bien entendu, lorsqu'il s'agit de sa propre suppression dans le rêve. Ce rapport apparaît, sans doute possible, dans les associations du rêve. Elle le reconnaît alors comme concernant cet avortement dont l'analyste, fréquemment, ne connaissait pas l'existence.

La douleur et l'angoisse n'ont pas disparu avec ce qu'on appelle improprement la « légalisation de l'avortement ». Mais elles peuvent presque disparaître du champ de la conscience. Si c'était l'oubli progressif de la peine, ce serait bon. Si c'est le déni de la douleur, il y a danger. Il y a toujours danger pour l'humain à devoir nier sa douleur, à en être privé. Ce qui est refoulé n'est pas parti seul : il a entraîné un morceau de la conscience avec lui. Ce morceau peut devenir douleur déplacée et donner lieu à d'incompréhensibles répétitions.

Que peut une société permissive pour qu'une douleur ne disparaisse pas dans le refoulement et ne vienne alimenter un jour le grand mécanisme « négationniste » : nier la douleur de l'autre à la suite du déni inconscient de la sienne ; désirer provoquer chez l'autre de la douleur et la nier en même temps ; ou encore enseigner ce déni à d'autres pour le garantir en soi. Tout cela inconsciemment.

J'avais écrit les paragraphes précédents dans un article sur la Loi qui m'avait été demandé. En retranscrivant ce passage ici, dans le contexte d'une autre question, je vois bien que le vécu de l'avortement suit cette logique : l'offense faite à l'autre blesse l'un. Qu'il soit témoin ou acteur de violence.

En ce qui concerne l'embryon, il existe des opinions très diverses sur son statut : doit-il être compté parmi les humains ? Si oui, à partir de quand ? A-t-il des droits ou bien appartient-il à sa mère comme l'un des organes de son propre corps ? Il m'est souvent venu à la pensée que l'inconscient, lui, n'a pas les mêmes subtilités de catégorie. Pour lui, toute grossesse est signe d'enfant. (Est-ce seulement l'inconscient des Occidentaux, marqués par la morale judéo-chrétienne ? Je ne sais, mais je croirais bien que non.)

Même lorsque l'opération est faite dans d'excellentes conditions, la femme se révèle atteinte par la suppression de l'embryon. Atteinte, non pas en tant que créature mais en tant que sujet (celle qui rêve). Et le sujet en elle fait de cette interruption volontaire de grossesse la lecture d'une atteinte *subie* à sa vie. On a blessé, supprimé un futur sujet ; le sujet voit et souffre ; il n'a pas voulu cela. Il est remarquable que de ce mal l'être profond n'est pas coupable : il est lui aussi victime et innocent. C'est pourtant par lui que cela est arrivé, et il n'est pas plus heureux d'être cru irresponsable, ou que cela soit nié comme malheur.

Est-ce donc en tant que la créature n'était pas encore sujet, manquant d'autre avec qui l'être, qu'elle n'a pu accueillir la vie ?

Quelle fonction peut ici avoir la loi ?

Cette *loi sans peine infligée,* qui maintient l'interdit, soutient le sujet lorsqu'elle est bien entendue. Si le sujet ne peut éviter que du malheur soit commis, il peut garder la *conscience de la peine vécue.* Peine pleurée peut guérir. La loi alors — tu ne tueras pas — est gardienne du désir le plus profond, souvent refoulé parce que nous n'en avons pas toujours les moyens — nous ne pouvons pas ne pas tuer parfois. Le plus profond désir du sujet : ne pas tuer puisque, s'il tue, il souffre comme sujet. Tandis que si l'autre vit, voici qu'il vit lui-même davantage.

Ce que vous avez fait aux plus petits de Je, c'est à Je que vous l'avez fait.

Du don des choses de la vie

La question du don dangereux se fait plus grave aujourd'hui où le don de la vie lui-même est en question. Le don et les circonstances du don.

Le don de cellules sexuelles (sperme, ovocyte ou embryon) à ceux qui en manquent, rendu possible par les considérables progrès des sciences et techniques, peut être effectué sans se poser d'autre question. On peut dire : certains humains manquent. La science — et, éventuellement, d'autres humains — peut leur fournir ce qui leur manque pour avoir des enfants. Où est le problème ? Nulle part en effet, si nous raisonnons ainsi. Il suffit d'admettre que l'enfant fait partie des choses désirées auxquelles tout humain a droit pour être heureux.

Si l'humain n'est pas sujet, procréer n'est pas différent de produire. Et tout ce qui permet de produire la vie sera bon. Comme on produit du blé, du pain, des chaussures...

Si l'humain est aussi sujet — incréé —, nous sommes dans une autre histoire. Celle de l'engendrement par un « Nous », c'est-à-dire l'union de deux êtres devenus eux-mêmes sujets dans leur rencontre et procréant d'autres sujets en cette même rencontre.

Selon la genèse de l'homme qui dit JE, la vie a été remise à la rencontre et non au travail.

La science, elle, peut bien aider chacun *avant* la rencontre. Tout ce qui permet à un corps humain de devenir ou de redevenir fécond relève du soin ; ce soin redonne au sujet la possibilité dont il était privé. Mais c'est à lui, le sujet, que sont remises ces aptitudes et ces pouvoirs restaurés du corps. La rencontre homme-femme demeure leur histoire à eux et a lieu selon leur désir en leur propre lieu, c'est-à-dire leurs corps. Là où demeurent Je et Tu devenant Nous.

La rencontre peut, certes, ne pas être heureuse. Les circonstances de la vie, l'état des relations ne permettent pas toujours que l'enfant soit conçu d'amour et de bonheur. Nous le déplorons, en général. Nous sentons qu'il ne devrait pas en être ainsi. Que la vie doit trouver sa source en Éden, dans le plus grand plaisir qu'offre la création aux créatures, qui les rend créatrices à leur tour. Reste que de cette rencontre, si imparfaite qu'elle soit, l'homme et la femme sont les auteurs, eux et personne d'autre.

Que deviennent-ils, les humains, lorsque la procréation ne se fait plus en leur rencontre mais au laboratoire ? Se fait par le travail et par leur soumission au travail d'autres, dans les opérations nécessaires pour extraire de leur corps les cellules reproductrices et les faire, en éprouvette, se rencontrer ?

Ils ne sont plus sujets de leur acte même s'ils l'ont demandé. En effet, leur demande, c'est d'être agis par d'autres, donc ne plus être souverains de cet acte, pour pouvoir procréer. La stérilité est une souffrance. Mais en sortir par un amoindrissement de JE et une disparition de l'acte « Nous », est-ce la voie heureuse ?

Pour ma part, je ne le crois pas. Et même je crains pour les humains qui font faire leurs enfants par les médecins qu'ils ne vivent ensuite un type de malheur que nous ne voyons pas encore manifesté au grand jour mais qui peut être déjà entendu par ceux qui écoutent. Nous, ces écoutants de l'âme, avons à parler, je crois, sans trahir les secrets qu'on nous confie mais sans laisser notre civilisation inconsciente de dangers que nous pourrions être parmi les premiers à repérer.

Pourrions-nous d'ailleurs garder le silence ? Ceux-là mêmes qui aujourd'hui vivent un bonheur qui a un drôle de goût, ou un malheur celé en eux-mêmes, pourraient nous dire un jour : pourquoi n'avez-vous rien dit ?

Voici donc des réflexions que je soumets au lecteur, dont les biologistes, médecins, juristes...

L'enfant humain n'a-t-il pas le droit de connaître son père et sa mère ? Lorsque ce n'est pas possible, nous savons qu'il y a souffrance. Elle est supportée d'être venue d'autres souffrances chez les géniteurs, ne pouvant assumer la vie qu'ils ont transmise. Mais comment supportera-t-on cette souffrance de la perte de ses origines lorsqu'on aura volontairement, scientifiquement, fait disparaître les repères de la paternité, de la maternité ? Les parents, les scientifiques qui fabriquent ainsi la vie ont-ils déjà pensé qu'un enfant devenant sujet pourrait un jour les convoquer, non devant la science qui a si bien réussi mais devant la justice, parce qu'on aura sciemment manqué à l'un de ses premiers droits, non de créature mais de sujet ?

Avec raison, on a critiqué la religion lorsqu'elle prenait pour commandement divin le constat d'après la faute « Tu enfanteras dans la douleur ».

La science a fait mieux depuis : Tu concevras sans plaisir.

Certes, je présente l'hypothèse que le sujet n'est pas créable. Cependant, la manière dont vient au monde la créature dans laquelle il se lèvera n'est pas indifférente pour l'éveil du sujet incréé.

La science parle ici en termes de victoire sur la stérilité et parfois même de pure maîtrise de la vie. Elle n'est que la science, connaissance de l'objet. Peut-elle savoir ce que vivent, en première personne mais inconsciemment, ceux qui font ces parcours médicaux dans lesquels ils ont ainsi à se démettre de leur propre présence pour contourner l'obstacle en eux à l'enfant ?

« Je suis stérile », c'est douloureux. Mais du moins, c'est Je. « Nous n'avons pas d'enfant », c'est du malheur. Tout de même, c'est Nous.

« Pas-Je suis féconde », comment est-ce ? « Pas-Nous avons des jumeaux », c'est quoi ?

C'est d'abord du bonheur, bien sûr. Voici l'enfant. Ô combien désiré, attendu, le plus aimé pourrait-on dire. Même si l'amour, le bonheur sont bien là, je ne puis tout à fait croire à ce tableau idyllique. J'ai entendu la douleur, enfouie au-dessous. Je ne peux refuser d'entendre ou bien il faut que je change de métier. Qu'entend-on, dans mon métier ? Que Je défait un jour ce qui a été fait par Pas-Je.

La science sait-elle ce qu'elle donne à vivre à la mère, au père et à l'enfant procréé de leur non-rencontre en laboratoire ? Sait-elle comment peut être lu, dans le secret du sujet, ce succès ? Il n'est pas besoin d'être clinicien pour deviner cela : les cellules ont été retirées par effraction, l'embryon est entré en sa mère par effraction. Que l'effraction soit bonne parce que médicale et consentie, la conscience claire le croit ; l'inconscient, c'est-à-dire le sujet non révélé, peut ne pas l'interpréter ainsi. Une autre lecture secrète peut se faire. Après que des cellules sexuelles réunies hors de son corps ont été implantées en elle par chirurgie, la mère peut, bien malgré elle, ressentir cette remise en place comme une effraction et une violence. Jusqu'ici, seul un homme pouvait violer une femme, l'enfant, lui, étant toujours innocent. La science a-t-elle inventé le viol de sa mère par l'enfant ?

Une question maintenant se pose : si une telle intervention est vécue profondément comme un viol, pourquoi la femme, pourquoi le couple l'ont-ils demandée ?

Pourquoi, de façon plus générale, un être demande-t-il à subir une intervention qui peut évoquer inconsciemment pour lui une violence ? La réponse est paradoxale : parce qu'il l'a déjà subie, et dans des conditions bien pires. Je m'explique. Ce « viol » demandé présente une sorte de progrès par rapport à des violences subies précédemment : cette fois, c'est le sujet qui le demande, donc qui en est le maître. Il n'a pas conscience d'avoir vécu des traumatismes analogues, il ne sait pas qu'il demande là une représentation de son malheur inconnu.

Or, si le malheur demande à se répéter, c'est justement parce qu'il est demeuré inconnu. L'esprit rejoue pour comprendre, enfin, pour devenir sujet de ce qu'il a subi. Saisir la mort. Le scientifique, le médecin qui va entreprendre cette opération n'a lui non plus aucune conscience du rôle qu'il est en train de jouer dans cette pièce.

C'est bien souvent le mot « viol » qui vient. Est-ce un acte si courant ? C'est en tout cas la plus fidèle image de ce que subit un jeune sujet — qu'il soit garçon ou fille d'ailleurs — dans le corps mais aussi dans l'âme duquel un adulte a pénétré par effraction.

Comment choisir parmi tous les possibles scientifiques ce qui va aider le couple, le sujet qui procrée, et ce qui va les détruire ? Et si le sujet est défait dans l'acte même de la procréation, comment pourra-t-il ensuite soutenir la vie contre lui-même ? C'est bien un tel discernement que je cherche à faire avec d'autres qui m'ont demandé d'aller voir ce que les récits fondateurs peuvent nous apprendre sur la genèse de l'humanité [1].

Quel bonheur pourrions-nous attendre de procédés permettant à tous d'avoir des enfants, si, les parents n'ayant pu être sujets dans l'engendrement, ces enfants ne pouvaient plus ensuite être eux-mêmes reconnus comme tels ? Faire des enfants, mais sans qu'ils puissent se lever psychiquement comme fils et filles libres, de parents libres autant que faire se peut ? Le mythe nous dit qu'un premier NOUS a créé l'humanité. Que sera une créature humaine qui ne s'originera plus dans un acte du NOUS humain ?

Il est difficile d'être assuré d'être quand on est homme, si peu créé. Du moins la route ouverte devant nous est-elle l'aventure du devenir soi. Que sera-t-elle, la route de l'enfant produit, lorsqu'il voudra s'affranchir de ses géniteurs ? Quelle sera la souffrance des parents qui se seront pour le faire défaits ; défaits de leur rencontre comme couple ?

Nous, soignants de l'âme que nous sommes, appelés à entendre la souffrance du malengendrement, comment pourrions-nous rester silencieux devant des procédés de génération qui à l'extrême, comme l'a dit un jour Pierre Legendre, « organisent la folie pour un enfant » ? Et, ajouterai-je, pour chacun des parents aussi, finalement ?

Que la vie naisse d'un acte de vie entre deux êtres, sans aucun travail ; ou qu'elle soit obtenue par le travail d'une équipe de chercheurs, le rapport des parents à l'enfant sera-t-il le même ? Y a-t-il place pour un désir d'enfant-devenant-sujet là où l'on a obtenu cet enfant de la même façon que nous obtenons d'habitude les choses ? et en acceptant d'être soi-même réduit à l'état d'objet pour l'avoir ?

1. Je pense ici à Monette Vacquin, Catherine Labrusse-Riou et à tous ceux, biologistes, psychanalystes, juristes qui se sont retrouvés, Jacques Testart, Bernard Edelman...

L'enfant-par-n'importe-quel moyen sera-t-il finalement l'enfant rêvé que nous n'avions pas même imaginé mais que nous attendions du profond de nous ? l'enfant-autre, celui qui va nous satisfaire et aussi nous décevoir, enfin nous émerveiller ?

Pour notre Genèse, un fils d'humain, cela se fait à deux et seulement à deux. Dans le désir et sans maîtrise. Sans trop le faire. En l'image de Nous.

A lui, la ressemblance.

Chapitre VI

DE L'ENGENDREMENT DU SUJET

Adam vient de supprimer l'accès à l'autre, en supprimant la négation qui se trouvait dans l'arbre interdit. YHWH lui dit (Genèse, 3, 9) :

« Où es-TU ? »

A Caïn qui vient de supprimer son frère, YHWH dit (littéralement ; Genèse, 4, 9) :

« Où est Evel [Abel], frère de TU ?
— Je ne connais pas. Est-ce que gardien du frère-de-Je, JE ? »

Que s'est-il passé entre frère-de-Je et JE ? Et qu'est-ce qui ne s'est pas passé ? Ils n'ont pu se garder l'un l'autre, se garder l'un de l'autre, se garder l'un avec l'autre. Comme leurs parents.

Deux mal engendrés, mal référés à deux procréateurs qui ne sont ni un père ni une mère. Ève nomme seule les deux qui naissent. Le premier, Caïn (« J'ai acquis »), le second, Evel (vapeur, buée), de bien peu de poids, nom qui n'est pas sans rappeler phonétiquement Hava (Ève).

Est-ce une mère, Ève, si elle acquiert au lieu de mettre au monde, s'il n'y a pas de père ? C'est une toute-puissance. Là où il n'y a place que pour un seul procréateur, comment y aurait-il place pour deux fils ? Et là où il n'y a pas de place pour deux fils, comment y aurait-il place pour un, pour la filiation ?

Sans la loi qui permet à chacun d'exister sans devoir être tout, pas de couple, pas de parent, pas de fils, pas de frère. Rien de ce qui est proprement humain ne peut apparaître.

Qu'on croie en un dieu ou en un autre dieu, qu'on ne croie en aucun dieu, la loi du ne-pas-être-tout doit être trouvée, respectée. Mais si l'on croit en un dieu qui serait lui-même « tout-puissant », comment entendre dans le mythe l'avertissement contre la toute-puissance ?

« Adam connut Ève. »
Mise en question d'une lecture admise

Elle a l'air si dévote, cette Ève. Ne la connaissons-nous pas ? Le père humain ne compte pas. C'est avec le dieu qu'elle a procréé, c'est-à-dire avec la valeur suprême de sa culture, quelle qu'elle soit. C'est une religion que nous avons rencontrée. Jadis, par exemple, au temps d'un certain catholicisme triomphant, n'était-ce pas souvent dans cette attitude qu'une mère faisait un fils prêtre : « Mères, donnez vos fils à l'Église, ainsi vous ne les perdrez pas », disait une affiche pour encourager les vocations. Et la même religion pouvait se perpétuer : la mère, avec le dieu, le fils... Redoutable trinité.

Une fois aperçue la relation Ève-Caïn, ma recherche remonte d'un cran : comme chaque fois que j'entends qu'une erreur de place a été commise dans un récit, dans une vie, je demande ce qui s'est passé avant. La femme, Ève, n'a pas nommé l'homme dans la conception. Bien. Mais avant, Adam lui-même, comment a-t-il fait avec elle pour concevoir l'enfant ? j'ai peine à croire qu'il soit, lui, bien en place d'homme, tandis qu'elle est si mal en place de femme. Pourquoi un homme juste, de juste relation, accepterait-il d'entrer dans une relation fausse ? Où est l'erreur ?

D'abord, je ne vois rien. Rien que la phrase tellement connue (Genèse, 4, 1) :

> Adam connut Ève sa femme et elle conçut et elle enfanta Caïn [1].

Toute personne ayant un peu l'habitude de la Bible sait que le verbe « connaître » ici veut dire « connaître sexuellement ». L'expression est reprise de nombreuses fois au cours des livres du Livre. Qu'y aurait-il à trouver là de neuf ?

Adam est-il en juste relation avec Ève lorsque le récit dit qu'il la connaît (en hébreu, *iada*) ? Cette connaissance me paraît maintenant bien étrange d'être non mutuelle. L'un connaît l'autre (ou l'autre connaît l'un, dans d'autres passages). Curieuse asymétrie. Que fait, que vit celui qui n'est pas le sujet du verbe, mais le complément d'objet ? Ainsi raconté, ce n'est guère un acte « conjugal ». Pas un acte conjuguant : comment trouvera-t-on là le premier degré du « NOUS » ?

« Je te connais » est une phrase assez redoutable. Rarement suivie de bonheur.

Pourquoi est-ce le même verbe que celui employé quelques chapitres auparavant, pour interdire la dévoration de la place de l'autre ?

Ainsi se présenterait l'amour après l'Éden : l'un connaît l'autre, sans réciprocité. Alors l'autre — Ève — acquiert avec le dieu un troisième (l'enfant), sans réciprocité non plus. Aucun NOUS, avec personne. Rien que du sujet agissant l'objet ou avec l'objet.

1. Pour une fois, je n'ai pas suivi André Chouraqui qui ne traduit pas *iada* par « connaître » mais par « pénétrer » : « Adam pénétra Ève... », avec le double sens : description de l'acte sexuel, et « comprendre ». Mais le verbe pénétrer sera moins sensé lorsqu'il s'agira, comme en Juges, 11, 39, d'une femme (« elle n'avait pas pénétré d'homme », écrit Chouraqui). De plus, le rapprochement ne peut se faire alors avec le mot « connaître » dans l'expression « l'arbre de la connaissance du bien et du mal » (Genèse, 2, 17), alors qu'en hébreu il s'agit du même verbe.

Donc, pas pleinement sujet lui-même. Ève est-elle dépossédée d'elle, qu'il lui faille acquérir quelqu'un d'autre ? On peut le penser. Et alors, comment reconnaîtrait-elle dans l'engendrement celui qui l'a soi-disant connue sans qu'elle se fasse connaître ?

Je tourne ces pensées, je les essaie avec la vie. Ce récit m'apparaît maintenant comme une succession de dépossessions de soi et de possessions de l'autre. La première erreur engendrant la seconde... L'hébreu n'a-t-il pas d'autre verbe que ce « connaître » non mutuel pour dire la relation ?

Je ne peux rien faire d'autre que de miser sur la cohérence du texte. Il avait été interdit de manger l'arbre à connaître bien et mal. Ève en a mangé, puis en a donné à Adam. Après quoi, Adam connaît Ève. Ève, connue, dépossédée d'elle, ne reconnaît pas Adam. Elle possède Caïn. Caïn, dépossédé de lui, tue Abel pour avoir sa place.

Y a-t-il une seule tragédie qui raconte autre chose ?

Enchaînement : chaque être déplacé prend la place d'un autre. Sans oublier le premier de tous, le serpent qui prend la place du dieu pour défaire justement la loi qui interdit de prendre la place de l'autre. Au début la faute, et en bout de ligne la mort. Air connu.

Comment est annoncé l'amour au commencement

Si j'ai bien eu raison de mettre en doute l'innocence de ce « Adam connut Ève », maintenant il faut que j'en trouve confirmation. Il faut que, avant la transgression, le verbe employé pour dire la relation homme-femme ne soit pas le verbe « connaître » mais un autre. En hébreu, comment se dit l'amour en Éden ?

Nous voilà revenus à la rencontre initiale, la présentation à l'Adam de celle que YHWH Élohim a tirée de lui endormi. Adam dit : « Celle-ci, cette fois, os de mes os, chair de ma chair, à celle-ci il sera crié *isha* car de *ish* elle a été prise celle-ci. » Le texte alors continue (je souligne) :

> C'est pourquoi l'homme laissera son père et sa mère, *s'attachera* à sa femme et ils deviendront une seule chair.

selon les traductions françaises les plus courantes qui offrent ici peu de différences entre elles et ont toutes choisi le verbe « s'attacher » (Osty, Segond, Pléiade, Tob...).

> C'est pourquoi l'homme abandonne son père et sa mère; il *s'unit* à sa femme et ils deviennent une seule chair (Rabbinat).
> Sur quoi l'homme abandonne [1] son père et sa mère : il *colle* à sa femme et ils sont une seule chair (Chouraqui).

Il colle, il s'attache, il s'unit... à sa femme. Comme je l'ai supposé — espéré — ce n'est pas ici le verbe « connaître » (*iada*) mais un autre verbe (*davaq*) qui signifie : joindre, coller, attacher fortement.

Il n'est donc pas annoncé que l'homme connaîtra sa femme mais qu'il se joindra à elle. La différence est décisive, en tout cas pour ce qui est cherché dans la présente recherche : l'apparition du sujet. Le verbe « connaître » et le verbe « se joindre » (ou encore « s'unir », comme l'a écrit la Bible du Rabbinat) n'entraînent pas les mêmes suites, les mêmes conséquences relationnelles.

Après l'Éden, la relation réalisée (Adam connut Ève sa femme) est celle d'un sujet d'un acte et d'un objet. Pas de « NOUS » possible entre le sujet et l'objet, l'homme et la femme.

Tandis qu'en Éden la relation annoncée (l'homme

1. Je remarque ici que seules les traductions juives ont osé écrire : « il *abandonnera* son père et sa mère ». Avec raison : au psaume 22, on traduit bien : « Mon Dieu, mon Dieu, pourquoi m'as-tu *abandonné* ? » C'est le même verbe.

se joindra à sa femme) était celle d'un sujet qui ira *rejoindre un autre sujet*. Cette fois, le rapport homme/ femme pourra bien, s'il se réalise, atteindre le NOUS. C'est même exactement ainsi qu'il se forme : l'un se joint à l'autre et alors ils peuvent faire ensemble, dire ensemble...

Je remarque encore que partout où il est dit : l'homme connut la femme, ils ne deviennent jamais ensemble « une seule chair ». Alors que c'était la conséquence annoncée du « il s'attachera à sa femme ».

Lorsque l'un connaît l'autre sans réciprocité, l'unité des deux ne s'effectue pas. Ni entre eux — leur parole ne devient pas commune —, ni dans leur enfant : les deux ne sont pas également reconnus dans l'engendrement. La *chair (bassar)* n'est pas une, l'*annoncer (bassar)* n'est pas commun.

Seul un verbe de conjugaison, de conjugalité permet une suite heureuse à la relation de l'homme avec la femme. Seul un verbe d'union conduit à l'unité : NOUS.

Si le lecteur n'est pas lassé de ces voyages aller retour dans la Genèse et entre les deux Testaments, je reviendrai à présent au couple Joseph-Marie, munie de cette différence nouvelle trouvée en Genèse : s'unir/connaître. Ce n'est d'ailleurs que justice puisque c'est le « non-connaître » de Marie qui m'a lui-même renvoyée, avec une question, à l'arbre interdit de l'Éden et à la conception de Caïn.

Comment je relis le Nouveau Testament

Mais tout d'abord, je dois au lecteur, qu'il soit d'origine juive, chrétienne ou musulmane, des précisions sur la position que je prends ici comme chercheur par rapport au second Testament; je ne l'aborde pas comme on le fait habituellement et il faut que je m'explique davantage sur ce point.

N'étant ni théologienne ni exégète, je ne me sens

contrainte à aucune forme d'obéissance à une tradition de recherche. Mon but n'est pas d'alimenter — ou au contraire de mettre en doute — la foi au Christ ni l'appartenance à telle ou telle Église.

Je me demande seulement s'il n'y a pas de nouvelles lectures possibles de Matthieu, Marc, Luc et Jean, lorsqu'on y cherche non des convictions religieuses, mais des indications sur les conditions nécessaires et suffisantes à l'apparition du sujet.

La très belle figure du Christ — il y a, semble-t-il, une certaine unanimité entre hommes de bonne volonté pour la trouver belle —, cette figure elle-même n'est pas en cause. Il s'agit du statut qui lui est réservé. Là, pensées et croyances diffèrent. Qu'on permette à une psychanalyste de ne pas interroger cette figure elle-même (est-il ou non le fils de Dieu ?), mais de l'aborder de la même manière qu'a été abordée la Genèse, en demandant ce qu'il advient du sujet dans les récits qui la concernent.

Cependant, je ne peux éviter, dans l'optique même de cette recherche, de prendre certaines positions, ou plutôt de m'en déprendre. Et pour cela de me poser des questions, comme par exemple celle-ci : le Christ est-il présenté comme le seul véritable sujet de l'histoire humaine ? Il n'y aurait plus alors, si l'on va jusqu'au bout de cette vision, qu'à se prosterner devant lui. Mais n'ai-je pas lu dans l'Évangile de Luc que cet usage de la première personne est appelé « diable » ? que le champ symbolique, dans lequel peut se lever un sujet en face d'un sujet, est détruit par le mode de relation diabolique : une prosternation sans relèvement devant un seul ?

Comment ce sujet seul serait-il Sauveur ? Comment cette mort psychique serait-elle le salut ?

Je prends donc l'autre hypothèse sur les textes évangéliques : celle d'un sujet qui se lève et en fait lever d'autres. Bien des moments évangéliques vont dans ce sens, évidemment, en commençant par les guérisons que la parole « Lève-toi » opère...

Il est au pouvoir du sujet d'en appeler un autre et cette arrivée de la première personne en l'être humain a des effets de guérison. Le langage du symptôme devient parole du sujet et les pulsions s'ordonnent peu à peu à son désir et à son gouvernement.

Cette vision idéale d'une thérapeutique humaine est à la fois applicable aux guérisons de l'Évangile et à ce que nous-mêmes, dans la mesure de notre propre élévation comme sujet, nous pouvons effectuer.

Mon raisonnement est alors celui-ci : si nous découvrons qu'aujourd'hui, comme toujours, la parole qui guérit est « en NOUS », c'est-à-dire en « JE avec TOI », cette parole guérissante semblable à celle du thérapeute de Nazareth, comment aurait-elle en nous une autre origine qu'en lui ?

Genèse du fils de l'homme

Les récits faits en Luc et en Matthieu de la « genèse de Jésus » sont lus habituellement par les croyants comme le récit de l'engendrement par Dieu de son fils unique sans recourir à la génération humaine, sinon par la femme seule.

Les non-croyants, eux, ne peuvent guère s'intéresser à ce qu'ils considèrent comme une illusion, voire une mystification.

Enfin apparaît de nos jours une troisième opinion, « éclairée » de sciences humaines, qui nous assure que tout cela est symbolique — ce qui veut dire, croit-on, non réel — et que Jésus a été fait comme les autres.

J'arrive vers ces pages avec une autre pensée. Si homme et femme n'ont pas été créés, le sujet étant incréable, ils sont « engendrés et non pas créés », et tout ce qui est dit du Christ devient non pas le récit exceptionnel d'un être exceptionnel par nature, mais le récit de ce qui est invisible et commun à tous ceux qui pourront naître d'en haut.

L'exceptionnel des Évangiles s'est déplacé : ce n'est plus la mise à part du fils unique de Dieu que l'humain ne sera jamais — sinon par adoption —, c'est la révélation par un sujet absolument lui-avec-l'autre de ce qu'est chaque sujet increé. Alors, celui qui est proposé à tous pour qu'ils le reconnaissent devient aussi celui qui s'avance vers chacun pour qu'il se reconnaisse. Nulle difficulté à comprendre que les répercussions dans le corps social ne sont pas les mêmes selon qu'on lui apporte un nouvel objet à adorer ou qu'on lui annonce un sujet qui ne peut, en tant que sujet, qu'en faire lever d'autres.

Dans le début du livre de la Genèse, nous avons trouvé le récit de l'invisible origine du sujet. Tout est déjà dit là : par quelle voie cela est possible et comment les humains font erreur sur cette voie. Toute l'histoire se déroule ensuite en quête du chemin perdu vers la gloire mutuelle. Chemin perdu mais aussi trouvé, pour devenir homme et femme, s'entre-reconnaissant ; et ainsi, peu à peu, de toute différence. Jamais il n'est dit, tout au long du récit d'Israël, qu'un sujet se soit parfaitement éveillé, bien que plusieurs s'approchent de tout près de cet éveil et même y parviennent assez largement, si je puis dire, avant Jésus. Reste que de lui il est dit davantage, et que c'est dans cette tradition-là que ce sujet-là s'est levé. Et, pour ma part, il ne me paraît pas possible d'aborder la genèse de Jésus, du point de vue auquel je me place actuellement, sans garder présent à l'esprit le chemin d'âme accompli par Israël avant lui — et j'ajoute, après lui.

C'est donc avec ces pensées que je reviens vers la genèse évangélique. S'agit-il bien à nouveau de l'origine du sujet, et le récit de son engendrement peut-il correspondre à ce qui est déjà dit au tout début de la Bible, ou s'agit-il d'une tout autre histoire ?

Encore un mot de réflexion préalable.

Plus je relis ces textes, plus il me semble voir leur mystère s'épaissir, tout en offrant chaque fois davantage de lumière. Depuis longtemps, j'ai décidé de ne rien changer à la lettre des textes fondateurs, les considérant comme des tissus germinatifs de l'humanité, « anthropogènes [1] », qui, non dépouillés de leur mystère, seront à même de faire lever des générations et des générations. Ces textes, nous n'avons rien gagné à les défaire pour les expliquer. Qui peut jamais en limiter le sens, définir ce dont ils sont encore porteurs, ce qu'y trouveront nos descendants, porteurs eux-mêmes de nouvelles questions ?

Je ne viens pas vers ces Écritures pour trouver La Vérité mais pour y découvrir une vérité neuve, comme on vient chercher un nouveau fruit chaque automne au pommier du jardin. Sans disséquer le pommier.

Ne sommes-nous pas à un moment de l'histoire où hommes et femmes se parlent à égalité ? Mâles et femelles devenus hommes et femmes se regardent pour la première fois peut-être comme pleinement et également sujets — la capacité de témoigner en justice ou d'élire des représentants, pour prendre deux exemples de la vie de la cité, est reconnue également aux deux sexes. Il n'est pas possible que cet état sans précédent ne permette d'ouvrir nouvellement la réflexion sur notre origine.

Ma comparaison du pommier ne suffit pas : ce qui nourrit l'esprit n'est pas une chose qu'on cueille et qui a mûri sans vous. L'excellence du fruit pour l'esprit dépend de nous, dépend de l'esprit dans lequel on le cueille.

1. Selon le beau mot de Marcel Gauchet dans le *Désenchantement du monde.*

Je reviens à cette double double Genèse, celle de l'humain avec les deux récits bibliques, et celle du « fils de l'humain » avec les deux récits évangéliques.

Là encore en effet, ce sont deux récits qui peuvent être posés l'un près de l'autre et écoutés ensemble. Cependant, la tradition chrétienne, et surtout la tradition catholique, ne réserve pas la même attention aux deux passages. Tandis que l'annonce faite à Marie a remporté le vif succès théologique, spirituel, artistique que l'on sait, l'annonce faite à Joseph ne s'est pas déployée de la même façon. Quant au rapprochement des deux, il est plus rare encore.

Dans la présente recherche, nous ne devons pas nous laisser influencer par cet état de choses et il nous faut relire avec autant d'attention les deux récits, puisque l'un concerne la mère (Luc) et l'autre le père (Matthieu) de Jésus.

Nous avons déjà visité une première fois la visite de Gabriel à Marie et nous avons vu que la proposition du messager était d'abord ambiguë [1]. Et tentatrice. En effet, il lui proposait ce qu'Ève avait elle-même cru obtenir en Caïn, un enfant rien qu'à elle, fait à l'aide d'YHWH ; dominant comme un roi, éternel comme un dieu. A cette proposition, Marie oppose sa non-connaissance d'homme. Alors, à partir de cette place qu'elle prend comme femme qui n'aura pas d'enfant sans père humain, le discours du messager change. Là où il était question auparavant du dieu, il va s'agir maintenant de l'esprit saint. (Je reprends volontairement la littéralité du grec, *le*

1. Au chapitre IV du présent ouvrage. C'est le texte de Luc (1, 26-38). La proposition de l'ange commence ainsi : « Ne crains plus, Marie, car tu as trouvé grâce auprès du dieu. Voici : tu concevras dans ton sein et tu enfanteras un fils, et tu appelleras son nom : Jésus. Lui sera grand, il sera appelé fils du Très-Haut. Le seigneur dieu lui donnera le trône de David son père. Il régnera sur la maison de Jacob pour l'éternité. A son royaume il n'y aura point de fin. »

dieu, dieu étant un nom commun, et l'absence de majuscule des manuscrits : « l'esprit saint ».)

L'esprit saint : que sais-je de ce nouvel acteur? Était-il présent dans la première Genèse? Oui : Il « planait sur la surface des eaux ». Le verbe qu'on traduit par planer veut dire en hébreu voleter, comme un oiseau au-dessus de son nid. Sans trouver où se poser? L'esprit du dieu, distinct du dieu lui-même, ne trouve pas d'emploi manifeste dans notre mythe originel. Il reste, semble-t-il, en réserve[1]. Quand, où va-t-il se poser? N'est-ce pas lui qui vient sur Israël, le couvrir d'ombre lumineuse (la nuée) pour le protéger des Égyptiens et le conduire en Terre promise, lui qui vient sur et en ses rois, ses prophètes?...

Ici, dans le second Testament, l'esprit saint est celui qui apparaît lorsque la femme a refusé la mauvaise relation à l'autre et à la vie, tentation à laquelle l'Ève du premier mythe avait succombé. La femme cette fois a chassé l'antique serpent; voici l'esprit. L'esprit est là où la femme ne s'approprie pas l'enfant mais en appelle au père.

Et cette femme est d'abord une femme qui réfléchit.

« Elle fait réflexion : De quelle espèce est cette salutation? »

Pourquoi Marie réfléchit-elle? pourquoi se trouble-t-elle, non à la présence mais à la *parole* du messager? Tant d'Ave Maria récités, chantés, représentés, nous empêchent peut-être de voir en quoi peut être troublant ce salut.

Qu'a donc dit Gabriel?

« Grâce sur toi, comblée de grâce. Le Seigneur avec toi ! »

1. Bien que, sur ce sujet, le grand commentateur Rachi (XIe siècle) ait une autre opinion. Il écrit, en commentaire de « C'est pourquoi l'homme abandonne son père et sa mère... » : « C'est l'Esprit saint qui ajoute cette phrase au récit, interdisant l'inceste aux Noa'hides. »

Sur quel point peut porter son trouble, sa réflexion, sa discussion interne (*dialogizomai*) en laquelle elle se demande de quelle sorte, de quel pays (*potapos*) est cette salutation. Je n'en trouve qu'un, si je garde à l'esprit tout ce que j'ai trouvé du « NOUS » nécessaire à la génération [1]. Car la salutation de l'ange ne conduit guère, tout d'abord, au NOUS : à cette jeune fiancée, il dit : « Le Seigneur avec toi ! » Toi seule ? A ce « Seigneur avec toi » s'oppose le nom de l'enfant tel que l'avait annoncé le prophète Isaïe (Isaïe, 8, 8) et que rappelle Matthieu aux versets 22-23 de notre passage :

> Tout cela est arrivé pour que soit accompli le mot dit de la part du Seigneur par le prophète :
> « [...] Ils l'appelleront de son nom Emmanuel : avec *nous* El. »

Le dieu du dire et la servante qui ne sert pas

Marie a quelque raison de délibérer avec elle-même. De se garantir, par le dialogue avec soi, d'une perversion de la relation avec l'autre. Cette délibération, cette vigilance devant la parole qui lui est adressée signalent qu'elle est présente ici en première personne. Son « JE ne connais pas... » est du sujet, de l'esprit en elle. Pas de son narcissisme, de son moi dirions-nous, qui aurait au contraire trouvé à se satisfaire de la première proposition de l'ange.

Si nous reportons sa réponse jusqu'au mythe originaire, on peut penser qu'elle a rétabli les conditions du NOUS de son côté. Elle ne connaît pas homme, comme avant la faute originelle. Et elle sera non pas connue elle-même, mais couverte-d'ombre (le contraire de connue, pénétrée) par l'esprit saint. On aurait pu penser que l'esprit allait connaître, et

1. Ce NOUS non trouvé en Éden : ils connaissent qu'ils sont nus en mangeant de l'arbre de la connaissance, au lieu de connaître qu'ils sont NOUS en n'en mangeant pas.

mieux que tout autre. Eh bien non, il ombre. Il ne connaît pas, il ne veut pas connaître.

L'esprit viendra sur elle et la couvrira-d'ombre : comment entendre cette relation ? Pourquoi les mots choisis peuvent-ils aussi évoquer l'union physique ?

Il me faut aller maintenant visiter l'autre texte, celui de Matthieu, pour voir si d'autres éléments vont répondre à ceux-ci. Mais avant de quitter Luc, je veux en lire la fin (1, 36-38) :

(36) « Et voici : Élisabeth — ta parente, elle aussi —,
a conçu un fils en son vieil âge,
et ce mois est le sixième
pour celle qu'on appelait stérile.
(37) Oui : rien d'impossible à Dieu,
tout mot ! »
(38) Et Marie dit :
« Voici la servante du Seigneur,
qu'il m'advienne selon ton mot ! »
Et l'ange s'en va d'auprès d'elle.

Il y a donc une vérification dans le réel, une autre visite du dieu (le Seigneur est aussi avec ta cousine Élisabeth), un autre impossible révélant : de la féconde virginité de la jeune fille, on passe à la féconde stérilité de la vieille femme. Et le verset 37 peut se lire littéralement : « il ne sera pas impossible d'auprès du dieu tout dit ».

Voilà donc la toute-puissance de ce dieu-là : *il n'est pas impossible d'auprès de lui, en partant de lui, de dire...* La formule doublement négative est à remarquer. Et l'idée d'origine aussi. Un psychanalyste se réjouit de l'avoir trouvé, ce dieu. Celui chez lequel, d'auprès duquel tout peut être dit. Mais est-ce vraiment nouveau ? N'est-ce pas le même dieu dont parle le premier Testament ?

On ne manquait pas dans nos différents ciels de dieux muets, de dieux qui parlent en faisant taire ; ni, côté science, d'un dieu récent qui ferait tout dire. Mais ces dieux-là se sont révélés un jour ou l'autre ennemis du sujet. Quel pourrait donc être le dieu du sujet ? Un dieu-sujet lui-même, qui pourrait dire sans y être jamais contraint ni en être jamais empêché, certes, mais aussi un dieu auprès duquel il ne soit pas impossible à l'autre (lorsqu'il le souhaitera) de dire « tout dire », donc de devenir pleinement celui qui dit.

En finale de ce dialogue avec l'ange, une réponse de femme libre qui semble commencer par une prosternation — et combien mise en avant par la tradition :

« Voici la servante du Seigneur. »

Si l'on ne lit que jusque-là, la femme est gouvernée par un maître, comme il est annoncé en Genèse après la faute. Un maître qui est le dieu. Si l'on arrête là, on peut trouver là un modèle d'attitude religieuse, estimer sainte et enseigner comme sainte cette soumission de la servante à son dieu-maître. Cependant, du point de vue du sujet, s'il a pour toujours un maître, qu'il soit dieu ou diable, aucune différence. Lui, en tout cas, ne se lèvera pas.

Comme tant de fois dans les textes révélants, l'image prise au bas de l'humain (l'esclave) va être un lieu de passage : elle sert à basculer d'une position psychique à une autre, pourrions-nous dire dans notre jargon analytique. Voici qu'elle est subvertie par la suite immédiate du texte. Que fait une servante habituellement ? Elle accomplit les ordres de son maître, n'est-il pas vrai ? Or cette servante-là continue (littéralement) :

« Qu'il advienne à JE selon le dit de TU. »

A la parole du dieu de faire advenir pour elle ce que cette parole a dit. Voici une servante qui n'a qu'un maître et elle l'a bien choisi : celui qui ne l'est pas, celui qui travaille pour elle. Pas comme serviteur mais comme sujet : celui dont la parole fait advenir JE. Celui qui est « avec elle », et d'une façon qu'elle a aussi choisie : avec elle et aussi avec l'homme.

Je-avec-Nous. N'est-ce pas la définition de ce que fait naître l'esprit ?

L'ange alors la quitta.

Un homme juste envers une femme

Où va-t-il, cet ange ? Au premier chapitre de Matthieu, visiter Joseph évidemment. Voici le texte :

(18) De Jésus messie telle fut la genèse.
Sa mère, Marie, était promise à Joseph.
Avant qu'ils viennent ensemble,
il se trouve qu'elle a dans ses entrailles,
d'Esprit saint.
(19) Joseph, son mari, est un homme juste.
Il ne veut pas la faire montrer du doigt :
il décide de la renvoyer à la dérobée.
(20) Comme il est dans ce propos, voici :
un ange du Seigneur, en rêve, paraît et lui dit :
« Joseph, fils de David,
ne crains pas de prendre avec toi Marie, ta femme,
car ce qui en elle est engendré
est d'Esprit saint.
(21) Elle enfantera un fils.
Tu l'appelleras de son nom Jésus,
car lui sauvera son peuple de leurs péchés. »
(22) Tout cela est arrivé pour que soit accompli
le mot dit de la part du Seigneur par le prophète :
(23) « Voici, la vierge [1] aura dans ses entrailles
et enfantera un fils.
Ils l'appelleront de son nom : Emmanuel,
qui se traduit : "Avec nous Dieu !" »
(24) Joseph se réveille du sommeil.
Il fait comme lui a imposé l'ange du Seigneur :
il prend avec lui sa femme.

1. En note, sœur Jeanne d'Arc, la traductrice de ce texte, se souvient du texte du prophète Isaïe (7,14) : le mot « vierge » était en hébreu *alma* qui peut signifier « jeune femme, jeune fille ». C'est la Septante qui a traduit ce mot par *parthenos* en grec, accentuant le sens de « jeune vierge ».

(25) Et il ne la connaît pas
jusqu'à ce qu'elle enfante un fils.
Il l'appelle de son nom : Jésus.

Tout d'abord, est-ce bien le même messager ? Celui qui se présente en songe à l'homme de Marie est appelé dans ce texte « l'ange du Seigneur »...

La même expression, le même titre qualifient aussi le messager qui s'était présenté, dans l'évangile de Luc (1,11) à Zacharie. Or cet « ange du Seigneur » va être amené à dire son nom. Zacharie, après la prophétie de l'ange lui annonçant la venue d'un enfant chez lui, fait cette objection (c'est moi qui souligne. Luc, 1, 18-19) :

« D'après quoi en être sûr ?
Car *moi je suis un vieillard*
et ma femme est avancée dans ses jours. »
L'ange répond et lui dit :
« *Moi je suis Gabriel.* »

Zacharie aura appris que « Je suis », *ego eimi* (εγώ εἰμι), ne convient pas pour décrire l'état où se trouve la créature [1] ; « Je suis » ne saurait être vieux. « Je suis », c'est Zacharie (« YHWH se souvient »), « Je suis », c'est Gabriel (« Élohim est fort »). Aucun qualificatif ne saurait y être ajouté. Depuis Moïse, « Je suis qui je suis », ou, plus justement selon l'hébreu : « Je serai qui je serai », est le nom divin révélé de la première personne (Exode, 3, 14).

Cela me rappelle une histoire juive que j'ai entendue de plusieurs façons mais dont la fin est toujours la même. Un certain Isaac arrive après sa mort devant le Juge suprême, commençant déjà mentalement son propre procès, recherchant toutes ses fautes, prévoyant les terribles questions que l'Éternel va lui poser. Alors Celui-ci lui demande : « Comment t'appelles-tu ? — Isaac. — Eh bien, as-tu été Isaac ? »

1. Les analystes d'enfants le savent : le sujet n'a pas d'âge.

Le messager du Seigneur visite maintenant Joseph. En rêve. Pourquoi ce rêve-là, précisément ? Comment ne pas demander, lorsqu'on pratique l'interprétation des rêves, ce qui a suscité un tel rêve, dans quel état d'esprit et de cœur le rêveur se trouvait lorsqu'il s'est endormi ? Le texte nous le présente comme un homme en état de grave délibération intérieure. Que se passe-t-il dans la vie de l'homme Joseph, fiancé (= celui qui se souvient avec désir) de Marie ?

« Avant qu'ils *viennent-ensemble* » : ce verbe *sunerchomai* (συνέρχρομαι) veut dire : « aller-avec, se rencontrer, s'unir (pour des amis, des villes...), avoir commerce avec une femme et, en parlant d'animaux, s'accoupler ». Avant qu'ils aient le type de relation que peuvent avoir ensemble des humains ou des animaux (littéralement) :

> « ... elle est trouvée dans les entrailles ayant d'esprit saint. »

Voici que l'impossible annoncé par la visite de l'ange à la femme a maintenant eu lieu. Ce texte se situe donc après l'autre et change d'acteur principal.

L'homme, la femme et le serpent ou l'homme, la femme et l'esprit

L'homme juste va penser et agir à l'opposé d'Adam en Genèse. Il n'a pas commis, lui, de faute. Il croit qu'elle s'est approchée d'un autre et décide de l'écarter; cependant, il ne veut pas la désigner comme coupable.

Adam, lui, qui commet la même faute que la femme, reste confondu avec elle dans le lieu de la faute — l'arbre — et, à la fin, la désigne comme coupable et non lui.

Adam cocoupable, confondu, dénonciateur.
Joseph juste, écarté, non dénonciateur.

Comme tout à l'heure le sujet-Marie était signalé par un verbe de dialogue intérieur, le sujet Joseph est perceptible lui aussi dans le texte par trois verbes :

Il ne veut pas la montrer-du-doigt...

Il décide de (il souhaite) la renvoyer...

Comme il est dans ce propos (ce dessein)...

On perçoit sans difficulté le travail psychique en lui, intense. Le fait qu'il se donne un temps de repos, la nuit sans doute, pour réfléchir, dit aussi qu'il attend encore quelque chose de nouveau; du plus profond de lui.

Joseph, croit-il, a perdu Marie; avant de renoncer tout à fait à elle, il essaie un dernier chemin : lui-même. S'il ne veut pas de cette fin, il n'a plus qu'à revenir au commencement. Le dernier chemin est aussi le premier, celui qu'Adam a pris lorsqu'il n'a pas trouvé ce qu'il cherchait parmi les créatures du dieu, le chemin vers l'autre où *ish* a trouvé *isha* : Joseph dort.

Ce qui n'existe pas dans le monde se trouve dans le sujet.

Joseph a choisi de s'appuyer en lui sur le sujet qui demeure au plus profond, l'être qui parle en songe. Ange du Seigneur ou intelligence interne du sujet pur : quelqu'un parle en lui qui lui dit ce qu'il désire le plus entendre. Qui lui dit ce que croit le cœur du désir.

Lui aussi entend le « Ne crains pas » [1] (littéralement) :

« Ne crains pas de prendre-auprès-de-toi Marie
la femme de toi
car ce qui en elle est engendré de l'esprit
est saint.
Elle enfantera un fils
Tu l'appelleras de son nom Jésus. »

1. Cependant, non à l'impératif mais au subjonctif à forme passive.

L'homme juste, celui qui ne voulait être ni complice ni juge du mal qu'il voyait, l'homme juste perçoit en lui-même le renversement : ce mal apparent est un bien caché; cet enfant ne vient pas d'une trahison, il est présence d'esprit. Et Joseph lui donnera son nom. Son nom d'enfant. Ce que fait un père.

Que dire encore de cet homme et de cette femme ? Même si l'on me persuadait qu'ils sont purement imaginaires, ils m'intéresseraient. D'être les acteurs d'un récit d'engendrement d'un sujet dans le Nous d'un couple. Cette femme ne veut honorer le dieu sans honorer l'homme. Cet homme ne veut, fût-ce en usant d'un droit que lui donne une loi divine [1], déshonorer la femme. Ils se reconnaissent à travers deux épreuves au cours desquelles ils déjouent exactement les effets de la faute originelle. N'ont-ils pas repassé la frontière de l'Éden puisqu'ils ont détruit le piège qui avait fait exclure ceux du premier mythe : fusion puis exclusion mutuelle ? Et s'ils sont bien, en même temps, dans l'histoire humaine, n'y entrent-ils pas par un tout autre passage qu'Adam et Ève ?

Une union de sujet à sujet. Est-ce l'esprit qui est venu en eux — en chacun — et va de l'un à l'autre par le messager ? Joseph, de l'esprit (du plus haut de lui ?), ne couvrira-t-il pas Marie de son ombre, en la protégeant du jugement ? ne la cache-t-il pas au regard qui croirait la connaître, même le sien ? N'accepte-t-il pas de croire ensuite à son innocence et à la présence de l'esprit en elle ? Tandis qu'elle n'a accepté, elle, de recevoir l'enfant que de l'« homme qu'elle ne connaît pas » et non de son propre désir de possession, de domination et d'immortalité.

1. Le livre du Lévitique prescrit (20, 10) : « L'homme qui adultère avec la femme d'un homme, qui adultère avec la femme de son compagnon, est mis à mort, à mort, lui, l'adultère, avec elle, l'adultère. »

C'est alors que celui qui engendrera l'enfant est appelé « esprit » dans la proposition de Gabriel.

Selon quel esprit Marie a-t-elle refusé une toute-puissance divine pour la présence de l'homme, rétabli l'altérité humaine fondatrice, reconnu sans connaître et reçu l'enfant-verbe ?

Et Joseph, selon quel esprit a-t-il couvert d'ombre Marie, pour la cacher au regard qui prétendrait la connaître et la recevoir inconnue, porteuse d'un fils non pas créé mais engendré d'esprit et, en tant que tel, fils du plus haut ?

Si cet esprit n'est pas « esprit saint », quel esprit en l'humain le sera ?

La relation homme/femme a lieu en tant qu'ils sont chacun sujet, voici alors l'esprit que leur relation accueille et dont l'œuvre est l'enfant-verbe. L'esprit incréé apparaîtrait-il lorsque deux sujets incréés se reconnaissent pour ce qu'ils sont, se lèvent et se rejoignent, enfin [1] ?

Ils deviendront une seule chair.

Ils deviendront une seule annonce.

Une bonne annonce ; évangile : le mot, en hébreu (*bessorah*), vient de la même racine que chair et annonce (*bassar*). Qu'est-ce que la chair annonce, sinon l'être parlant, sujet né de Nous, incréé né d'incréé ? En somme, la chair annonce une bonne nouvelle. La nouvelle du sujet unique.

1. Est-ce hasard ? La prochaine apparition de l'esprit se fera au baptême de Jésus, là où la suite de la Genèse se rejoue et se répare : après le couple, les (presque) frères. Deux cousins, qui pourraient entrer en mortelle rivalité puisque tous deux enseignent et prophétisent, vont se situer exactement à la juste place, le premier restant premier cette fois (Matthieu, 3, 13-17) : « Alors arrive Jésus de la Galilée au Jourdain vers Jean, pour être baptisé par lui. Mais lui voulait l'en empêcher en disant : "C'est moi qui ai besoin d'être baptisé par toi, et toi, tu viens à moi ?" Jésus répond et lui dit : "Laisse à présent. Ainsi il nous convient d'accomplir toute justice." »

« Il *nous* convient »... le lecteur aura remarqué la première personne du pluriel venue entre eux.

Joseph et Marie, quelle que soit la position que l'on peut prendre envers leurs figures, offrent au chercheur d'homme le récit d'un nouvel engendrement. Sont-ils si nombreux, ces écrits-là [1]... ?

Ce récit n'est pas sans présenter les caractères du mythe ; on trouve en lui :

D'abord la présence d'un personnage qui ne fait pas partie du monde créé, l'ange-messager. Comme le dieu et le serpent-qui-parle dans la Genèse. Ici, le serpent n'est pas là mais nous avons vu que le premier message de Gabriel à Marie aurait bien pu « tourner au serpent ».

Puis un événement qui n'est pas la conséquence normale d'un autre événement ou de l'état des choses. En Genèse, c'était par exemple la formation de l'humain par YHWH Élohim et l'extraction de la femme de la chair de l'homme. Dans l'Évangile, c'est la conception d'un enfant hors du « connaître » sexuel.

Il est vrai que, tout au long de la Bible, chaque intervention divine présente ces caractères : un personnage, une voix ou un signe mystérieux annonce un événement mystérieux. Que ce soit la fécondité d'un couple stérile, le passage à pied sec de la mer ou la victoire d'un peuple inférieur en force à son ennemi...

L'invisible vérité de l'homme n'a pas trouvé d'autre moyen pour se dire que la présence par instant visible à l'homme d'un messager, d'un événement. Ils signalent en l'homme qui les croit, les accepte, peut-

1. Au moment où les journaux français rendaient compte des déclarations d'un théologien allemand contre la conception virginale du Christ, je rencontrai à la fin d'une réunion de travail un collègue juif qui me dit : « La biologie parle si fort et la parole tellement peu dans la conception d'un enfant... pour une fois qu'une histoire raconte la parole qui engendre, pourquoi la détruire ? »

être les déclenche, la présence de l'esprit dont l'action et la force se déploient au-dessus du créé. Au plus haut.

La non-création de l'humain n'est pas une découverte évangélique : tout est dit déjà en Genèse. L'engendrement d'un fils ne saurait venir de la simple reproduction du terrien. Le dieu lui-même ne fait pas sans d'abord dire. Il est vrai qu'en lui dire et faire sont un seul et même acte. Aussi la différence notable en lui est-elle située non pas entre dire et faire, mais entre *dire seul* ou *dire Nous*.

« Que la lumière soit » est un dit et cela est. Pour faire les objets du monde, donc, un seul parle sans être sujet dans son dire. Pour la vie des êtres vivants, apparaît le Je divin. Mais pour initier les êtres parlants, deux (au moins...) se parlent. De même qu'un « Nous » divin précède l'humain au premier Testament, un « Nous » humain précède, au second, l'engendrement d'un fils d'humain.

Lisant l'engendrement du fils de l'homme ou plutôt, littéralement, fils de l'humain (*anthrôpos*) comme l'effet d'un dire-ensemble-qui-fait, je ne m'inscris pas, il est vrai, parmi ceux qui veulent qu'on cesse de raconter au monde ce mythe de la conception virginale de Jésus.

Je reçois ce texte tel qu'il nous parvient comme porteur d'un impossible par lequel se révèle étrangement la vérité du sujet engendré et non pas créé. Le sujet n'est pas naturel : comment son origine pourrait-elle être racontée, expliquée, par un phénomène qui le serait ?

Si l'impossible biologique de cette histoire ne me gêne pas, ce à quoi je ne peux souscrire, en revanche, c'est au choix d'une seule annonce, celle à la mère, sans entendre l'annonce au père. Le premier texte d'ailleurs, celui de Luc, est mutilé lui-même quand il est choisi comme seul vraiment signifiant. La « nouvelle Ève » alors n'est guère nouvelle ; sans s'en rendre compte, on la loue d'être précisément ce que Marie refuse : vierge au sens de sans homme pour avoir un enfant, mère d'un fils de dieu qui n'est pas fils de l'homme et qui règne sur ses frères, servante du dieu.

J'aime que, dans ce récit évangélique à deux voix, l'annonce faite à Marie soit racontée par Luc le Grec, tandis que l'annonce au père l'est par Matthieu le Juif. Faut-il avoir entendu la Torah en hébreu, être d'Israël depuis tant de générations pour deviner l'enjeu et garder par écrit le récit de la paternité symbolique ? (Il est difficile heureusement, même pour un non-juif, de conserver l'image du Joseph vieillard paisible et inutile, recueillant la jeune vierge fille mère de Dieu, lorsqu'on a lu attentivement le texte même.)

Une annonce mutuelle s'est accomplie à Nazareth dans laquelle le messager du dieu est porteur de la parole-acte de l'esprit.

Une remarque encore, pour l'exactitude. Et aussi pour ne pas exclure du texte ce qui s'y trouve — ne pas passer sous silence ce qui ne s'y trouve pas.

Il est bien dit : « avant qu'ils n'aillent-ensemble [ne s'accouplent]... », « je ne connais pas d'homme... », « Il ne la connut pas jusqu'à ce qu'elle enfante... ».

Mais aucun de ces verbes (συνέρχομαι, γιγνώσκω) n'est celui employé dans la Genèse (dans sa traduction grecque) pour annoncer la première fois la relation homme-femme : « l'homme abandonnera son père et sa mère et s'attachera — s'unira — à sa femme ». Ce verbe « s'unir » (προσκολλάω) n'est repris dans aucune des deux annonciations des Évangiles. Il n'est donc ni affirmé, ni infirmé, pour l'engendrement de Jésus.

Qu'ils ne s'accouplent pas, qu'ils ne se connaissent pas, cela est écrit. Mais quant à savoir s'ils « se sont unis » et comment, à chacun de le penser. Ce qu'on ne saurait nier, c'est qu'ils se soient attachés l'un à l'autre selon l'esprit, chacun à sa juste valeur vis-à-vis de l'autre justement reconnu. Le texte ne contraint, me semble-t-il, à aucune lecture quant au comment de cette union. Mais il affirme l'union d'esprit dans une tradition où la chair ne lui est pas opposée, puisqu'elle l'annonce.

Le mystère qui s'établit ici n'interdit pas de penser. Bien plutôt rend-il possible un non-savoir qui génère en son lecteur-auditeur ce qu'il raconte. Ce que le sujet consent à ne pas savoir de l'autre, il va le chercher en lui-même, là où il est lui-même autre ; en son désir profond d'un autre inconnu, imprévu, il advient lui-même comme inconnu.

« Cherchez et vous trouverez. » J'ai fini par comprendre que je cherchais trop loin le sens de ces phrases énigmatiques de la Bible, composées seulement d'un sujet et d'un verbe, qui semblent s'arrêter trop tôt. « Abraham vit. » Que vit-il ? Pas de chose à voir dans la phrase. Ou encore, littéralement : Marie « est trouvée dans le ventre ayant d'esprit saint ». Ayant quoi ? Nous cherchons quelque chose et nous trouvons seulement le signe du sujet : pas d'objet.

Ni dans la vision du patriarche, ni dans le ventre de la jeune mère. Ni dans le tombeau vide.

Cette grammaire n'est pas assez écoutée... Cherchez et vous trouverez. Quoi ? Rien. Vous, l'un et l'autre...

Je pense alors à cette opération manquante dans la création de l'humain : la ressemblance divine. Pour que nous lui ressemblions, il ne faut pas qu'il nous fasse, me disais-je. Maintenant, on me raconte une histoire où ni le dieu ni la créature ne sont les auteurs du fils ; quant à l'esprit, il n'est pas un acteur comme les autres. Il apparaît entre. Il ne fait pas. Figure mystérieuse, qui ombre la femme en laquelle cette vie d'enfant au-delà du créé prendra naissance.

Il manquait en Genèse la ressemblance-ombre (*zelem,* au chapitre 5) : le dieu ne l'avait pas faite. Adam a cru la faire, à lui seul, sans sa femme, sans le dieu, sans l'enfant lui-même. Ils n'avaient donc pas été « les deux en chair une », un seul des deux parents était reconnu en leur enfant. Il semblait seulement que ce fût moins terrible si c'était le père que si c'était la mère. Le fils Seth est plus heureux que Caïn. Puisque la mère, elle, ne pouvait jamais être tout à fait ignorée. A ce moindre mal, la clinique psychanalytique donne raison.

En relisant avec des amis

J'ai travaillé le texte des annonciations sans les amis avec lesquels je lis chaque semaine la Bible parce que c'était l'été. Au retour des vacances, ils me demandent où j'en suis de mon écriture. Je leur raconte les derniers points que j'ai vus s'éclairer et ils se déclarent désireux de relire ensemble les deux annonces de la genèse de Jésus, si cela ne me dérange pas.

Cela va certainement bousculer ce que j'ai déjà écrit. Et en même temps, cela me plaît de relire avec eux et de constater une fois de plus qu'on est tellement plus intelligent chacun à sept que tout seul.

C'est tout de suite vu, c'est tout de suite vrai : à peine avons-nous commencé à traduire et commenter le premier verset de notre texte que la recherche du groupe s'oriente vers ce qui précède. Et se met à lire attentivement la généalogie de Jésus, courage que je n'ai pas eu seule. Avec eux, je découvre ceci, qui est le début de l'Évangile de Matthieu :

(1) Livre de la genèse de Jésus, messie, fils de David, fils d'Abraham.
(2) Abraham engendra Isaac,
Isaac engendra Jacob,
Jacob engendra Juda et ses frères.
(3) Juda engendra Pharès et Zara, de Tamar [...].

C'est chaque fois un homme qui engendre un fils. Parfois, la femme est nommée, mais après l'enfant, comme provenance de l'enfant et non pas comme épouse de l'homme. Juda vient d'être présenté ainsi, engendrant deux fils, de Tamar. Plus loin, on aura encore :

(5) ... Salomon engendra Booz, de Rahab.
Booz engendra Obed, de Ruth...

La généalogie continue, sur le mode traditionnel : des noms d'hommes qui engendrent des fils. Seulement quatre noms de femmes ici, c'est déjà peut-être beaucoup. (Trois veuves, une prostituée, dont trois étrangères à Israël.) L'énumération se termine ainsi :

(15) ... Elioud engendra Éléazar,
Éléazar engendra Matthân;
Matthân engendra Jacob,
(16) Jacob engendra Joseph, l'époux de Marie,
de laquelle est engendré Jésus, dit le messie.

Qu'y a-t-il de différent dans cette dernière annonce de génération que je réécris seule, pour bien l'entendre ? Littéralement :

Joseph l'homme de Marie de laquelle est engendré Jésus.

Nous relevons trois différences avec la généalogie qui précède :

L'homme est nommé comme homme d'une femme.

La femme est nommée avant l'enfant.

L'enfant est le sujet du verbe engendrer au passif.

Je n'avais pas cherché dans le début de cet évangile la confirmation de ma lecture et j'avais eu tort. Ma logique narrative d'Occidentale sans doute m'empêchait de situer au commencement ce qui est cherché comme le sens ultime du texte. Il avait donc fallu, selon le texte de Matthieu, ces générations pour qu'en Israël on dise ainsi l'engendrement d'un fils. En effet, depuis Abraham jusqu'à Joseph,

un père-sujet engendre un fils-objet d'une femme.

Dans le premier Testament la structure du récit

me semble partout la même. C'est le père qui engendre de sa femme (le « de » signifie ici la provenance) ; ou c'est la femme qui engendre pour l'homme ; ou encore l'enfant est engendré pour le père..., toutes sortes de formules ; sans que l'on trouve une seule fois réunis, pour autant que je sache, en juste place l'homme, la femme et l'enfant.

Ici, du début de notre texte au verset 15, la liste des générations nous présente chaque fois un homme sujet qui engendre un fils, complément d'objet. Puis l'enfant devient père à son tour et c'est alors qu'il devient le sujet du verbe engendrer dont son fils est alors l'objet.

Au verset 16, tout change : l'homme ne fait rien, il est l'homme de la femme. La femme ne fait rien non plus, mais elle est celle d'où vient l'enfant. L'enfant est le sujet du verbe « être engendré » sans complément : il n'est pas engendré pour... et n'est destiné à aucun de ses parents, mais il est dit oint (« oint », qui se dit « messie » en hébreu et « christ » en grec) par d'autres qui ne sont pas précisés.

Joseph l'homme de Marie de laquelle est engendré *Jésus ledit messie.*

Le narrateur alors fait le compte des générations (verset 17) :

D'Abraham à David,
quatorze générations.
De David à l'exil de Babylone,
quatorze générations.
De l'exil de Babylone jusqu'au messie,
quatorze générations [1].

1. Notre précieuse sœur Jeanne d'Arc, qui a contribué à la formation biblique d'André Chouraqui et fait du Nouveau Testament une traduction si utile pour ce type de recherche, a mis en note : « Les chiffres montrent globalement que toute l'histoire dépend des calculs de Dieu ; et *quatorze* étant la somme des lettres de David en hébreu, c'est dire que toute l'Écriture ne concerne que le fils *de David* : Jésus le messie. » Nous pouvons partager ce qu'elle dit là, même si nous ne restreignons pas la qualité de fils de David au seul Jésus. Joseph lui-même n'est-il pas appelé fils de David par l'ange ?

Puis il reprend ainsi la formule du début :

(18a) De Jésus messie telle fut la genèse.

S'ouvre alors le texte de l'annonce à Joseph que j'ai repris dans ce chapitre.

Le christianisme est-il la religion d'Ève ?

Je ne peux m'empêcher de sourire d'une situation assez humoristique. Je pense à certains religieux que j'ai rencontrés ou que j'ai lus, quittant l'orthodoxie de leurs Églises parce qu'ils ont découvert la psychanalyse et que, désormais, ils ne voient plus en ces textes autre chose que des récits « symboliques », ce qui veut dire souvent pour eux « à ne pas prendre au pied de la lettre bien entendu ». Éclairés par les sciences de l'homme, ils sont revenus d'une croyance — laquelle ? — et proposent à ceux qu'ils enseignent d'accepter enfin de considérer l'histoire de Jésus comme celle d'un homme ayant vécu comme les autres, afin d'être eux-mêmes des hommes vivants.

Sur le seuil des lieux d'où ils sortent, nous nous croisons : puisque nous, les non-religieux, nous qui n'avions pas prévu d'arriver là, nous qui venons le plus souvent de la science et de divers milieux et mouvements au plus loin des Églises, nous entrons dans ces textes avec intérêt et respect. Méfiants envers leurs traducteurs et commentateurs, nous sommes, après des années de lecture, confiants en leur lettre même, persuadés qu'ils en disent plus, sur l'homme qui parle, que les théories scientifiques ou les doctrines politiques auxquelles nous avions d'abord adhéré.

Nous ne cherchons pas à banaliser l'extraordinaire de la Bible pour qu'il rejoigne la condition humaine telle que nous la connaissons. Nous recevons au contraire cet extraordinaire même comme disant l'invisible, l'inaccompli, l'irrévélé de l'homme, que la science ne saurait expliquer et encore moins faire advenir.

L'enquête au plus près du texte de la « genèse de Jésus » a fortement replacé cette histoire entre l'homme et la femme. Il demeure, certes, bien des points mystérieux et même obscurs à nos yeux. Pour ma part, cela me réjouit : il y aura encore des heures de trouvailles, des jours de joie.

Mais il paraît du moins certain que, sans supprimer des passages du texte évangélique, l'affaire Jésus ne peut être ramenée à une affaire entre Marie et Dieu.

Cela me semble d'ailleurs bien plus cohérent avec le reste de la tradition juive et d'abord de la première genèse. L'humain n'est-il pas créé mâle et femelle par « Nous » ? Les deux devenant homme et femme l'un vis-à-vis de l'autre ? N'est-ce pas à deux qu'ils se perdent ? Comment un salut pourrait-il être annoncé à l'humanité dans la révélation juive qui ne recommencerait pas entre *ish* et *isha* ?

Je me suis déjà dit que si j'avais grandi dans l'ambiance religieuse des sociétés où vécurent Darwin et Freud, j'aurais peut-être moi aussi choisi la science et combattu toute forme de religion. Car la science, elle, ne ment pas. Elle ne fait pas de l'homme un être privé de vie, de corps, de pulsions... Elle prend en compte tout ce qui est de la créature avec objectivité, réalisme. Nos savants athées ont-ils voulu retirer les humains d'une culture pervertie par la religion d'Ève ? N'est-ce pas parce qu'ils ont d'une certaine façon réussi à la détruire qu'il nous est possible aujourd'hui de retourner voir, dans les ruines de son temple, si les textes enfouis dessous disent bien ce qu'on leur fait dire ?...

J'avais noté, lors de la précédente recherche, le rapprochement que faisait Freud entre femme et religion, toutes deux dangereusement immuables. Mères qui vous possèdent et ne vous laisseront plus ni vivre, ni jouir, ni mourir. Tandis que la science était jeune et libre, toujours susceptible d'évoluer...

Que faire devant ce christianisme dont l'idéal est un Joseph inexistant, châtré et qui consent à l'être — et surtout une Marie idolâtrée comme « mère avec Dieu » ; celle qui n'aura pas besoin de l'homme pour mettre au monde le Verbe ? N'est-ce pas plus près de la mythologie grecque — Zeus qui fond sur la jeune vierge pour lui faire un demi-dieu — que de la révélation d'Israël ?

Si les Évangiles commencent par une annonce faite à Marie seule (l'autre annonce étant là pour la symétrie sans doute, et Joseph pour la protection sociale), ils n'ont évidemment plus rien à voir avec la genèse d'un sujet humain. Qu'enseignent-ils ? En matière de vie sexuée particulièrement, que reste-t-il aux deux, mais surtout à l'homme, si le dieu a jugé inutile un père humain pour engendrer le fils de l'homme ?

N'est-il pas alors plus conforme à la dignité d'un homme d'attendre sa femme au café en face de l'église avec les amis plutôt que de s'exposer à pareille humiliation ?

Quelqu'un m'a dit un jour qu'il ne pouvait penser Dieu si affreux qu'on le lui avait raconté et qu'il avait décidé, pour ne plus commettre de blasphème, de ne plus mettre les pieds dans une église. Dieu, s'il était, comprendrait.

Chapitre VII

LA LOI POUR L'HOMME

> Zarathoustra a vu beaucoup de pays et beaucoup de peuples : c'est ainsi qu'il découvrit le bien et le mal de beaucoup de peuples. Zarathoustra ne trouva pas de puissance plus grande sur terre que le bien et le mal.
>
> NIETZSCHE.

Pourquoi l'homme sans loi est-il un homme nu ?

La loi [1]. Voilà bien des jours, bien des pages que je la rencontre. Dès l'origine racontée de l'humain, le bien et le mal apparaissent, l'interdit est posé par le dieu, retiré par le serpent, transgressé par la femme et son homme avec elle. Lorsque, ensuite, ils se cachent du dieu et qu'Adam dit « ... j'ai eu peur car

1. Une partie de ce chapitre a été d'abord rédigée et publiée sous forme d'article dans *Études*, juillet-août 1991. La demande qui m'était faite par le directeur de cette revue m'avait étonnée : pourquoi ne s'adressait-il pas à un juriste pour parler de la loi ? Mais n'étais-je pas moi-même en train d'enquêter de ce côté-là ? Je compris mieux, en rassemblant les notes qui dans mon esprit préparaient ce livre, que nous cherchions, en deçà de nos codes, la loi de la loi. D'où qu'on en vienne à poser la question à un soignant de l'âme.

JE [suis] nu... », le dieu du mythe semble comprendre tout de suite, d'après les symptômes des humains, ce qui s'est passé : « Qui t'a raconté que TU [es] nu ? L'arbre dont je t'avais ordonné de ne pas manger, en as-tu mangé ? »

Ainsi donc, si l'homme se cache et se sent nu, c'est qu'il a mangé l'interdit. Quel rapport le dieu établit-il entre la transgression et la peur ? La réponse pourrait être simple : peur du divin gendarme. Mais n'est-ce pas plus profond, plus grave ? La peur vient en celui qui se croit désormais dévorable comme il a lui-même dévoré... Quelle était donc cette loi pour que sa violation ait de tels effets sur la conscience de soi ? Ton acte envers l'autre t'a raconté à toi-même quelque chose : qu'il n'y a pas de frontière. Qu'il n'y a plus de séparation protectrice : tu es nu. Si tu es comme le dieu, il peut être à son tour comme toi, c'est-à-dire transgresseur de frontière.

Ils se sont crus non respectés par le dieu. N'étant plus eux-mêmes respectueux, ils ne sont plus protégés de respect.

De la phrase : « Ils connurent qu'ils étaient nus », Rachi fait le commentaire suivant : « Ils détenaient un seul commandement de Dieu et ils s'en sont dépouillés. » La nécessité de se vêtir semble donc liée à l'interdit perdu ; le vêtement fera obstacle au regard, marqué, depuis qu'ils ont mangé de l'arbre, de confusion entre l'homme et l'animal (c'est au serpent qu'ils ont obéi, alors qu'ils devaient dominer les animaux), entre l'humain et le divin (« comme des dieux »), entre l'homme et la femme (leur nudité est maintenant honte mutuelle), entre le sujet parlant et l'objet consommable. J'ai mangé ta parole, je t'ai mangé. Voici que tu reviens : j'ai peur. Peur qu'à présent tu ne me manges à ton tour. Car je ne vois pas le sujet en toi, ni en moi, ayant perdu la parole qui me faisait lever comme tel en face d'autrui. Si je voyais que tu es toi, je n'aurais plus peur : je saurais que tu ne peux que me reconnaître, sauf à disparaître toi-même...

Il y a dans le Coran un passage où Satan, enfin, dit la vérité. Au dernier jour, évidemment, lorsque tous les hommes paraîtront devant Dieu [1] :

> Et quand tout fut fini, Satan leur dit : « Dieu vous a fait une promesse véritable. Moi, je vous ai fait aussi des promesses, mais je vous ai trompés. Je n'avais aucun pouvoir sur vous.
>
> Je n'ai fait que vous appeler et vous m'avez répondu. Ne me faites point de reproches, n'en faites qu'à vous-mêmes. Je ne puis ni vous donner du secours ni en recevoir de vous. Quand vous me mettiez à côté de Dieu, je ne me croyais point son égal... »

Je ne puis guère imaginer Satan capable de dire « Je vous ai trompés » sans qu'il advienne aussitôt lui-même comme sujet (puisque arrivé à la relation parlante à un autrui reconnu comme sujet lui aussi). Il ne serait donc plus le Satan, l'adversaire obscur, la force imaginaire, qui s'oppose à tout engendrement du sujet. Mais j'aime lire cette sourate comme l'aveu final par le mal lui-même qu'il n'était rien. Qu'une illusion, une tromperie qui ne se croyait même pas. Et je repense à tous ces actes accomplis, ces paroles dites par nous sans nous et que nous posons sans y croire. Ce qui vient en nous du Satan, du lieu en nous où il n'y a personne.

Autrefois, les catholiques parlaient du sacrement de « pénitence ». On apprenait aux enfants des catéchismes à commencer leur confession par « Mon Père, je m'accuse... ». D'où avait-on pris une telle attitude ? N'est-il pas écrit que c'est Satan qui accuse, successivement, le dieu et l'homme ? Quelle était donc cette religion ? Pénitence... Un bref voyage dans mon dictionnaire latin : *Paenitet me...* : quelqu'un n'est pas content de quelque chose ; il me peine de... J'éprouve de la peine d'avoir fait cela et je viens en parler à quelqu'un représentant du sujet pur, de la

1. Sourate 14, 26-27.

Référence absolue, pour reprendre l'expression de Pierre Legendre, afin de devenir sujet (peiné) de l'acte accompli par moi, sans moi ; accompli par celui que JE ne suis pas...

Je reviens à l'Éden et à son unique interdit. Il est, avais-je constaté, posé entre l'arrivée de l'humain et celle de la femme. Or la femme est formée d'un « mettre hors » de l'Adam, tandis que manger est l'acte inverse : mettre dedans. Cet écart entre lui et elle qui les rend existants, présentables l'un à l'autre, n'est garanti psychiquement que par l'interdit. Logique de la loi symbolique, disais-je : elle est donnée en premier au premier ; elle est donnée d'abord au plus fort. Celui qui peut le premier annuler la séparation, dire : Tu es à moi, tu es moi. Alors le délicat écart disparaîtrait.

Naître d'esprit, c'est toujours partir. La distance géographique peut constituer le premier pas de la différenciation et signifier ce qui n'est pas encore pleinement assuré en distance symbolique. Je pense à cette jeune fille, quittant ses parents pour aller à l'autre bout du monde, qui, de là, leur écrivit pour la première fois dans sa première lettre : « Je vous aime. » JE-le-sujet n'était pas certain, auprès de vous, de ne pas disparaître. Mais, loin de vous, assuré d'être, JE demeure avec vous.

Peut-être n'y a-t-il dans la vie psychique qu'un seul interdit : Tu ne mangeras pas... parce qu'il n'y aurait, finalement, pour l'esprit que deux actes possibles envers un autre esprit : dévorer ou demeurer. La clinique m'enseigne sans cesse cette vérité : les esprits qui peuvent se visiter et demeurer ensemble, s'ils gardent la loi du sujet, peuvent se dévorer les uns les autres s'ils ne la gardent pas.

Ne pas manger l'autre : nous sommes ici à la recherche d'un passage étroit. Toutes les lois que les hommes ont gardées « religieusement » et estimées assez bonnes pour se les transmettre tournent, me semble-t-il, autour de cet interdit fondamental.

Cherchant le bonheur d'un demeurer ensemble sans disparaître en autrui.

Droits de l'homme. Lois de l'homme

Je passe ailleurs, apparemment, vers un autre versant de la question de la loi. Nous vivons en démocratie. Nous avons triomphé de bien des régimes oppressifs. Nous avons inspiré, nous avons écrit, signé la Déclaration des droits de l'homme. Mais est-ce assez, pour que l'homme s'éveille, que lui soient reconnus ces droits ? Est-ce assez, pour que d'autres s'éveillent à leur tour, que l'homme combatte pour leurs droits ? Les droits de l'homme dont nous sommes fiers suffisent-ils à faire lever le sujet qui pourra les recevoir ?

Nous sommes des démocrates. Mais comment fait-on un démocrate ? La démocratie suffit-elle à former un démocrate ? Ou bien nos États libéraux, tolérants, laïques ont-ils vécu jusqu'à ces dernières décennies des restes d'un héritage symbolique que leur avaient laissé les religions, héritage, pour beaucoup d'entre nous, presque tout à fait épuisé ? Faut-il rechercher en deçà des droits révolutionnaires nos fondations éthiques pour retrouver comment on fait un homme — en ne le faisant pas — tel qu'il puisse respecter en autrui comme en lui-même un sujet de droit ? La liberté de religion, si précieuse chez nous, est bien souvent devenue une liberté sans religion, je veux dire par là sans mémoire des fondations, par quelque chemin qu'on se souvienne.

Je me souviens... Je me souviens d'une ville pleine d'étudiants en grève, en liesse, parmi lesquels je me trouve. Qui ne se souviendrait d'avoir vu écrit sur un mur cette phrase : « Il est interdit d'interdire » ? Une partie de notre peuple faisait la fête contre la loi.

Notre génération de jeunes scientifiques des sciences humaines découvrait un carcan d'obligations, d'interdits dans lequel notre société vivait qui nous interdisait de nous parler, de nous écouter, de nous aimer dans les maisons comme dans la rue, au travail comme dans les bus, dans les temples. A tous les âges de la vie. Cette idée s'imposait aux chercheurs que nous voulions être. Quelques jours avant Mai, à la fin d'une séance de travail, un camarade avait brûlé la feuille de présence sous les yeux du professeur : Non, monsieur, ne croyez pas cette feuille, nous ne sommes pas ici. C'est ailleurs que nous serons présents.

Notre métier : « éveilleurs de conscience », disions-nous. Futurs psychologues, sociologues... Quelles lois nous interdisaient d'être ensemble et de nous reconnaître les uns les autres comme nous le désirions ? Ce printemps-là fut un moment du désir exprimé de l'humanité pour elle-même. Même dans le plus grand désordre, la plus grande confusion. Et une sorte d'année zéro, selon le titre d'un film de l'époque. Année zéro de la loi. Et si nous mettions tout à plat, si nous repartions du commencement pour faire le tri de toutes ces paroles dans lesquelles nous sommes pris et qui n'ont même plus d'auteur...

Le désir, comme les rivières, peut tout à coup être en crue.

Bien des années plus tard, lorsque je commençais à interroger la tradition juive, je rencontrai sur ce nouveau chemin certains de ceux qui avaient été au premier rang des étudiants révoltés. Les « fils » de Sartre, par exemple, apprenaient déjà l'hébreu lorsque je commençai. C'est mon initiateur, qui était aussi le leur, qui me l'apprit. Que venions-nous maintenant chercher auprès d'Israël, ce peuple qui célèbre son législateur, qui fête la loi ?

Mais quelle loi ce peuple chante-t-il dans ses Psaumes :

« La loi de YHWH est parfaite, réconfort pour l'âme... » (19, 8),

« mon Dieu, j'ai voulu ta loi... » (40, 9),

« fais-moi la grâce de la loi... » (119, 29),

« moi, ta loi fait mes délices... » (119, 70),
« ta loi, je l'aime... » (119, 163).

S'agissait-il de la loi que nous connaissions ? nos lois démocratiques, données également, impersonnellement à tous ?

La loi en Israël est donnée personnellement et d'abord au plus fort ; sous forme d'interdits ; bien avant qu'au plus faible, sous forme de droit. Ceci peut nous étonner. Comment avancer dans ce discernement ?

Vers une relecture du Décalogue

La Déclaration des droits de l'homme, bien des fois reproduite, est souvent disposée sur deux colonnes dont le haut est arrondi ; ceux qui n'ont pas été privés de la mémoire juive aux sources de notre culture reconnaissent là la représentation des Tables de la Loi données par Dieu à Moïse sur le Sinaï, tables où sont écrits les « dix commandements », expression impropre pour désigner les « dix paroles ». En dessous des droits de l'homme serait écrit le Décalogue. Est-il caché dessous et implicitement cité, les droits s'appuyant sur la loi considérée comme source de tous ces droits ? ou encore, serait-il chassé, les droits prenant la place autrefois occupée par la Loi ? Dans un cas comme dans l'autre, pourquoi ? Pourquoi se référer au Décalogue pour assurer des droits et pourquoi l'effacer et l'évincer pour assurer les mêmes droits ? S'agit-il du même Décalogue selon qu'on l'aime et qu'on le hait ? Or le rapport à la loi n'est pas étranger au bonheur et au malheur de l'homme. Freud s'intéressera avec passion aux « relations existant entre conscience morale, tabou et névrose » (*Totem et Tabou,* p. 83-84). Il en tirera la conclusion que si le meurtre est interdit par la loi, c'est en fait qu'il est désiré même si nous avons refoulé ce désir. Il ne va pas plus loin. Il n'imagine pas que le désir de ne pas tuer pourrait être refoulé plus encore. Ne sait-il pas que les pires assassinats sont commis « parce qu'il le fallait » [1] ?

Je prends un exemple des rapports entre le sujet et la loi que j'intitule : comment un commandement disparaît.

« Qu'est-il écrit dans la Loi ? Comment lis-tu ? » (Luc, 10, 26.)

C'est toujours pour moi un sujet d'étonnement de voir l'écart entre ces deux questions, entre ce qui est écrit, et donc ne varie pas, et ce que nous croyons y lire tant que nos yeux ne sont pas ouverts. Je prends comme exemple un commandement auquel Freud lui-même fait référence. C'est à propos de ce commandement qu'il écrit : « La sainteté que nous avons reconnue au Décalogue émousse notre discernement pour percevoir la réalité » (l'*Interprétation des rêves,* p. 223). Et nous allons voir que la « sainteté que nous reconnaissons au Décalogue » empêche Freud (et, je crois, nous tous) de le lire.

« Honore ton père et ta mère afin que leurs jours se prolongent sur la terre. » Voilà un commandement pleinement logique tel que Freud lui-même le lisait, comme nous l'indiquent les conséquences qu'il en tire : intimidation de l'intelligence, inhibition dès qu'il s'agit de percevoir les imperfections des parents, l'honneur interdisant de les voir autres qu'honorables. On les honore pour qu'ils vivent le plus longtemps possible. La mort du père est, pour Freud, « l'événement le plus poignant d'une vie

1. Je renvoie, par exemple, à la biographie de *Hitler* par John Toland et au livre que Pierre Legendre a consacré au *Crime du caporal Lortie* (Fayard, 1989), dans lequel il cite ce que le caporal a enregistré pour qu'on le passe à la radio : « Je fais du mal pour faire du bien » et ce qu'il a écrit pour sa femme avant de tuer : « Ce que je fais ou ce que je vais faire, je ne sais pas pourquoi, *il faut que je le fasse.* » Pierre Legendre commente : « Je souligne cette formulation, qui parodie le monde de la loi : la contrainte compulsionnelle est, en somme, l'envers de l'impératif normatif — l'impératif légal, cette marque de la normativité humaine, nous le retrouvons caricaturé dans l'acte criminel » (p. 95).

d'homme ». Je trouve cette phrase de Freud poignante d'impossibilité à « abandonner son père et sa mère » et à naître d'esprit. Je pense à mon propre père : il aurait été désolé que sa mort soit l'événement le plus poignant de la vie de ses enfants.

Psychanalytiquement, il ne serait pas absurde, évidemment, de rapprocher ce commandement du désir de « meurtre du père » et de voir dans ce désir l'origine du commandement, puisque, selon Freud, seul le mal — la violence — secrètement désiré fait l'objet d'un commandement.

Les Écritures contre le Surmoi

Le lecteur, je veux dire celui qui a vraiment « lu » ce verset dans la Bible, aura déjà soupçonné ma citation ; et il aura raison. Elle est fausse. Je l'ai trouvée présente dans bien des esprits, outre celui de Freud. Mais elle n'est pas écrite dans la Bible, à aucun des deux passages qui donnent le Décalogue, petit texte de moins d'une page dans le livre de l'Exode (20, 1-17) et du Deutéronome (5, 6-21) que je recopierai au cours de ce chapitre.

En Exode 20, 12, je lis :

> « Glorifie ton père et ta mère pour que se prolongent tes jours sur la terre que YHWH ton Élohim te donne »

et en Deutéronome 5, 16 :

> « Glorifie ton père et ta mère comme te l'a ordonné YHWH ton Élohim pour que se prolongent tes jours et pour ton bien sur la terre que YHWH ton Élohim te donne. »

Le Surmoi avait détourné le texte que Freud croyait connaître. La loi du Surmoi, persécutrice, disait : « Honore ton père et ta mère afin que *leurs* jours se prolongent. » La loi de la Révélation, prophétique, dit : « Honore... pour que *tes* jours se prolongent. » « Pour ton bien », ajoute encore le Deutéronome. Entre la première rédaction du commandement (Exode) et la seconde (Deutéronome), peut-être s'est-on aperçu déjà que le sens de ce commandement glissait dans l'esprit puis se retournait. On aura ajouté alors le point d'arrêt : « pour ton bien ».

Peu de différences mais tout est changé. Honore ton père et ta mère qui t'ont donné le jour, comme on dit. Car tous tes jours sont à toi, pour ton bonheur. Honore... afin que tous tes jours soient tiens. Tu y seras d'autant plus heureux que tu ne te prendras pas pour ceux qui t'ont mis au monde, que tu honoreras chacun, père et mère — à égalité : Freud l'a-t-il entendu ? Le commandement est au plus loin à la fois d'un « culte des ancêtres » (ma vie servirait à prolonger leur vie) et d'une folie mégalomaniaque (je serais l'origine de ma propre vie). L'honneur est rendu à père et mère d'être bien des père et mère, c'est-à-dire, aussi, pas des dieux. Glorifie-les de t'avoir engendré. Ils t'ont donné la vie, mais ni le temps (de ta vie : tes jours), ni l'espace. Voilà ton bonheur : tes jours sont à toi dès que tu reconnais de qui tu viens et où tu te trouves, sur la terre qui est à YHWH ton dieu, la terre qu'il te donne.

Pourquoi la loi donnée *au sujet pour le sujet lui-même,* pour son bonheur (le bonheur d'être sujet), se pervertit-elle en loi d'asservissement qui fait de lui *l'objet de ses parents* ? Lacan a vu dans le Décalogue « les lois de la parole elle-même ». Cette affirmation en son temps si nouvelle, et non démontrée par une exégèse du texte, m'apparaît de plus en plus fondée au fur et à mesure que j'avance dans sa lecture. Le dieu du Surmoi, ce dieu si bien-pensant, si légaliste, est en fait l'ennemi de la parole puisqu'il la pervertit. Il ajoute à la loi, elle devient tyrannique sous son inspiration. En ce sens *plus* de loi conduit à *pas* de loi, puisqu'on ne peut plus vivre sous la loi transformée par le Surmoi sauf en la rejetant. Le Dieu du Surmoi n'est pas le dieu des Écritures. Le Dieu du Surmoi vit des majuscules qu'on lui met : il est dénoncé aux premières lignes du Décalogue sous le nom d'idole.

Le Dieu du Surmoi n'est pas le dieu de la loi.

La transgression ou l'exode

Loi fondamentale s'il en est, ces dix paroles, qu'on a pourtant cessé de transmettre. Les amis avec lesquels j'ai passé bien des soirées à l'étudier m'ont dit avoir reculé plusieurs fois devant sa lecture. Que craignons-nous, nous aussi, d'entendre au Sinaï? Honore ton pharaon, afin que ses jours se prolongent? C'est ainsi que parle tout tyran, qu'il soit politique, religieux ou familial. Ce pharaon peut aussi bien être un parent despotique (parent unique : l'autre parent, s'il existe, lui obéit), un ordre religieux, l'Église ou le Parti, tout ce qui réclame de vous que vous prolongiez ses jours.

D'un tel commandement perverti, certes, la transgression peut nous soulager : ne plus honorer. L'individu qui soupçonne que la loi lui est transmise non pour guider sa vie mais pour l'asservir à une autre vie — ce qui est sa mort psychique — a comme premier mouvement de transgresser cette loi et, avec elle, peut-être d'autres encore, et jusqu'à l'idée même de loi. Il cherche souvent dans la transgression la libération d'une loi perverse imposée par le Maître, faute d'oser chercher dans l'exode à se libérer du Maître lui-même.

Les Hébreux, eux, ont quitté le Maître avant de recevoir la loi. Peuvent-ils, après trois mois de désert, déjà l'entendre? Les paroles de cette loi sont d'abord insupportables. Ils ont encore dans les oreilles les ordres de leurs kapos. Seul Moïse peut écouter celui qui parle sur le Sinaï. Ce ne peut être un hasard : il est le seul à avoir été élevé en homme libre, et même dans la maison du souverain.

La relation dans laquelle on reçoit une loi est aussi

décisive pour le sens de cette loi que son contenu. Psychanalyse, théorie de la communication et sagesse biblique peuvent se rejoindre sur ce point : le Décalogue ne doit pas être donné en Égypte.

Comment abolit-on l'esclavage ? En faisant une déclaration des droits ? Le Décalogue ne proclame pas le droit à être libre. Il est vrai qu'il est donné par « JE qui t'ai fait sortir de la maison des esclaves ». Ce premier article de la loi ne commande pas : il raconte une expérience de libération. Le second article interdit de se prosterner et de servir rien qui soit sur la terre ni au ciel... Il interdit de s'aliéner... Lorsque viennent les commandements relatifs aux humains, le premier de ces commandements ne commande rien non plus. Il institue une expérience, de libération.

Un grain de liberté : le sabbat

Fait remarquable, que je ne trouve nulle part traduit ou commenté (n'ai-je pas encore assez cherché ?), ce commandement est introduit par un verbe à l'infinitif :

— « se souvenir du jour du sabbat » (Exode, 20, 8),

— « garder le jour du sabbat » (Deutéronome, 5, 12).

Le sabbat ne commande pas. Il commence dès qu'il est dit, avec le premier mot : le verbe est posé à terre et attend le sujet qui le relèvera. Le verbe qui invite au repos du sabbat est lui-même repos. Il ne s'appuie pas sur l'obéissance qu'un serviteur doit à son maître, un fidèle à son dieu. Que la première parole du sabbat, celle qui y invite justement, ne soit pas un ordre donne raison à un conseil donné, dans une autre Antiquité, par Platon. Platon, qui pourtant souhaitera que les esclaves soient traités humainement, conseille : « En règle générale, toute parole adressée à un esclave doit être un ordre » (les *Lois*,

V, 777-78). Ne plus parler à l'impératif, c'est faire sortir l'autre de l'esclavage. Après, l'impératif pourra reprendre. Il pourra être entendu comme celui de l'amour, « pour ton bonheur ».

Faire un jour par semaine l'expérience de la liberté ; la sienne et celle de tous les autres ; en prendre le goût, en vivre le bonheur, y croître. Les animaux eux-mêmes ne travailleront pas : même si un humain était considéré ou se considérait comme un animal, il peut être homme ce jour-là.

Le sabbat de l'Exode va jusqu'à la liberté la plus radicale : être libre non seulement de son maître et de son père, mais même de son créateur, puisqu'il s'est lui-même libéré de lui : le dieu ne crée plus. Jour de non-création. Jour de l'incréé. Jour du sujet.

> « Se souvenir du jour du sabbat pour le consacrer. Tu travailleras six jours : fais tout ton ouvrage. Le septième jour, sabbat pour YHWH ton Élohim, tu ne feras aucun ouvrage, toi, ton fils, ta fille, ton serviteur, ta servante, ta bête, ton métèque qui est en tes portes. Oui, six jours, YHWH a fait les ciels et la terre, la mer et tout ce qui y est, puis il s'est reposé le septième jour, sur quoi YHWH a béni le jour du sabbat et il le consacre. »

Le sabbat, cette minuscule graine dans l'histoire, peut venir à bout de la servitude. Les esclaves finissent par triompher, non seulement de leur maître mais — et c'est plus difficile — de leur propre soumission.

Débutants en hébreu, nous nous retrouvions à quelques-uns, de professions et d'origines fort différentes ; cependant, un jour, nous avons découvert que nous avions au moins un projet commun : que le sabbat soit possible sur terre. Souvent, je pense aux cures psychanalytiques en termes sabbatiques. Temps du « se souvenir », de la liberté de celui que personne ne commande ni de faire ni d'être, mais que quelqu'un écoute dans l'atmosphère du sabbat jusqu'à ce qu'il s'éveille.

L'absence de sabbat, c'est l'esclavage, dit Israël, et c'est pour rendre possible un sabbat qu'ils veulent tout d'abord quitter l'Égypte — Pharaon refuse ; évidemment : qui acceptera de redevenir sous-homme une fois reconnu qu'il est homme ?

Pour nos peuples aussi, je crois, il demeure essentiel qu'un jour soit réservé. Que chacun se repose du travail, mais aussi des objets, même ceux de la culture. Un jour pour que chacun fasse sienne la culture dont la société lui permet l'accès, sur un autre mode que celui de l'avoir. A quoi lui servirait de pouvoir tous les jours acheter des livres, par exemple, si le temps pour devenir sujet de ce qu'il lit n'existait plus ? Si tous les jours se ressemblent, si le septième jour, celui où l'on peut *se souvenir,* relire les six jours précédents en première personne, a disparu ? Une culture sans sujet est-elle encore une culture ?

La loi qui nous tient et la loi qui nous fonde

« Délivrez-moi dans la loi de la loi », prie un hymne hindou. C'est peut-être l'affaire d'une vie de passer de la loi qui nous tient à la loi qui nous fonde. (J'avais d'abord écrit la loi qui *vous* tient et la loi qui *nous* fonde... Je ne sais si cela fera sens pour le lecteur...) En refusant la première, celle qui nous tient, il peut se faire qu'on ne rencontre jamais la seconde. Cependant sans ce risque-là, la seconde ne sera jamais trouvée. Le terrible de notre condition c'est qu'il n'y a pas, le plus souvent, à choisir entre deux lois bien distinctes, mais mêlées, et à extraire la seconde de la première. Délivrez-nous dans la loi de la loi.

Faut-il qu'une loi soit là, l'écrit ineffaçable, pour que la conscience s'y appuie ? Et quelle loi, ou plutôt quel versant de la loi ? Pourquoi un interdit garantirait-il la conscience mieux qu'un droit ? Pour ma part, en ce qui concerne la vie psychique, j'ai été rendue sensible à la grande différence de force respective d'un interdit (ne pas avoir le droit de) et d'un droit (avoir le droit de), tout d'abord dans les affaires d'inceste. L'enfant, certes, peut avoir conscience de l'horreur que lui fait vivre son père, par exemple, et que lui, l'enfant, a des droits ; mais tant qu'il, ou elle, n'a pas pu penser que son père *n'avait pas le droit* de faire ce qu'il a fait, que la loi le lui interdit, il reste plus ou moins identifié à son agresseur.

Il est impressionnant de voir, en matière d'homosexualité ou de viol, combien d'adultes n'ont jamais osé vraiment se dire qu'ils ont été eux-mêmes des enfants violés, homosexualisés. Tandis que la connaissance, la conviction qu'un interdit existe qui a été transgressé par leur agresseur peut leur donner accès à leur mémoire ; à la possibilité de choisir leur vie et non plus d'être pris dans la répétition douloureuse ou perverse sur d'autres de ce qu'ils n'ont pu dénoncer comme offense à leur propre égard.

L'interdit est donné à l'agresseur potentiel, le droit à la victime potentielle. Le faible n'est pas protégé de la même façon par un droit qu'il a ou par un interdit que le fort reçoit. C'est que l'interdit gouverne la force, tandis que le droit qu'a le faible participe toujours un peu de sa faiblesse même.

En entendant raconter de façon détaillée et intime la vie d'un homme maintenant disparu, j'étais étonnée de ne pas entendre mentionner la séduction homosexuelle par un prêtre subie lorsqu'il était enfant, que des hasards de la vie m'avaient fait connaître. Je ne pensais pas si impossible à un homme comme lui cette énonciation. Je me trompais. Il a donc protégé jusqu'au bout celui qui l'a séduit — son séducteur lui-même, qui l'avait séduit ? — ou bien il n'a pas mesuré le mal qui lui avait été fait. La loi qui aurait prescrit de ne pas répéter l'acte l'aurait-elle retourné vers sa propre douleur ? Je le crois. Même s'il avait choisi de ne pas lui obéir, elle aurait parlé en lui à l'enfant offensé, elle aurait garanti sa conscience en replaçant un interdit entre lui et l'adulte abuseur. Mais de quelle loi pourrait-il s'agir, là où la loi civile n'intervient pas, ne peut intervenir ou ne peut être invoquée ? S'agit-il seulement du légal, même s'il est des plus importants ? La loi civile suffit-elle à l'énoncé de la loi symbolique ? L'État est-il un sujet qui puisse transmettre la loi des sujets ?

La loi qui nous fonde : nous sommes là dans un tout autre point de vue sur la loi, bien loin du « Il est interdit d'interdire »... Étonnamment, deux des plus grands de l'histoire humaine, et des plus libres, Socrate et Jésus, se sont trouvés condamnés injustement par les lois de leur pays, ou du moins une certaine application de ces lois à leur époque. Accusés de blasphème contre les dieux, ou le dieu, l'un comme l'autre. Tous deux ont refusé d'échapper à l'exécution. Selon Platon (à la fin du *Criton,* dialogue éthique), Socrate répond ainsi à l'ami qui l'encourage à fuir :

> SOCRATE. — Eh bien considère ceci. Suppose qu'étant sur le point de nous évader — appelle la chose comme tu voudras — nous voyions venir à nous les Lois et l'État, qu'ils se dressent devant nous et nous interrogent ainsi : « Dis-nous, Socrate, qu'as-tu dessein de faire ? Ce que tu tentes, est-ce autre chose que de vouloir nous détruire, nous les Lois et toute la Cité ? [...] Que nous reproches-tu ? [...] Tout d'abord, n'est-ce pas à nous que tu dois la naissance, n'est-ce pas nous qui avons marié ton père à ta mère et l'avons mis à même de t'engendrer ? »

Cet amour des lois nous est-il totalement étranger ? Pour Platon, les lois instituent famille, cité, liberté. La vie ne saurait plus être bonne sans elles. Mieux vaut même mourir que les détruire. Le sujet Socrate qui se reconnaît institué par les lois préfère la mort physique à la mort psychique, dirions-nous. En effet, en respectant les lois, il sait, il croit, qu'arrivé au royaume des morts il pourra « dire tout cela pour [se] justifier à ceux qui gouvernent là-bas ». Socrate-le-mortel va certes mourir mais il continuera de pouvoir parler. Le sujet ne meurt pas. L'institué ne veut pas se situer au-dessus de l'instituant. Ce faisant, il maintient à travers la mort son statut et sa permanence de sujet. Les hommes de bonne volonté (est-ce un hasard s'ils sont hommes de dialogue ?) ont trouvé cela sans révélation, apparemment, sinon celle de leur cœur parlant avec d'autres.

Est-ce la loi qu'aimait Socrate dont nous avons fêté la ruine ? Il ne me semble pas. Les lois aimées à Athènes parlent dans le dialogue : Socrate n'entend-il pas ces lois s'adresser à lui comme en une conversation intérieure ? Il ne se soumet pas à un « il faut », « il est interdit », impersonnel, qui lui dirait ce qu'il doit faire ou être. Il se soumet à ces lois qui le tutoient, des lois qui parlent à la première personne du pluriel : « Nous, qui avons marié ton père à ta mère et l'avons mis à même de t'engendrer ? »...

Socrate raconte la genèse du sujet Socrate exactement comme la Genèse biblique. Pour l'Athénien, ce n'est pas le dieu, ce sont les Lois qui fondent, mais la structure est la même : un premier Nous (les Lois) permet l'alliance d'un homme et d'une femme, le Nous humain (ton père et ta mère) qui engendre un fils (Socrate)...

Quant à la loi d'Israël, elle n'est certes pas non plus donnée impersonnellement. Pas de « il est obligatoire, il est interdit ». Pas un seul « il faut » dans cette loi. La première personne parle à la seconde. Au singulier.

Dix paroles pour JE et TU

Je vais recopier ici pour le lecteur le Décalogue, les dix paroles de la parole, en suivant d'assez près la traduction de Chouraqui ; avec une francisation de nom propre pour que le lecteur ne soit pas dérouté (il ne sait pas forcément que « Mizraïm » en hébreu, c'est « Égypte » en français). J'ai seulement mis en majuscules les pronoms personnels du dialogue tels qu'ils apparaissent littéralement en hébreu. Pardon au lecteur et à la langue française ; mais n'est-il pas significatif qu'en hébreu il n'y ait pas de pronoms possessifs mais des génitifs (non pas : ton Élohim, mais l'Élohim de TOI) ? Le JE entre virgules dans cette présentation du texte est le JE solennel, *anokhi*. Donc, aussi littéralement qu'il m'est possible de les transcrire en français, voici les paroles du Sinaï (Exode, 20, 1-17) :

LES DIX PAROLES

(1) Élohim parle toutes ces paroles pour dire :
(2) « JE, YHWH, Élohim de TOI qui T'ai fait sortir de la terre d'Égypte, de la maison des esclaves,
(3) il ne sera pas pour TOI d'autres Élohim devant les faces de JE.
(4) TU ne feras pour TOI ni sculpture ni toute image de ce qui est dans les ciels en haut, sur la terre en bas, et dans les eaux sous terre.
(5) TU ne TE prosterneras pas devant elles et TU ne les serviras pas.
Oui, JE, YHWH, Élohim de TOI, El ardent
JE visite le tort des pères sur les fils,
jusqu'au troisième et au quatrième cycle pour ceux-qui-haïssent JE.
(6) Mais JE fais chérissement jusqu'au millième à ceux-qui-aiment JE
aux gardiens des ordres de JE.
(7) Tu ne porteras pas le nom de YHWH, Élohim de TOI, en vain :
car YHWH n'innocente pas qui porte le nom de lui en vain.
(8) Se souvenir du jour du shabat pour le consacrer.
(9) TU travailleras six jours ; fais tout l'ouvrage de TOI.
(10) Le septième jour, shabat pour YHWH, Élohim de TOI TU ne feras aucun ouvrage, TOI, le fils de TOI, la fille de TOI,
le serviteur de TOI, la servante de TOI, la bête de TOI, tout métèque qui est en les portes de TOI.
(11) Oui, six jours, YHWH a fait les ciels et la terre,

la mer et tout ce qui y est,
puis il s'est reposé le septième jour,
sur quoi YHWH a béni le jour du shabat et il le consacre.

(12) Glorifie le père de TOI et la mère de TOI, pour que se prolongent
les jours de TOI sur la terre que YHWH, Élohim de TOI, donne à TOI.

(13) TU ne tueras pas.

(14) TU n'adultéreras pas.

(15) TU ne voleras pas.

(16) TU ne témoigneras pas contre le compagnon de TOI en témoin-de-mensonge.

(17) TU ne convoiteras pas la maison du compagnon de TOI,
TU ne convoiteras pas la femme du compagnon de TOI,
le serviteur de lui, la servante de lui, le bœuf de lui, l'âne de lui,
et tout ce qui est au compagnon de TOI.

Comment ne pas remarquer qu'aux premiers mots de la loi JE qui parle ne se définit que d'une seule caractéristique : il est celui qui a fait sortir l'autre d'un lieu où celui-ci était esclave. Esclave, c'est-à-dire homme qui n'a pas droit à parler en première personne. TU esclave, c'est-à-dire non-JE.

JE, YHWH, Élohim de TOI qui T'ai fait sortir de la maison des non-JE. JE YHWH est le sujet qui a délivré l'autre sujet ; il ne se réclame d'aucune autre qualité que celle-là et il n'y aura pas d'autre dieu pour le sujet que lui : « il ne sera pas pour TOI d'autres Élohim devant les faces de JE ».

Alors, JE l'unique convoque immédiatement TU hors des choses du monde par un interdit de se faire pour lui des « images taillées » de tout ce qui est dans la nature. « TU ne feras pour TOI ni sculpture ni toute image de ce qui est dans les ciels en haut, sur la terre en bas, et dans les eaux sous terre. »

N'est-ce pas parce que TU n'a pas été créé, que rien, aucune chose de la création si magnifique soit-elle, ne saurait le représenter ? « TU ne TE prosterneras pas devant elles et TU ne les serviras pas. » N'est-ce pas parce que à la ressemblance de YHWH il n'a pas été créé qu'aucun objet ne saurait être plus glorieux que TU ?

Ce texte, je m'arrête de le commenter ici verset par verset. Persuadée que je suis, à chaque lecture avec d'autres, que l'homme increé peut trouver là un lieu d'alliance avec l'autre increé, et par conséquent avec lui-même. Il me semble que je n'aurais pas voulu lire un commentaire tout fait, c'est-à-dire fait sans moi, des paroles qui nous permettent de nous parler : je ne priverai pas autrui de cette expérience. J'ai trop aimé, j'aime encore et, je crois jusqu'à ma mort, j'aimerai que ces paroles aient lieu entre nous, de vivant à vivant, de présent à présent. Que nous nous les donnions les uns aux autres, que la relation — NOUS aujourd'hui ici — en cherche le sens. En rejette les perversions, en découvre la portée, en invente les développements. Que ces paroles se déploient comme un tapis entre les sujets, qu'elles leur offrent le lieu de leur avènement et de leur alliance jamais arrivés sur la terre. Aussi radicalement nouvelles, ces paroles, que l'événement de leur dialogue, chaque fois que quelqu'un dit JE vers TU et l'écoute, de l'autre côté où il se trouve, lui dire de même.

Merci à Israël, le premier de tous les peuples à l'avoir entendue, reconnue ; de l'avoir écrite, de la raconter, de la vivre.

Merci à chacun de ceux qui, à travers les chemins du monde, le déroulement de l'histoire, nous l'ont fait parvenir. Copistes et traducteurs, messagers, avocats de ces paroles, qui ont cru que tous les hommes sont des hommes et qu'ils ont droit à la loi.

Merci à tous les êtres parlants de tous peuples, de tous temps, qui ont cherché et gardé — qui cherchent et gardent —, sous bien d'autres formes sans doute, ces lois de la parole elle-même ; à force d'aimer avec justesse et d'écouter leur propre cœur.

Eux dont le plus haut désir est de dire « Nous ». En vérité.

Cependant, s'il suffisait de transmettre la loi pour que l'humanité se lève, l'histoire aurait autrement tourné. Le monothéisme aurait apporté la paix au monde. Il semble pourtant qu'en bien des temps, en bien des lieux, il n'en ait rien été. C'est donc que d'autres éléments entrent en jeu qui dépassent certainement l'étendue de cette recherche et les limites de mon esprit. Cependant, ce que je vois plus clairement qu'auparavant, je veux tenter d'en faire part au lecteur.

Loi et rapport à la loi

Si je ne veux pas enseigner la loi comme un savoir, c'est que j'ai tant aimé qu'elle me soit racontée, tant aimé la lire avec d'autres ; j'aurais détesté qu'on me l'enseigne. La relation dans laquelle sont données ces paroles compte autant que leur contenu, cela m'était déjà apparu.

En effet, si je vous dis : « tu ne te feras pas d'image », mais que je commence par vous en donner une (l'image de moi, d'un maître que je vénérerais ou d'un dieu à moi comme modèle pour vous), et que je vous demande de vous prosterner intérieurement, de servir cette image, je ne vous donne pas la loi. Je l'utilise pour vous soumettre. J'utilise donc le nom de YHWH en vain. Je vous vole votre âme, je vous tue psychiquement... Bref, j'ai déjà transgressé envers vous la majeure partie de la loi en prétendant vous l'enseigner. Elle est détruite, il n'y a plus rien de juste dans les mots que je vous dirai. Je vous ai, par l'usage que je fais de la loi, ramené à Pharaon. La loi va désormais vous soumettre à ce à quoi, précisément, les Hébreux avaient dû échapper pour pouvoir l'entendre. Vous n'êtes pas sur le chemin du sujet. Moi non plus. Il n'y aura bientôt, si vous (m')obéissez à cette loi, plus personne. Nous ne nous rencontrerons jamais.

La loi véritable, la vraie tora, dit Israël, se transmettra un jour bien autrement... Le prophète parle [1] :

« Voici, les jours viennent, harangue de YHWH,
je trancherai avec la maison d'Israël
et avec la maison de Juda un pacte neuf.
Pas comme le pacte que j'avais tranché avec leurs pères,
le jour où j'avais saisi leur main
pour les faire sortir de la terre d'Égypte,
bien qu'ils aient annulé mon pacte,
JE, je les ai épousés, harangue de YHWH.
Oui, voici le pacte que je trancherai avec la maison d'Israël
après ces jours, harangue de YHWH :
Je donnerai ma tora [2] en leur sein; je l'écrirai sur leur cœur.
Je suis à eux pour Élohim, ils seront à moi pour peuple.
Ils n'enseigneront plus encore l'homme son compagnon,
l'homme son frère, pour dire : "Connaissez YHWH."
Oui, tous me connaîtront, depuis leurs petits jusqu'à leurs grands,
harangue de YHWH. Oui, je pardonnerai leur tort et leur faute,
je ne m'en souviendrai plus. »

Cette nouvelle alliance annoncée par Jérémie, par laquelle chacun connaît en son propre cœur la loi, peut être lue de bien des façons. Prophétise-t-elle l'histoire des peuples ? ou aussi l'histoire de chacun ?

Il est un temps où plus personne ne peut vous enseigner, que votre propre cœur, la loi des êtres parlants. Cependant, pour lire votre propre cœur, un

1. Jérémie, 31, 31-34.
2. Littéralement : « la tora de JE... tous connaîtront JE... ».

autre est nécessaire auprès de vous, qui réponde avec son cœur-où-la-loi-est-écrite. Quelqu'un qui soit là pour ne pas être le maître, et pas non plus le serviteur, à moins que ce ne soit ce « serviteur inutile »... Au service de la créature de pulsions et de besoins, il y a beaucoup à faire. Au service du sujet, il n'y a rien à faire. Ce n'est pas toujours aisé, de ne rien faire à la place du sujet lorsqu'on est auprès de lui.

Cependant, que serait le don de la loi au sujet, si la loi ne lui était remise que pour lui être reprise un peu plus loin, et qu'il soit repris avec elle ?

Job, ou comment un fils juste devient père

Parmi ceux que cette façon de lire la Bible a dès le début intéressés se trouvaient un certain nombre de thérapeutes de différentes obédiences qui voulurent rouvrir ensemble le livre de Job.

Figure par excellence de l'homme souffrant, pouvait-elle être lue nouvellement ?

Dans nos souvenirs, Job était un homme juste que le dieu soumettait sans raison compréhensible à la terrible épreuve de la perte de ses biens, de ses enfants et de sa santé. Il traversait une longue période de détresse durant laquelle il protestait de son innocence puis finissait par reconnaître que Dieu était le plus fort et qu'il devait avoir ses raisons ; bref, il se soumettait. Et il n'y aurait, selon ce qui nous avait été transmis du livre, rien à comprendre d'autre que cette soumission du juste... Tel était, à grands traits, l'état du livre de Job en nos esprits avant que nous l'ouvrions ensemble.

Il est bien difficile à un psychanalyste d'accepter tant d'absurde : une souffrance aussi totale, sans raison... une épreuve aussi gratuite de la part du divin, sur le conseil de Satan, qui plus est... Après avoir relu l'épreuve d'Abraham comme le conduisant finalement, non à obéir au dieu qui demandait la mort du fils, mais au contraire à *se libérer d'un tel dieu* [1], il nous était difficile de ne pas tenter l'aventure d'une nouvelle lecture de Job. Nous nous y lançâmes dans des sentiments divers, et cette question : allions-nous voir une fois encore un texte apparemment écrit contre le sujet se retourner ou bien, au livre de Job du moins, notre hypothèse anthropologique sur la Bible (la révélation y serait celle du sujet...) allait-elle être barrée par un rappel à la soumission ? Job, du moins, n'était-il pas une défaite du sujet désirant devant le Tout-Puissant ?

On ne s'étonnera pas que des hommes et des femmes ayant fait l'expérience de la parole en psychanalyse — quelle que soit, d'ailleurs, leur école et qu'ils soient devenus ou non psychanalystes eux-mêmes — aient d'emblée orienté autrement leur recherche.

Je ne peux rendre compte que de ma propre lecture. En même temps, je ne peux pas rendre compte que d'elle : elle ne serait pas ce qu'elle est sans la présence, la parole d'une cinquantaine de personnes allant et venant, sans nos tâtonnements communs. Ces réunions informelles n'ont pas eu d'autre institution que le livre biblique, pas d'autre identité que celle des chercheurs qui les composaient et pas d'autre structure qu'un rendez-vous dans un texte à telle heure en tel lieu [2]. C'est donc à la fois en mon propre nom et comme scribe de cette lecture que je rédige aujourd'hui, non pas un commentaire complet, mais les points nouveaux apparus en entrant dans l'histoire de Job par une nouvelle porte.

1. Lecture qui était au centre de la précédente recherche, le *Sacrifice interdit*, Grasset, 1986.

2. ... qu'ont mis à notre disposition successivement deux participantes à ce « groupe Job », Marie-Françoise Fuchs et Laurence Petit. Qu'elles soient remerciées l'une et l'autre pour leur propre parole et leur accueil aux parlants que nous avons pu être ensemble.

Job 1, 1-5

(1) Un homme est en terre de 'Ous. Son nom : Job.
Cet homme est intègre et droit; il frémit d'Élohim et s'écarte du mal.
(2) Sept fils et trois filles sont enfantés pour lui.
(3) Et c'est son cheptel : sept mille ovins, trois mille chameaux,
cinq cents paires de bovins, cinq cents ânesses,
et une domesticité fort nombreuse.
Et c'est cet homme, plus grand que tous les fils du Levant.
(4) Ses fils vont et font un festin dans la maison de l'un d'eux, en ce jour.
Ils envoient et invitent leurs trois sœurs à manger et à boire avec eux.
(5) Et c'est quand les jours du festin sont bouclés,
Job envoie pour les consacrer. Il se lève de grand matin et fait monter des montées [1] d'après le nombre de tous.
Oui, Job dit : « Peut-être mes fils ont-ils fauté,
« "bénissant [2] Élohim en leur cœur". Job fait ainsi tous les jours.

Quel thérapeute ne lèverait déjà le sourcil en lisant cela attentivement? Job, un juste? Certainement, l'auteur le dit. Mais pas encore un homme qui parle en première personne, pas encore un sujet libre, différencié... On nous le présente explicitement comme mélangé, mêlé à ses enfants; s'il ne commet lui-même aucune faute, pourquoi l'imagine-t-il chez ses enfants [3]? Pourquoi annule-t-il d'imaginaires transgressions de ses fils par ses sacrifices à lui?

Il croit *les consacrer*. Qu'est-ce à dire? Seront-ils rendus saints sans eux, seront-ils consacrés comme objets? De quelle religion Job est-il le croyant? De quelle loi est-il le juste? N'est-il pas aliéné au Bien?

1. Autre traduction : « Il fait des sacrifices. »
2. L'auteur biblique ne veut pas écrire : « maudissant Élohim ».
3. Peut-être n'y a-t-il que deux façons de ne pas sortir de l'erreur originelle : la commettre soi-même ou en soupçonner autrui.

Incapable de laisser l'autre devenir le sujet de ses actes, il ne peut prendre le risque de leur liberté. *Élève*-t-il ses enfants ? Non, il les *entoure*. Selon lui, il faut que la loi soit accomplie, que le dieu soit honoré. Point. La question « qui l'accomplit ? » ne se pose pas pour lui. Or, s'il ne fait pas de différence entre le bien et le mal accomplis par lui ou par l'autre, Job peut bien être juste : est-il Job ?

Je disais de Job qu'il entoure ses enfants parce qu'ils vivent dans un cercle, dans un cycle. Les fils tournent en rond dans leur fratrie. Pourvus d'un lieu chacun, mais non leurs sœurs, restées avec Job sans doute. Pas de loi entre eux ? Pas d'ouverture, pas d'étranger, d'étrangère. Des festins qui ne peuvent que se répéter cycliquement. Il manque précisément à ces festins ce qui ferait d'eux un événement brisant le cycle, inaugurant l'histoire : d'être des noces.

La première vision que nous avons de Job est donc celle d'un homme qui n'est pas encore éveillé. Job a des enfants ; il a aussi des ovins, des chameaux, des paires de bovins, des ânesses et des serviteurs. Est-ce un hasard ? Job n'est montré au début du livre que comme « le plus grand des fils du Levant ». N'est-il qu'un fils, pas un père ? Le mot, en tout cas, n'apparaît pas dans le prologue. Deviendra-t-il un jour le père de ses fils, et quand ?

Suivant ce fil, mais aussi le désir de voir d'un même regard le début et la fin, je me rends à l'épilogue, où tous les éléments du début se trouvent repris, mais avec des changements qui vont sans doute nous dire de quel type d'épreuve et de voyage le livre de Job est le récit.

Voici donc les derniers versets :

Job (42, 12-17)

(12) YHWH bénit l'après de Job plus que son en-tête.
Et c'est pour lui quatorze mille ovins, six mille chameaux,
mille paires de bovins, mille ânesses.
(13) Et c'est pour lui sept fils et trois filles.

(14) Il crie le nom de l'une : « Colombine » ;
le nom de la deuxième : « Cinnamome » ;
et le nom de la troisième : « Cornet à Poukh ».
(15) Il ne se trouve pas de femmes
aussi belles que les filles de Job sur toute la terre.
Leur père leur donne une possession au milieu de leurs frères.
(16) Job, après cela, vit cent quarante ans.
Il voit ses fils, les fils de ses fils : quatre âges.
(17) Et Job meurt vieux, rassasié de jours.

D'abord, faisons les comptes :

Prologue	Épilogue
7 000 ovins	14 000 ovins
3 000 chameaux	6 000 chameaux
500 paires de bovins	1 000 paires de bovins
500 ânesses	1 000 ânesses
7 fils	7 fils
3 filles	3 filles

Pour les animaux, chaque troupeau est multiplié par deux : les sept mille ovins sont maintenant quatorze mille, les trois mille chameaux, six mille... : le cheptel a doublé. Tandis que, s'agissant des enfants, non seulement les chiffres n'ont pas changé mais ils sont encore répartis de la même façon : sept fils et trois filles. Qu'est-ce que cela peut évoquer, après avoir lu le début de cette histoire tel que nous l'avons lu ? On dirait les mêmes animaux, les mêmes enfants qu'au début, mais tandis que le troupeau s'est reproduit naturellement durant toute l'épreuve de Job, les enfants sont demeurés les mêmes, stérilisés comme nous l'avions déjà compris en lisant le prologue. Le cheptel, doublé ? Les enfants, vivants ? Mais alors, Job aurait-il rêvé la ruine de sa maison ?

Dans cette heureuse fin du conte, que se passe-t-il ? Job reconnaît ses filles et les nomme. Elles deviennent des femmes belles pour toute la terre — désirables pour d'autres hommes. Il les dote de la même manière que ses fils : « Leur père leur donne une possession au milieu de leurs frères. »

Le mot « père » vient d'apparaître.

Le temps a cessé d'être circulaire, les deux sexes sont reconnus différents et égaux, les filles peuvent devenir des femmes auprès d'autres hommes et les fils, délivrés de l'inceste eux aussi, peuvent se marier désormais. Job lui aussi avance dans le temps jusqu'au terme, jusqu'à ce qu'il ait son compte de jours.

L'épreuve

Munis de ces renseignements sur la trajectoire de Job et de ses enfants, son épreuve va-t-elle pour nous s'éclairer autrement ? Je reviens maintenant au début et je reprends la lecture là où je l'avais laissée.

Job (1, 6-12)

(6) Et c'est le jour, les fils d'Élohim viennent se poster devant YHWH.
Mais le Satan vient aussi avec eux.
(7) YHWH dit au Satan : « D'où viens-tu ? » Le Satan répond à YHWH et dit :
« De naviguer sur terre et d'y cheminer. »
(8) YHWH dit au Satan : « As-tu mis ton cœur sur mon serviteur Job ?
Non, il n'est pas sur terre d'homme semblable à lui, intègre et droit.
Il frémit d'Élohim et s'écarte du mal. »
(9) Le Satan répond à YHWH et dit :
« Est-ce gratuitement que Job frémit d'Élohim ?
(10) N'est-ce pas toi-même qui l'as couvert, lui, sa maison, et tout ce qui est à lui, autour ?
Tu bénis l'œuvre de ses mains, et son cheptel fait brèche sur terre.
(11) Cependant, envoie donc ta main, touche à tout ce qu'il a :
il te "bénira", contre tes faces ! »
(12) YHWH dit au Satan : « Voici, tout ce qui est à lui est en ta main.
Seulement, n'envoie pas ta main contre lui ! »
Le Satan sort loin des faces de YHWH.

Premier étonnement : Satan décrit la relation entre Élohim et Job exactement telle que nous était décrite celle que Job imagine entre Élohim et ses enfants. Il te bénit parce que tu l'entoures. Si tu cesses de l'entourer, il te maudira. Je ne sais qui est ce Satan et qui est Élohim, mais ce que Satan dit à YHWH de Job ressemble à s'y méprendre à ce que Job se dit de ses fils. Ils sont saints parce que je les entoure, je les rends saints.

Alors se déclenche l'épreuve, en deux temps, qui va réduire Job à n'avoir plus rien (Job = zéro objet. Mais zéro objet, chez un humain...). Rien, pas même sa peau...

Première vague : Job reçoit les messages de sa ruine. Je remarque qu'elle n'est pas racontée par le narrateur à son compte. Il y a là plus qu'un procédé littéraire, je crois. Chacune des destructions est dite par un messager et se termine par la même phrase :

(13) Et c'est le jour, ses fils et ses filles mangent et boivent du vin
dans la maison de leur frère aîné.
(14) Un messager vient vers Job et dit : Les bovins étaient au labour,
et les ânesses paissaient sous leurs mains.
(15) Les Sabbéens tombent, les prennent et frappent les adolescents à bouche d'épée.
Je me suis échappé, moi seulement, tout seul, pour te le rapporter.

Ainsi se succéderont sans interruption, portés par quatre messagers, comme quatre vagues qui se tuilent, l'annonce des catastrophes :

Les pillards (les Sabbéens) ont donc détruit bovins et ânesses ainsi que les serviteurs qui s'en occupaient.

Le feu d'Élohim a détruit ovins et serviteurs.

Les ennemis ont pris les chameaux, frappé les serviteurs.

Un grand vent a fait écrouler la maison sur les fils et les filles.

Les quatre messagers de ces événements ont une caractéristique commune exprimée par la même formule reprise chaque fois : « Je me suis échappé moi seulement, tout seul, pour te le rapporter. »

C'est le jour où les fils et les filles risquent de faire le mal (maudire Élohim) dans un festin chez le frère aîné que Job reçoit les annonces de l'anéantissement de sa maison. Attestées par un seul témoin. Le narrateur ne nous signifie-t-il pas ainsi la non-certitude des faits ? Puisque deux témoins sont nécessaires à l'établissement de la vérité selon la tradition. Job est-il en proie à des hallucinations en ce jour de festin des fils où il ne semble pas avoir encore effectué les sacrifices ? A la place de ce rituel de destruction sacrée arriveraient des messagers de destruction imaginaire ? Cela pourrait faire sens, cliniquement, en effet. Derrière la perfection rituelle de Job se cacherait une zone non symbolisée (psychotique ?), qui apparaîtrait le jour où la tension serait plus forte.

Job se met à parler

Nous est-il inconnu ce Job ? Cet homme juste, bon fils, père apparemment exemplaire qui, au moment de l'adolescence de ses propres enfants, à l'âge où ils deviennent *capables de mal faire,* bascule, lui, dans l'abîme ? Il ne peut assumer d'assumer des enfants faisant le mal ; et il croit de son devoir de tout assumer. N'a-t-il jamais été lui-même adolescent ? C'est l'évidence. Mais pourquoi ? Que dit-il de lui qui pourrait nous le faire mieux entendre ?

La première fois que Job ouvrira « sa bouche » (la sienne, enfin), il maudira. Il « maudit son jour ».

« Périsse le jour où je fus enfanté, la nuit qui dit : "Un homme-fort a été conçu." »

Voici qu'apparaît Job dit par les autres, tel que l'ont parlé ceux qui l'ont mis au monde : un homme fort, non pas Job. Un brave, non pas enfant. *Guever,* en hébreu, c'est un homme par opposition aux femmes, aux enfants et aux non-combattants qu'il défend... Le non-enfant Job...

Adolescent ? Quand, où aurait-il pu l'être ? Car l'adolescent est celui qui brise l'image qu'on a de lui. Né héros chez les siens, Job peut-il désobéir, décevoir ou disparaître ? Le juste-toujours-juste n'est-il pas souvent ce non-enfant déjà grand à la naissance ? Un aîné peut-être, qui grandit comme rêve de ses géniteurs sans que ce soit lui qui grandisse ?

Vient le jour où, ayant lui-même engendré, ses propres enfants ne peuvent plus avoir comme père ce fils exemplaire, à l'âge où eux-mêmes tentent de sortir de cet état. Job essaie de les garder en deçà de la liberté, en deçà de la vie, en deçà de l'amour. Cependant, quelque chose en lui s'émeut de la poussée des jeunes vers la vie. Ce qu'il n'a jamais osé faire — laisser les troupeaux de son père et le priver de son fils —, ce qu'il n'a jamais osé signifier symboliquement, va apparaître, un jour, chez lui, vécu par ses propres troupeaux et ses propres enfants. Selon une réalité sans témoin, une réalité dont son esprit reçoit les messages.

Messages de ruine, messages d'un seul qu'à mon sens il est seul à recevoir. Rien dans le récit ne confirme la réalité de ce qu'il entend : le narrateur ne reprend pas à son compte les événements que Job perçoit ; la femme de Job ne paraît pas pleurer ses enfants. Elle ne lui parlera que de lui, à la façon de Satan, l'incitant à sortir de son intégrité, maudire Élohim et mourir (2, 9) ; Job lui-même, au cours de ses entretiens avec ses amis, évoquera ses fils qui le considèrent désormais comme un étranger (19, 13).

Après la première dévastation, Job ne bronche pas, ne change pas.

1 (20) Job se lève, déchire son manteau, se rase la tête, tombe à terre, se prosterne
(21) et dit : « Nu je suis sorti du ventre de ma mère, et nu je retournerai là.

YHWH a donné, YHWH a pris : le nom de YHWH est béni ! »

Curieuse expression : « et nu je retournerai là »... Dans le ventre de sa mère ? Rien de nouveau : tel qu'il est né, nu, il mourra et c'est au lieu dont il est sorti qu'il retournera. La vie qu'il a reçue, il la rend. La même. Comme une chose. Pas trace d'une seconde naissance pour JE. La première personne qui apparaît dans le langage de Job n'est pas sujet. JE est à l'autre.

Après toutes ces pertes, il lui reste encore quelque chose : lui-même ou plutôt la statue mise sur lui à la naissance, le rôle de héros qui lui colle à la peau. (Après l'épisode délirant, la maladie psychosomatique, dirait la psychiatrie d'aujourd'hui.) En langage biblique, l'image taillée posée sur Job se craquelle. Par poussée interne. Ce dont la destruction de la peau serait ici la métaphore :

> [... Satan] frappe Job d'un ulcère malin, de la plante de son pied jusqu'à son crâne. (2, 7.)

Sans aller plus loin dans ce commentaire, je remarque que le dieu, le diable, les messagers pourraient bien représenter autant d'éléments psychiques internes à Job. Relu à la Freud, le dieu tel qu'il se l'imagine serait son Surmoi ; Satan représenterait son Moi en tant qu'il cherche à contester le Surmoi sans pouvoir le dépasser. Les messagers annonceraient ce que les pulsions (le Ça) voulaient détruire.

Et pourtant, de ce chaos va émerger peu à peu celui que la science et une certaine religion [1] n'ont pas prévu : Job enfin, Job qui est Job. Comment ? Il refait tout le chemin. Le même, mais cette fois, c'est *lui qui le dit*. Lui qui dit sa naissance, sa mort : nous

1. En tout cas, la religion des amis de Job et de ceux qui leur ressemblent... ; et la science des Darwin, Freud...

étonnerons-nous de retrouver tout de suite la mort, comme lorsque Darwin raconte sa vie ? A son premier acte de parole, après avoir maudit le jour de sa naissance, Job s'appuie psychiquement sur sa mort et du plus loin qu'elle est possible :

« Pourquoi ne suis-je pas mort dans la matrice ? » (3, 11.)

Ses amis veulent lui prouver qu'Élohim a raison et lui tort, mais avant tout le faire taire, en lui disant par exemple :

« Crie donc ! Existe-t-il, ton interlocuteur ?... (5, 1.)

(J'imagine peu de réponses niant davantage le sujet que celle-ci, puisqu'elle nie d'avance qu'il puisse exister un autre parlant en face du cri de celui qui souffre.)

Job en appelle à l'Autre de toutes ses forces, sur tous les tons. Passant par toutes les couleurs de la relation, par l'arc-en-ciel de la parole, il convoque ses amis à reconnaître en lui celui qui dit son mal, qui dit sa vie (12, 3) : « J'ai aussi un cœur comme vous. Moi-même je ne suis pas inférieur à vous. » Il convoque son dieu, à travers toutes les attitudes possibles envers lui, du procès à la rencontre...

Tant de merveilles dans ces chapitres que je ne reprends pas ici. Tant de cris, de paroles que les gens pieux appelleraient blasphèmes... Tout plutôt que se laisser écraser par ce dieu dans lequel pourtant il espère follement.

Celui-ci finira par lui répondre. Et il répondra à l'homme-fort, au brave (*guever*) :

« Ceins donc tes reins comme un brave. Je te questionne ; fais-moi connaître. Où étais-tu quand j'ai fondé la terre ? »

YHWH parle. Et ce n'est ni pour sanctionner l'homme, ni se justifier lui-même. Il lui parle de la vie, qui dans toute la création se déploie superbement, selon des forces et des lois dont Job n'a ni la responsabilité ni le contrôle. Un grand discours cosmique puis animal. On dirait qu'il dit à Job : ne t'inquiète pas ; vois comme la vie connaît le chemin de la vie.

Mais le discours du dieu qui reprend la Genèse s'arrête avant de parler l'humain. Le dieu qui parle à Job ne lui parle pas de l'homme comme créé. Il ne lui assigne pas un statut de créature. On aurait pu s'attendre à cela pourtant : quel meilleur moyen de faire taire un homme quand on est le Créateur que de lui rappeler qu'on l'a créé ? Or ce que le dieu dit à Job, ce n'est pas qu'il n'est rien, c'est qu'il n'est pas l'autre. Depuis les premiers objets de la création jusqu'au plus fort des animaux.

Je quitte le livre de Job. Ce livre-ci ne suffirait pas à en commenter les richesses, mais il demeure dans ma mémoire. D'ailleurs un analyste peut-il l'oublier ? Peut-il ne pas s'y être reconnu lui-même ici ou là ? Peut-il ne pas reconnaître, parmi ceux qui viennent vers lui, des êtres et des moments de vie qui lui ressemblent ?

Celui qui fait le voyage de la seconde naissance, en passant par le dégoût de la vie, la perte de l'image de soi, l'effondrement de l'Autre auquel il croyait, celui-là reconnaîtra Job comme un frère s'il lui arrive de briser aussi l'image qui recouvre Job dans notre culture...

Job ou le bonheur sans le sujet, la loi sans autre ; puis le sujet sans le bonheur, mais jamais, cependant, sans la loi. Job ou la convocation du législateur en procès. De la tempête qui est au fond de lui, lui qui croyait connaître ses fils, il découvre enfin quelqu'un qu'il ne connaît pas.

Job le fils juste, Job le devenant sujet, Job le père.

A la fin, YHWH dit à l'un des amis de Job (42, 7-8) :

« Ma fureur brûle contre toi et contre tes deux compagnons, Car vous n'avez pas parlé de moi avec exactitude comme Job mon serviteur [1].
Maintenant prenez pour vous sept bouvillons et sept béliers,
Allez vers Job mon serviteur ; faites monter pour vous une montée [un sacrifice].
Job mon serviteur priera pour vous. »

Il priera pour ceux qui ne parlent pas encore. Ceux qui ne savent pas que ce dieu-là n'est pas la loi, ni le dieu de la loi. Il est celui auquel la loi donne accès, celui qui parle.

Job est l'homme des souffrances, certes, mais il est aussi celui qui a réussi à sortir de la perfection. Qui se manifestait sous deux formes :

Il effaçait les fautes éventuelles de ses fils. Sans leur donner la loi et qu'ils en soient libres. La liberté est imperfection.

Il n'avait pas reconnu ses filles. La différence est imperfection (« *Nobody is perfect* »).

Le juste a *rapport à la loi*.
Le sujet a *rapport à l'autre et à lui-même par la loi*.

Job voulait faire ses enfants en sa ressemblance *et comme son image* ; et non les laisser aller, engendrés et non pas créés. Mais à la différence d'Adam, Job trouve le remède ontologique. La dépression plutôt que la perversion. Remède difficile, terrible même, et pourtant véritablement bon : c'est sa propre image à lui qui se défait, jusqu'à l'os. Jusqu'à lui.

1. Littéralement : « serviteur de Je » ; le lecteur saura entendre la présence de la première personne là où il est dit « moi » ou « mon » en français.

Chapitre VIII

JE NE VEUX PAS : PAROLE DE FILS

Les sandales de Moïse

Pour ne pas épuiser l'attention du lecteur, ni la mienne, je pars dans mes souvenirs de voyageuse dans les textes et dans les conversations.

Une année, j'avais eu à rédiger quelques pages de réflexions sur le sens du vêtement selon la tradition biblique. Plusieurs mois après avoir rendu ce petit travail, je rencontrai, au hasard des journées en bibliothèque et des repas qui les suivent, un chercheur dont j'avais fait la connaissance lors d'un précédent séjour. Il avait entendu parler de ce court article que, me dit-il, il n'avait pas lu, et en plaisantant me demanda : « Avez-vous pensé — ou bien avez-vous oublié comme X..., qui avait écrit autrefois sur le même sujet —, avez-vous pensé aux chaussures ? » Je m'aperçus à ma grande confusion que j'avais moi aussi oublié cet élément.

Nous étions plusieurs à la même table ; la conversation s'engagea sur l'importance des chaussures, avec la légère taquinerie qui permet à des chercheurs de prêter attention à la recherche des autres tout en se reposant du travail de la raison. Tout de suite, on me fit remarquer que la première fois que Moïse rencontre Dieu, au début de l'Exode, il doit enlever ses sandales. « En signe de respect », ajouta un interlocuteur, en accentuant légèrement les mots...

Dans le procès plaisant qui m'était fait, j'essayais de trouver un argument pour ma défense. Et pour cela de me souvenir du texte hébreu au début du chapitre 3 de l'Exode. Je sentais bien que ce qui m'était dit là ne me convenait pas. Ce que mes interlocuteurs avaient deviné, évidemment. Je repassais mentalement la scène : Moïse, menant paître à travers le désert les moutons de son beau-père, voit un buisson qui brûle et qui n'est pas mangé par le feu. Il fait donc un détour pour voir de plus près ; alors Élohim l'appelle du milieu du buisson : « Moïse, Moïse. — Me voici. — N'approche pas ici. Ôte tes sandales de tes pieds car le lieu sur lequel tu te tiens est terre sainte. »

Pourquoi « N'approche pas... » et « Ôte tes sandales »... ? Un seul interdit ne suffit-il pas entre JE et TU ? Que faire alors de la seconde injonction ?

Alors le mot « sandale » en hébreu me revint en mémoire. *Naal,* d'un verbe qui a même forme que le substantif et signifie : fermer, verrouiller, serrer (les pieds dans des chaussures...). Je dis donc à mes compagnons de repas qu'en hébreu retirer ses sandales, c'est enlever ce qui serre, ce qui verrouille les pieds.

Ma voisine, qui n'avait encore pas parlé au cours de cet échange de « spécialistes » — elle était en effet la seule à cette table, je crois, à n'être pas chercheur mais notre hôtesse —, dit alors : « En arrivant chez moi, la première chose que je fais c'est d'enlever mes chaussures. »

Cette interprétation nous fit rire ensemble et nous convint tout à fait ; la suite du texte, d'ailleurs, devenait claire : « Ôte tes sandales de tes pieds car le lieu où TU te tiens est une terre sainte. »

Non pas : le lieu où JE me tiens.

Ainsi, une fois de plus, c'était une situation de parole dans la vie commune qui donnait à l'intelligence ce qu'il lui faut de désir pour inventer et comprendre. Au cours du repas : pas au début quand on a trop faim, ni à la fin... mais entre les deux, dans cet « au cours du repas » qui semble un moment béni pour la parole. Un commentaire s'était formé entre nous, de l'un vers l'autre, d'un peu de procès, de plaisanterie et de vérité du sujet en son corps. Enlève tes sandales, dit l'Éternel, car l'*adamah* sur laquelle TU te tiens debout — près de JE mais pas tout près —, ce lieu est saint.

Et c'est chez TOI.

Je fus frappée une fois encore de ce que la lecture non attentive de l'habitude — non pas de la tradition, de l'habitude — nous tendait d'avance l'interprétation la plus soumise : enlever ses chaussures par respect pour le dieu. Et que cette interprétation ait pu être tout à coup subvertie par :

Un soupçon sur le trop de loi d'un acte prescrit dans les textes ;

Un retour à la lettre du texte ;

Une interprétation par association au sujet faisant aujourd'hui le même acte en tant que sujet ;

La suite du texte alors s'ouvrant et confirmant l'interprétation.

Le sens le plus révélant surgit entre ceux qui désirent se parler d'égal à égal — de sujet à sujet — et le sens nouveau nous fait rire car il se trouve être le plus désirable. Rire joyeux, victoire sur la peur du divin, sur l'humiliation qu'on croyait sacrée, sur l'image décevante, ternie, lointaine qu'on avait du dieu et de l'homme. Rire d'être ainsi relevés d'une prosternation que seul le Surmoi avait demandée et que l'Écrit abolit, renverse en station droite et en honneur.

La joie, bon guide.

J'ai mieux compris depuis ce déjeuner joyeux un sentiment que j'avais éprouvé dans la mosquée d'Omar à Jérusalem. Bien qu'il fût impersonnellement obligatoire de laisser dehors nos sandales, mes pieds sur les tapis m'avaient parlé d'autre chose. Je n'ai pas été la seule à éprouver cela. Cette obéissance respectueuse à un rite qui n'était pas le nôtre se transformait soudain en expérience d'intimité. Nous étions, croyions-nous, de simples visiteurs, étrangers à tous points de vue. Et pourtant ce qui se passait en nous s'apparentait à ce « Ôte tes sandales car la terre sur laquelle tu te tiens est sainte ».

Le lieu à partir duquel je te reconnais chez TOI et où je me tiens près de toi, mais pas tout près, est saint. Je me tiens debout près de toi avec respect. Alors, je suis chez JE.

Un contrat contre la loi

Je reviens au rapport à la Loi. Nous avons vu celui qu'entretient en nous le Surmoi : il augmente la loi jusqu'à ce qu'elle s'inverse et persécute. Le sujet que la loi appelait à se lever vers l'autre, s'il écoute cette instance au lieu d'écouter le diseur de la loi, doit rester prosterné devant la loi. Esclave de la loi donnée à l'homme sorti de la maison des esclaves.

Il y a encore bien d'autres rapports à la loi... Je pense encore à un autre rapport, en apparence radicalement opposé, qui aboutit, pourtant, au même résultat. Selon la loi des extrêmes qui se touchent.

Nous avons vu ce que fait le Surmoi de la loi. Essayons de comprendre ce que peut en faire le Ça, pour parler selon la terminologie freudienne. Autrement dit, où va se trouver le sujet si son rapport à la loi est régi par les pulsions ?

Il s'agit de ce que je ne vois pas comment appeler, sinon le « contrat pervers ». Je m'explique.

Soit un contrat par lequel des êtres consentent à s'utiliser les uns les autres, pour leur plus grand plaisir. Un contrat selon lequel il n'y aura aucune loi de relation. Pas de faute par conséquent, pas de jalousie, pas de cris ni de larmes. Si cependant il y a des larmes, c'est qu'il y a du sujet souffrant d'être traité comme un objet interchangeable. Mais si tout va bien, rien ne proteste. Le sujet a fait accord avec d'autres sur ce point : il ne réclamera pas le statut de sujet unique. Le monde devient alors paisible et les êtres aimables et doux. L'harmonie règne plus qu'ailleurs. Aussi longtemps qu'aucun des signataires ne brise le contrat. Avec quelle force d'ailleurs le déchirera-t-il ? Pas même celle du désespoir dont il est longtemps protégé par suffisamment de plaisir. Un plaisir qui est la mort pour le sujet. Sans douleur. La douleur viendra, si elle vient, du sujet pas assez mort.

Une certaine utilisation des découvertes de Freud sans éthique a pu et peut encore nous conduire dans cette voie : pour retirer le sujet des griffes de la loi persécutrice, on le met au service de ses pulsions. Il n'est d'ailleurs pas exclu que ce soit au nom d'un nouveau genre de Surmoi, un Surmoi « scientifique », issu d'une lecture de Freud, que s'installe ce nouveau rapport à la loi. Cette loi n'est plus la loi de la parole, elle est la loi des désirs (il ne faut pas être refoulé... il faut satisfaire ses désirs...).

Décidément, il est bien difficile de trouver le juste rapport de la loi et du sujet. Job certes, mais quelle terrible voie. Quarante-deux chapitres de malheurs, de souffrances et de cris pour qu'il puisse enfin dire à son dieu (42, 4) :

> « Écoute, je te prie, et JE parlerai.
> Je T'ai interrogé et tu as fait connaître JE. »

N'y a-t-il pas de passage moins tragique ? Plus court aussi que le temps nécessaire à un cheptel pour doubler, à un homme pour se défaire ? Et si Job avait pu renaître plus tôt qu'à l'âge où ses enfants cherchaient eux-mêmes à faire ce passage ?

De ceux qui m'ont ouvert l'exégèse biblique comme de ceux qui m'ont initiée à la théorie psychanalytique, j'ai entendu que toute la Bible pouvait tenir dans quelques versets, que toute une analyse pouvait tenir dans un rêve. Ce doit être encore une loi de l'Esprit. Loi que je vois bien souvent vérifiée et qui me laisse toujours dans l'étonnement admiratif. Loi de la vie elle-même lorsqu'une cellule peut contenir les informations du corps entier.

Parce qu'on me demandait à la même époque d'animer une session de lectures bibliques où le temps nous serait davantage compté que lorsque nous lisions Job, je m'étais mise en quête du plus petit fragment possible du second Testament qui répondrait aux mêmes questions : comment penser un juste rapport à la loi? un juste rapport au père? qu'est-ce qu'un père, qu'est-ce qu'un fils?

Ce n'était pas aussi clair dans mon esprit lorsque je commençai à chercher dans les Évangiles. Mais, après coup, lorsque je découvris une histoire racontée par Matthieu, l'analogie des deux textes m'apparut. Il faut ajouter aussi que lorsque je me mis à relire — prudemment — les Évangiles, le texte grec sous les yeux, je cherchais à me défaire de ce que je croyais savoir. Je préférais donc emprunter des passages peu fréquentés. C'est aussi une attitude d'analyste : commencer par ce qui est oublié. Bref, bien des raisons m'amenèrent à choisir une des plus minuscules paraboles avant d'aller rejoindre ces lecteurs belges qui désiraient que nous cherchions ensemble.

Un homme avait deux enfants

C'est encore une histoire d'homme qui a des enfants. Et, encore une fois, le mot « père » fait défaut au début tandis qu'il apparaît à la fin. Mais comment allais-je comparer les nombreuses pages du livre de Job à la demi-feuille de la minuscule parabole? C'est qu'en trois versets l'histoire nous est tout entière contée, et deux autres suffiront pour l'interprétation.

La parabole, bien sûr, a un contexte : une série de controverses entre Jésus et divers représentants des autorités religieuses, juridiques et politiques.

Lorsqu'il la raconte, Jésus enseigne dans le Temple et il s'adresse maintenant aux grands prêtres et aux anciens du peuple qui se sont approchés (Matthieu, 21, 28-32) :

(28) « Que vous en semble ?
Un homme avait deux enfants.
S'approchant du premier il dit :
"Enfant, va aujourd'hui, œuvre dans la vigne."
(29) Il [l'enfant] répond et dit :
"Je ne veux pas."
Après il change d'avis et s'en va.
(30) S'approchant de l'autre,
il lui dit de même.
Il [l'autre enfant] répond et dit :
"Moi, Seigneur"
et il ne s'en va pas.
(31) Lequel des deux a fait la volonté du père ? »
Ils lui disent :
« Le premier. »

Un humain, *anthrôpos* (ἄνθρωπος), avait deux rejetons, *teknon* (τέκνον). Ce dernier mot n'est pas un mot propre à l'espèce humaine, ce peut être un petit d'animal. Le mot vient du verbe « mettre au monde, mettre bas, créer, produire... ». Voilà un humain qui a deux petits. Ça recommence au commencement. Il y a un Adam (= *anthrôpos*) avec les deux créatures qu'il a faites à son tour. Ce qu'il n'y a pas, c'est du père et du fils. Ces mots-là ne sont pas encore apparus pour qualifier les personnages du texte. Quelle importance ont-ils dans cette histoire d'être si soigneusement évités au début ? Je dis soigneusement parce que j'ai vu que, lorsqu'on veut annoncer de quoi parle cette histoire, on a toujours beaucoup de mal à ne dire ni « père » ni « fils ».

Pour bien entendre ce que l'homme dit à chacun de ses enfants, je l'ai réécrit ici, avec, en face, ce qu'il ne dit pas (selon une manière d'écouter que j'ai dû apprendre sans doute auprès des rabbins) :

Ce qu'il dit	Ce qu'il ne dit pas
« Va	Viens
aujourd'hui,	tous les jours
œuvre dans	travaille (sers) dans
la vigne. »	ma vigne.

S'approcher de quelqu'un pour lui dire tout de suite : « Va », c'est le minimum de possession.

Ne donner d'ordre que pour « aujourd'hui », c'est le minimum de soumission : demain, l'ordre sera caduc, l'enfant sera libre.

« Œuvrer », ce n'est pas travailler servilement, c'est agir, façonner par son travail (sens du verbe grec *ergazomai* [ἐργάζομαι]).

« Dans la vigne » : pas la mienne, la vigne, unique. Le lieu par excellence du travail heureux de l'humain. Celle du recommencement du monde, celle que plante Noé lorsqu'il émerge de l'arche après le déluge. La vigne, c'est aussi le peuple d'Israël, vigne de YHWH Élohim. C'est encore le lieu du fruit mystérieux dont on peut faire ce qui « réjouit le cœur de l'homme », dit le psalmiste (104, 15).

On dit aussi en plaisantant, chez les « psys », que le Surmoi est cette partie du psychisme soluble dans l'alcool. Évidemment, dès la première vigne plantée — chez Noé, donc —, on apprend que trop de vin dissout aussi, avec le Surmoi, la conscience. Selon l'axiome du sage : « Le vin, c'est la vie pour l'homme quand on en boit modérément » (Siracide, 31, 27). C'est un lieu heureux et un lieu risqué.

Tout cela les enfants peuvent l'entendre lorsque l'homme leur a parlé de vigne. Il s'est adressé à chacun d'eux exactement dans les mêmes termes, dit le texte. Or, à l'évidence, ils n'ont pas entendu la même phrase. Puisqu'ils répondent respectivement :

Le premier	L'autre
« Je ne veux pas. »	« Moi, Seigneur »

Cette fois, je suis bien embarrassée : me voilà avec deux réponses en première personne. Elles doivent, cependant, différer complètement l'une de l'autre puisque les actes qui suivent ces deux paroles s'opposent comme le oui s'oppose au non : l'un s'en va et l'autre ne s'en va pas (*aperchomai* [ἀπέρχομαι] : s'en aller, quitter).

Le lecteur aura remarqué que la première réponse ne comporte pas d'insistance sur le pronom de la première personne mais comporte une négation et un verbe ; tandis que la seconde manifeste fortement celui qui parle mais le pronom Moi (ou JE = *Ego* [ἐγώ] en grec) n'est suivi d'aucun verbe. C'est le mot *Kurios* (κύριος), c'est-à-dire « qui est maître de », qui vient à la place.

En grec, les deux réponses comportent deux mots chacune. Littéralement :

Le premier	L'autre
ne-pas je-veux	JE, Maître

Entre le désir de l'homme et son désir à lui, le premier enfant a mis une négation, une limite qui les sépare. L'enfant n'est pas à celui qui vient de lui parler. Il n'obéit pas à l'ordre, il se refuse à accomplir sa volonté. Il le récuse comme maître, il se refuse comme serviteur.

Entre le désir de l'homme et lui, l'autre enfant n'a rien mis. Au contraire, il s'offre lui-même pour l'accomplir, il présente JE sans verbe, à celui auquel il répond qu'il qualifie comme « maître ». JE serviteur n'a pas à dire le verbe qui appartient au maître. JE se présente pour faire ce que TU veux que je fasse.

La suite est alors très simple pour ce deuxième enfant, en ce sens qu'il n'y a pas de suite : il n'est pas souverain du JE qu'il prononce, offert au maître et prolongement de celui-ci. JE serviteur, sans verbe, reste collé à son seigneur :

— « aller » serait quitter le maître,

— « aujourd'hui » ne signifie rien pour celui dont l'oreille n'a pas entendu l'heure de la liberté,

— « œuvrer » serait agir par soi-même sur le monde,

— « dans la vigne » serait aller au lieu de sa propre vie à laquelle il n'a pas accès.

Pour le premier enfant, les choses sont différentes. Il n'y a pas deux temps de réponse : dire et (ne pas) faire. Il y en a trois : dire, penser, faire. Que peut nous apprendre le mot grec de ce temps intermédiaire ?

« Après, il change d'avis... », dit le texte. Souvent, on traduit ce verbe par « il regrette », ce qui n'est pas faux mais donne à la phrase une couleur moralisante qu'à mon sens elle n'a pas. Ce n'est pas comme s'il avait commis une faute et qu'il s'en repente. Le verbe *metamelomai* (μεταμέλομαι) vient de *melomai* (μέλομαι), prendre soin, et de *meta* (μετά), comme dans « métamorphose », qui comporte l'idée d'une succession d'états, d'un changement. L'enfant change de soin, si je puis dire.

Nous avons vu de quoi il a d'abord pris soin : de se distinguer de l'homme dont il est l'enfant. Ensuite, à quoi peut-il donner son attention ? A ce qu'il désire lui, et peut-être à la vigne, seul autre élément qui peut le mettre en mouvement.

Ainsi une fois assuré de ne pas être agi, sans doute peut-il agir lui-même. La vigne alors représente ce qu'il peut lui-même désirer. Seulement, il ne voulait pas y aller *selon l'autre et sans lui-même.* Ce ne serait pas la vigne — le bonheur de la vie — s'il n'y allait pas librement. Un bonheur sans sujet, nous connaissons. Il n'en veut pas.

Quand il est temps pour lui d'aller, d'œuvrer à faire pousser la vigne, il n'attend pas, comme Job, la génération d'après pour vivre le refus. Et c'est moins cher pour lui. Pourquoi ?

Je ne peux pas ne pas prêter attention, à présent, à la façon dont l'ordre lui est donné. Celui qui lui a dit « Va aujourd'hui... » l'a appelé « enfant ». Simplement. Pas plus que ça. Pas plus qu'il n'est à cette heure encore. « Enfant » et non pas « héros » ou « homme-fort ». Il n'a pas non plus dit « fils ».

Et puis l'homme n'ordonne qu'une seule fois et pour un seul jour. L'enfant, le lendemain, n'étant plus sous l'ordre, entre dans une autre relation avec la parole qui lui a été dite hier et qu'il n'a pas accomplie. Lorsqu'il n'entend plus de la même manière *celui* qui la lui a dite, peut-être est-ce alors qu'il entend *ce* qui lui a été dit et change de soin (il prend soin de lui et de l'autre autrement cette fois) : la parole devient sienne.

Enfin, tout porte à croire que l'homme du « Va... » n'a exercé ensuite aucune pression pour que l'ordre soit exécuté. Et, s'il ne l'était pas, aucune sanction, aucune annulation du refus, comme le faisait Job pour ses fils.

Si cette parole est une loi, alors elle a vraiment été remise entre les mains des enfants pour qu'ils en fassent ce que bon leur semble. La loi donnée au sujet, et non le sujet donné à la loi.

Si cette parole est un envoi vers la vie, elle est invitation, expression du désir de l'homme envers ses enfants. Ce désir aussi leur est remis. Cependant, oui ou non, ils ont à répondre quelque chose.

La volonté du père

Maintenant, la parabole est apparemment terminée. Celui qui l'a racontée interroge ses auditeurs :

> « Lequel des deux a fait la volonté du père ? »
> Ils disent : « Le premier. »

Voici deux mots nouveaux, que trop d'habitude peut nous empêcher d'entendre. La volonté, *thelema* (θέλημα en grec, d'un verbe *ethelô* [ἐθέλω] qui veut dire : vouloir bien, consentir, désirer, souhaiter) ; ce que le père désire, souhaite, veut...

Je vois ici deux façons de lire.

Lequel a fait le désir du père ? Celui qui est allé à la vigne. La première lecture, c'est la réponse que l'auditeur est contraint de donner par l'histoire elle-même. Réponse objective : le premier enfant a exécuté finalement, malgré un moment de refus, la volonté qui lui a été signifiée; tandis que l'autre enfant ne l'a pas exécutée.

Cette lecture est correcte, mais suffit-elle ? Elle ne tient pas compte du second mot nouveau de Jésus, le mot « père ». En effet, si l'accomplissement de l'ordre ne se juge qu'en termes objectifs, ce peut être en tant que serviteur, comme le second, que le premier a obéi. Pourquoi alors a-t-il pu, lui, aller à la vigne tandis que le second n'y est pas allé ? Dans cette lecture objectivante, les deux enfants sont vus comme deux exécutants, l'un bon malgré son refus premier, l'autre mauvais malgré son acceptation première. Le mot « père » ici n'aurait aucune raison d'être plus approprié que le mot « maître » qu'a employé le second enfant.

S'il y a maintenant du père et donc du fils, c'est qu'il s'est passé autre chose pour le premier enfant que l'obéissance finale à un maître. En effet, il y a d'abord eu le refus d'une relation maître-esclave, pour parler comme Hegel. L'enfant s'est désidentifié du désir de l'autre. Ceci, c'est ce que tu veux, toi, et je ne veux pas.

Se fait en cette réponse même une première œuvre : ne pas aller, ne pas œuvrer à la vigne selon l'ordre reçu, c'est œuvrer pourtant et bien davantage : œuvrer à la pensée, à la conscience. Délibérer en soi-même. Cela n'est pas sans rappeler un certain homme, une certaine femme... Œuvrer à la différenciation — travail de la vie même —, œuvrer à se lever soi-même comme autre face à lui. Œuvre du verbe. Détruire en soi la parole du maître. Après, demain peut-être, elle commencera d'apparaître autrement, comme parole pour la vie, parole pour le fils, parole de père. Le non-serviteur devient homme libre. L'enfant-objet devient non-objet par un « non »...

Cela prend du temps : un jour, un an, dix ans... Qui sait ? La parole défaite, écrasée, de l'homme va se transformer à l'intérieur de celui qui devient fils.

La parole aura-t-elle « travaillé » l'enfant, comme on le dit parfois lorsqu'on veut encore récupérer le pouvoir pour le maître ? Je ne le crois pas : elle aura été travaillée par lui jusqu'à ce qu'elle devienne sienne, et, en lui, source d'énergie pour qu'il aille. Ce jour-là, à son heure, il se dira : JE vais œuvrer dans la vigne.

Or, n'est-ce pas ainsi qu'est fait le vin ? Le raisin est écrasé, apparemment détruit et devient jus. On le laisse fermenter un certain temps. Une destruction, une transformation et, à la fin, « ce qui réjouit le cœur de l'homme ». De l'enfant devenu homme.

Ce premier enfant a vinifié la parole de son géniteur, de son créateur. Voici qu'il n'y a plus maintenant un humain et son rejeton. Il y a un père et un fils.

La volonté du père n'était pas que son enfant exécute son ordre mais qu'il devienne fils en faisant toute cette œuvre de parole sur sa parole initiale. La volonté du père n'est pas que sa volonté gouverne encore l'enfant mais que l'enfant puisse dire : Je ne veux pas Ta volonté. Et qu'alors « Je » véritable se lève en l'enfant.

Je, fils du père.
« Que ta volonté soit faite »...
La volonté du père : que le fils advienne [1].

Je pense à tous les fils, « de l'un et l'autre sexe », comme le reprend Pierre Legendre, et aux mille et une façons dont se fait ce vin-là : un fils d'homme. Le

1. C'est Marc Lacan qui m'a fait remarquer que le mot « Dieu » n'apparaît pas dans le « Notre Père » malgré l'initiative de certains traducteurs qui l'y ont introduit. Cette importante évidence m'avait échappé et je le remercie de me l'avoir montrée.

lecteur aura aussi bien des exemples en mémoire. Par où passent les rejetons de l'humain pour s'éveiller ?

Le « Je ne veux pas », phrase essentielle au sujet, peut se dire de tant de manières. Toujours en rapport avec la façon dont se manifeste la volonté de celui qui donne le premier ordre. Ici, l'homme dit « Va... » et l'enfant d'abord reste. S'il avait dit « reste », l'enfant serait sans doute allé. Certes, le contenu du désir de parent n'est pas indifférent. Mais quoi qu'il veuille, le « Je ne veux pas » aura lieu. Si tout va bien.

Si tout va bien, il y aura un moment où ça n'ira pas.

La parabole, avec ce paradoxe du « non » plus près du « oui » que le « oui », invite son auditeur à ne pas se laisser prendre aux apparences. Tel enfant, par exemple, qui part et travaille au loin peut le faire conformément aux désirs sur lui et rester secrètement collé au maître. Tandis que tel autre qui demeure auprès de lui le fait contre le désir de celui-ci et en cela se sépare de son père avec lequel, apparemment, il demeure.

Je ne parle pas ici comme quelqu'un qui a toujours su — qui sait toujours — distinguer le oui du serviteur et le oui du fils. Mais, commettant des erreurs que je n'ai pas vues, je finis par chercher à comprendre. Et comprendre, en matière d'humanité, c'est d'abord ne pas savoir et ne pas juger. Ne pas juger, non pas tant parce que ce serait mal mais parce que ce n'est pas possible.

Imaginons. Quelqu'un nous raconte qu'un père n'a pas envoyé son fils à l'école et que ce fils ensuite est resté chez ses parents jusqu'à l'âge de trente-cinq ans, ne serons-nous pas tentés, nous les psys, de les désapprouver l'un et l'autre ? Pourtant, nous ne sommes pas fâchés de ce fils-là : il s'appelait Pierre Curie.

Comme j'étais lasse d'être assise à ma table et d'écrire (pensant peut-être aux escapades de Pierre Curie dans la campagne), je suis allée me promener.

Tout en marchant, je me disais dans ma langue orale : le premier enfant trouve sa voie, très bien. Il œuvre sa vie, transforme en vin la vigne qui est peut-être aussi la création, ou lui comme créature. A partir de cette créature qu'il est, contre le maître mais grâce à la présence initiale, il œuvre un sujet, il œuvre du fils ; l'humain devient père. Pour ces deux-là s'ouvre le royaume des ciels.

Cet *anthropôs* est évidemment aussi le dieu lui-même ; car qui d'entre nous ne dit à son enfant sa volonté qu'une seule fois et qu'un seul jour, sans exiger ni contrôler, effacer ni réparer ce qu'il en aura fait ?

Voilà pour le premier. Mais l'autre enfant ? Ne va-t-il jamais parvenir à trouver le passage pour devenir fils de l'homme lui aussi ?

Au point où j'en suis, je ne peux qu'attendre d'être revenue dans mes livres car je veux relire les deux versets d'interprétation qu'en donne Jésus.

Les voici :

(31b) Jésus leur dit :
« Amen, je vous dis :
Les taxateurs et les prostituées
vous précèdent [1] au royaume du dieu.
(32) Car Jean est venu vers vous en un chemin de justice
et vous ne l'avez pas cru.
Mais les taxateurs et les prostituées l'ont cru !
Ce que voyant, vous, vous n'avez pas changé d'avis après, pour le croire. »

1. Pour une raison que j'ignore, quelques traducteurs ont estimé que ce verbe au présent avait un sens futur... Les paradoxes évangéliques sont difficiles à accepter, ceux qui les ont écrits en étaient d'ailleurs bien conscients. On verra plus loin comment on a rajouté une négation à un autre passage paradoxal, ce qui en a retourné le sens et a presque effacé la voie du sujet.

Je ne rentre pas loin dans ces nouveaux versets mais je remarque qu'il y est dit : « les taxateurs et les prostituées vous précèdent... ». C'est dire que les interlocuteurs de Jésus — et aussi le second enfant — parviendront eux aussi au royaume. Mais ils n'en trouvent pas d'abord le chemin. Et ils ne reconnaissent pas non plus ceux qui le trouvent devant eux.

La question qui se pose à moi maintenant est : Comment ? Comment l'individu qui identifie le parent — ou le dieu — qui lui a donné la vie comme son maître, l'individu qui en même temps s'identifie à ce maître comme son serviteur, comment peut-il sortir de ce mode de relation, devenir lui-même et entrer au royaume divin des fils ?

Retour à Job

Job, à mon secours. C'est à lui que je demande maintenant comment il est parvenu à dire ce fameux « Je ne veux pas » ? Comment ? A qui ? A propos de quoi ?

Tout d'abord, Job ne dit lui-même que « oui », et annule les éventuels « non » que ses fils risqueraient d'avoir dits. Quoi qu'il arrive, il dit « oui ». C'est bien en cela qu'il est souvent religieusement honoré — comme Marie — à contresens, me semble-t-il, du mouvement profond des textes. Il ne dit que « oui » parce qu'il n'a pas accès au « non ». Lorsque, après avoir tout perdu, sa peau se défait, il emploie bien une première négation mais c'est pour l'annuler aussitôt par le sens de sa phrase : « Nous acceptons le bien d'Élohim : n'accepterions-nous pas aussi le mal ? » (Ne dirons-nous pas oui ?)

Arrivent ses trois amis et tous ensemble gardent le silence durant huit jours. Enfin, un délai, une rupture dans le temps circulaire.

Après quoi, Job ouvre sa bouche et maudit son jour.
Job répond et dit :
« Périsse le jour où je fus enfanté, la nuit qui dit "Un brave a été conçu".
Que ce jour-là soit ténèbre ! Qu'Éloha, d'en haut, ne le cherche plus.
[...] Pourquoi ne suis-je pas mort dans la matrice [1]... »

Expression radicale du « Je ne veux pas ». Ce n'est pas une volonté de l'autre extérieure à lui, un ordre pour un acte que Job détruit dans son refus. C'est sa propre vie et depuis le commencement. Il est vrai que la parole qui lui donne ordre remonte à sa naissance et même à sa conception (« Un brave a été conçu »). Aussi doit-il porter la négation, la destruction jusque-là pour se libérer de la servitude. Ses géniteurs à lui ne lui ont pas ordonné un faire (« Va, Œuvre... »). Ils lui ont dit « Sois ». Son « non » doit donc porter sur son être même.

« Sois ». C'était bon pour la lumière, le ciel, les astres. Les grandes choses du cosmos qui ne font rien qu'être là. Mais déjà la mer n'a pas été dite ainsi par le Créateur, ni la terre, ni les plantes, les animaux, ni, bien sûr, les humains. Je m'en aperçois maintenant, je ne l'avais pas remarqué.

Appeler un enfant « homme fort », c'est sous-entendre : « sois-le », car il ne l'est pas en naissant.

Je ne veux pas être... Je ne veux pas être cet homme fort, votre homme fort...

Dans la pratique clinique, il n'est pas facile d'entendre comme un « je ne veux pas » ce qui a d'abord la forme d'une maladie, c'est-à-dire d'un « Je ne peux pas ». Moins facile encore d'attendre patiemment que la seconde phrase laisse apparaître, à l'heure du sujet et non la nôtre, la première.

Cela prend le temps, le temps que met Job aussi à

1. Job, 3, 2-4 et 11.

lutter avec ses amis et son dieu. Jusqu'à ce que, peu à peu, il raconte son « être homme-fort », tout ce qu'il a vécu sous ce destin-là. Jusqu'à ce qu'il retrouve les verbes — et Dieu sait s'ils sont nombreux dans ce texte difficile —, les verbes qui manquaient entre son JE et Seigneur. Job dit ce qu'il souffre, mais aussi comment il a été au service de tous ; au fur et à mesure qu'il dit, qu'il proteste, il se lève, sort de son ancienne place, puisque sa perfection comme serviteur ne lui a pas apporté ce qu'il en attendait. Il prend assurance dans l'usage, nouveau pour lui, de la négation qu'il avait éradiquée de sa bouche et annulée dans sa maison. Serviteur d'une parole qui faisait autrefois de lui un homme honoré. Mais c'était en tant que serviteur qu'il était le fils honoré.

On peut être roi sans être souverain de sa royauté. Et même être maître de sa royauté sans en être sujet. Il suffit de n'avoir jamais dit « *Ou thelô* (Οὐθέλω) », je ne veux pas, et, si haut que l'on soit, on n'est jamais qu'un serviteur. Je ne parle pas ici du service, du métier de serviteur [1], je parle de la servitude psychique, de l'esclavage intérieur que nous connaissons tous au début de la vie et dont la sortie est une des grandes questions de la vie humaine.

Le « Je ne veux pas » de Jésus

Une parabole, c'est une histoire dont le sens est caché. Je me suis longtemps demandé à quoi servait ce détour. Celle que nous venons de relire ensemble m'engage vers cette formulation : une parabole est une histoire dont la clé est cachée de telle façon que seule la première personne peut la trouver. Message codé écrit par un sujet pour un autre sujet [2].

1. Molière ne nous a pas laissé ignorer que la servante d'une maisonnée peut être le premier vivant à y parler en première personne.

2. Comme l'écrit Beethoven en marge du Kyrie de sa *Missa solemnis* : « Venu du cœur, puisse-t-il retourner au cœur. »

Celui qui l'invente ici, c'est un homme appelé Jésus. En quoi est-il lui-même le sujet de cette histoire ? En quoi peut-il l'adresser ainsi à un autre, lui qu'on honore si souvent, chez les chrétiens, pour son obéissance totale, sa soumission de tous les instants à la volonté de son père ? N'est-ce pas contradictoire avec ce qu'il enseigne ici du serviteur et du fils ? A-t-il défait, écrasé la parole du père pour qu'elle ne soit pas celle du maître en lui ? A-t-il signifié son « Je ne veux pas », a-t-il pris un délai avant d'aller, afin de pouvoir atteindre la vigne du fils libre ? Où allons-nous trouver cela, qui correspond si peu à la lecture habituelle des relations de Jésus à celui qu'il appelle « Père »...

Nous avons pourtant déjà rencontré ce refus fondateur dans le second Testament. Je reprends ici le texte de Matthieu (3, 16 — 4, 2) [1].

(16) Étant baptisé, le Jésus aussitôt remonte de l'eau.
Et voici ils sont ouverts les ciels
et il voit l'esprit du dieu
descendant un-peu-comme une colombe
et venant sur lui.
(17) Et voici une voix, des cieux, disant :
« Celui-ci est fils de JE
l'aimé que je considère [que j'approuve, auquel j'acquiesce]. »
(1) Alors Jésus est amené en haut dans le désert
par l'esprit pour être essayé par le diable.
(2) Il jeûne quarante jours et quarante nuits.
Après, il a faim.

Celui-ci est le fils de JE... Voilà du verbe « être », et du « fils ».

Or la première réponse de celui qui est ainsi

1. Ma traduction ébauchée ; comme dans bien d'autres passages, je suis celle de sœur Jeanne d'Arc pour l'essentiel, en revenant parfois à du plus littéral, n'étant pas tenue comme elle l'est — et parce qu'elle l'a déjà fait — à la lisibilité en français mais par l'exigence de faire apparaître, au plus près possible, des signifiants grecs.

déclaré fils, c'est de défaire, de presque détruire cet « être fils » dit par la voix. Est-ce la voix du père ? C'est ce que le texte ne dit pas, précisément. Comme dans la parabole, la voix qui parle en premier ne peut pas se dire elle-même celle du père ; le narrateur ne se laisse pas prendre à ce piège-là. La voix est appelée « voix des ciels » et non « du père » ; elle dépend de la reconnaissance du fils. Or ledit fils ne se précipite pas pour répondre « Père », c'est le moins que l'on puisse dire. Ce « fils de la voix des ciels » va d'abord être conduit par l'esprit (de qui ?) vers la mort.

Se défaire quarante jours ? Quel sens est-ce que cela peut avoir ici ? La multitude de références au chiffre « quarante » dans la Bible pourrait nous emmener bien loin — pour ma part, je trouve plus rigoureux de garder l'association de deux mots du texte : quarante et colombe. Ces deux éléments nous guident vers un passage très précis du premier Testament, une pratique rituelle qui concerne l'enfantement (Lévitique, 12, 2-4 et 6-8) :

(2) Une femme qui est ensemencée et enfante un mâle est impure sept jours.
Selon les jours de menstrues en sa dolence, elle sera impure.
(3) Le huitième jour, la chair de son prépuce sera circoncise.
(4) Trente-trois jours la mère habitera dans le sang de sa purification.
(5) [... si elle enfante une femelle...]
(6) Ayant rempli les jours de sa purification,
pour un fils ou pour une fille,
elle fera venir un mouton d'une année pour montée,
le fils d'une palombe ou d'une tourterelle pour défauteur,
à l'ouverture de la tente du rendez-vous, au desservant.
(7) Il le présente face à YHWH et l'absout ;
elle est purifiée de la nappe de son sang.
Voici la tora de qui a enfanté un mâle ou une femelle.

(8) Si sa main ne trouve pas assez pour un agnelet, elle prend deux tourterelles ou deux fils de palombes, un pour montée, un pour défauteur.

Joseph et Marie, peu fortunés, ont fait l'offrande des colombes.

Je compte maintenant les jours : 7 + 33 = 40. Jésus, en jeûnant quarante jours et quarante nuits, a donc reparcouru le temps entre sa naissance et l'envoi de la colombe, le temps de purification de sa mère. Il se purifie aussi? L'annonce de la naissance d'un fils avait été faite lorsque l'enfant avait quarante jours par l'envoi au ciel (par « montée », c'est-à-dire sacrifice) d'un petit-de-colombe. Trente ans plus tard, au baptême, le ciel renvoie une colombe-adulte, avec le message : celui-ci est le fils de JE...

Jésus, alors, n'est-il pas revenu au jour de sa naissance, dans l'état incertain d'un grand jeûneur et d'un nouveau-né? Il a faim. A lui de choisir aujourd'hui s'il veut vivre ou mourir. Dénaître comme parlé, renaître comme parlant. Le fils en lui, poussé par l'esprit, détruit l'enfant serviteur. Le sujet a revisité entièrement la créature.

« *Après,* il eut faim. » Le délai du premier enfant de la parabole (« Après... ») et le manque. Un manque qui est vraiment sien — c'est lui qui a faim — tandis que l'honneur d'être fils du ciel ne l'était pas.

Alors arrive le diable dont nous avons déjà étudié le langage au début de ce livre; et il apparaît maintenant sous un nouveau jour. Il n'a plus comme seule figure celle du diable.

Ne peut-il pas s'appeler aussi *le dieu-maître,* celui qui peut tout donner à son serviteur? A condition que l'on réponde « JE Seigneur » à son ordre. Que l'on reste prosterné devant lui. Mais alors, il ne sera plus possible de se lever et d'aller œuvrer à la vigne. La parole de ce dieu-là doit être exécutée; elle ne peut être défaite, écrasée comme du raisin. Cette parole ne peut être vinifiée par le fils pour sa joie. Ni

Job, ni Jésus ne sont entrés au service de ce dieu-là que l'auteur biblique a bien reconnu comme Satan dans la cour du ciel ; cherchant à brouiller la relation avec le dieu, mais aussi la mettant à l'épreuve et lui permettant ainsi de muter. Ce dieu-maître et non pas père que l'évangéliste dénonce ici aussi comme le diable. Le dieu tel qu'on le voit si l'on demeure esclave.

Jésus fait un chemin analogue à celui de Job : revenir au jour de sa naissance et de sa possible mort. Seulement, il se défait consciemment, il refuse par l'acte délibéré de non-manger. Là où Job passait dans l'inconscience par la maladie, pour signifier son « Je ne veux pas » apparemment contre son vouloir.

Je suis frappée, à force de passer et de repasser sur les mêmes textes à des années de distance, de l'équivalence : être sujet = être fils du père. Or ceci, je l'ai déjà lu, déjà pensé, j'en suis certaine, déjà écrit même. Mais le dit ou l'écrit m'ont précédée. Je l'ai dit sans y être encore prête.

« Ô Zarathoustra, mûrs sont tes fruits, mais pour tes fruits tu n'es pas mûr [1] ! »

1. Nietzsche, *Œuvres complètes,* vol. VI, p. 168, Gallimard, 1971. Je reprends cette phrase dans une autre direction que celle de son auteur. D'ailleurs, il en est presque toujours ainsi pour moi avec ce philosophe : ses questions, ses révoltes et ses souffrances, je les rejoins et puis je ne prends pas les chemins par lesquels il tente d'en sortir. En partie grâce à lui, d'ailleurs : tant de douleur alerte.

Ce fils de pasteur se remémore ainsi trois des dix paroles de la loi : « Point ne voleras ! Point ne tueras ! Saintes jadis furent proclamées de telles paroles ; devant elles on ployait genoux et nuques, et l'on quittait ses chaussures. » Remarquable exemple de la destruction d'une loi par détournement « diabolique » (se prosterner devant la loi qui interdit de se prosterner ; quant aux chaussures...). Comment devenir un fils libre dans un champ symbolique aussi perverti ? Comment ne pas hurler au monde de ne pas devenir esclave ? Et si l'accès à la filiation est impossible en ce temps-là, alors plutôt fou qu'esclave...

Un jour, un homme me dit tout haut ce que d'autres m'avaient dit plus bas : « J'ai lu ce que vous avez écrit, qui va dans le sens de la liberté... Cela me plaît bien, *mais est-ce que c'est permis ?* » Puis il sourit de sa question, en l'entendant parvenir à mes oreilles, je crois.

Je reconnais avec lui, avec eux, qu'une parole isolée ne saurait rien établir. Il me reste à espérer qu'il rencontre d'autres personnes, d'autres sources transmises, avec lesquelles trouver ou retrouver ce qui lui avait plu pour avoir le droit d'en être heureux. A moins que ce ne soit sa façon à lui de me dire « Je ne veux pas » et plus tard d'en devenir souverain.

... Je comprends maintenant ce qui me fait penser à lui : c'est moi-même. Moi aussi, après avoir trouvé une interprétation que ma raison estime cohérente, je puis l'oublier. Ne pas me la permettre. Ne pas y être prête, comme Zarathoustra.

Chercher et trouver, oui, sans doute, mais surtout dire à d'autres et écouter d'autres, pour un dire ensemble sans lequel la parole ne demeure pas en nous. La joie pour guide, certes, mais pas tout seul, car la joie est commune ou bien elle n'est pas.

J'écris, mais tant que personne n'a lu, je n'ai moi-même pas entendu.

Oublier ces paroles qui viennent en nous : n'est-ce pas là encore le délai pour le vin? Parole venue en moi, mais qui peut-être est encore trop « à l'autre », ou de moi comme autre (inconscient...). Il m'est bien nécessaire, avant de la garder, de la défaire. Encore une loi de l'esprit, n'est-ce pas : « Si le grain ne meurt, il reste seul. Mais s'il meurt, il porte beaucoup de fruit. »

Ayant soufflé un peu dans ce voyage, je repars vers la question du rapport JE-Seigneur opposé au rapport JE (ne veux pas) Père. Sur ce point, l'évangile de Matthieu est extrêmement net : par deux autres fois, il les oppose comme le salut à la perdition, au chapitre 7 :

(21) « Ce n'est pas tout homme qui me dit :
"Seigneur ! Seigneur !"
qui entrera au royaume des cieux,
mais qui fait
la volonté de mon père dans les cieux.
(22) Beaucoup me diront en ce jour-là :
"Seigneur ! Seigneur !
N'est-ce pas en ton nom [1]
que nous avons prophétisé,
en ton nom
que nous avons jeté dehors les démons,
en ton nom
que nous avons fait beaucoup de miracles ?"
(23) Alors je leur déclarerai :
"Jamais je ne vous ai connus.
Séparez-vous de moi, vous qui œuvrez l'iniquité !" »

Également, à la fin de la parabole des vierges sages et des vierges folles, ces dernières, qui n'ont pas pris de l'huile pour leur propre lampe, manquent l'arrivée de l'époux dans la nuit, trouvent porte fermée à leur retour et disent (25, 11-12) :

« Seigneur, Seigneur ! Ouvre-nous ! »
Il répond et dit :
« Amen, je vous dis :
je ne vous connais pas. »

Le dieu, l'époux, le fils..., ne connaît pas ceux et celles qui sont avec lui dans un rapport d'esclave. La vigne, la noce, le royaume sont atteints par ceux qui ne disent pas : « Seigneur ! Seigneur ! » mais qui font

1. *En ton nom* : ici, ils ne disent pas « en le nom de toi » (génitif), c'est le possessif qui est employé. Dans la phrase du Notre Père où la même expression, semble-t-il, apparaît : « Que *ton nom* soit sanctifié », c'est, littéralement : « Sois sanctifié *le nom de toi...* »

« la volonté du père » : disant un jour « Je ne veux pas » à leur seigneur, ils trouvent, ce disant, le chemin du fils, le chemin dont le père avait parlé.

Certes, on peut en utilisant « son nom » (du seigneur) prophétiser, chasser des démons, faire des miracles. Mais JE ne connaît pas ce qui en résulte.

Cliniquement, combien vrai qu'une guérison peut être obtenue par un changement de maître, qu'une annonce peut être faite d'une religion du seigneur et des prodiges être accomplis en son nom à lui... Mais tout ceci n'aura rien à voir avec l'avènement du sujet en l'humain, et, un jour ou l'autre, la croissance de l'être parlant détruira cette nouvelle aliénation.

Aussi est-il si important de ne pas se tromper sur ce que l'homme désire. Car tout ce qui n'est pas fait en vue de devenir sujet sera détruit par le sujet lorsqu'il viendra.

Si l'on croit que ce que l'homme veut, c'est seulement l'abondance des biens, il détruit un jour ces richesses.

Et si l'on croit qu'il veut la répartition juste des biens *imposée* à tous, il en détruit un jour l'imposition.

Il m'apparaît maintenant que peut s'éclairer davantage l'aventure de l'Exode, l'expérience fondatrice du peuple d'Israël. Si particulière à ce peuple, et pourtant tellement universelle à toute conscience.

Israël : fort contre Élohim

Un mot d'abord pour rappeler le sens donné par le livre de la Genèse au mot « Israël ». Dans l'optique d'une recherche sur la généalogie du sujet et sur le rapport du sujet à tout seigneur, le nom « Israël » importe au plus haut point. Comment a-t-il été donné et à qui?

Jacob, le petit-fils d'Abraham, revient après bien des années dans son pays, d'où l'a chassé la haine de son frère. Il va donc devoir affronter celui qui veut, croit-il, sa mort. Revenant avec femmes et enfants, troupeaux et serviteurs, il envoie tout son monde devant et, une nuit (32, 25-29) :

(25) Jacob reste seul.
Un homme lutte avec lui jusqu'à la montée de l'aube.
(26) Il [l'homme] voit qu'il ne peut rien contre lui.
Il le touche à la paume de sa cuisse,
la paume de la cuisse de Jacob se disloque dans sa lutte contre lui.
(27) Il dit : « Envoie-moi : oui, l'aube est montée. »
Il [Jacob] dit : « Je ne t'enverrai que si tu me bénis. »
(28) Il [l'homme] lui dit : « Quel est ton nom ? » Il [Jacob] dit : « Jacob. »
(29) Il [l'homme] dit : « Ton nom ne sera plus Jacob mais Israël — lutteur d'El — :
Oui, tu as lutté avec Élohim et avec les hommes, et tu as pu. »

Voici donc le nom de ce peuple. Quoi de plus cohérent avec le fil que nous avons tiré jusqu'à maintenant ? L'esclave ne lutte pas avec son maître. C'est l'homme libre qui lutte. Dans la descendance d'Abraham se trouve Jacob-Israël, celui qui lutte avec le dieu. Corrélativement, celui qui ne se soumet ni au dieu ni aux hommes mais lutte contre, celui-là est Israël.

Job, en ce sens, est d'Israël — même s'il vit dans le monde païen. « Il a bien parlé de JE » en effet : il a lutté avec lui et parlé à son tour. Et Jésus aussi, qui défait la créature du dieu jusqu'à ce qu'il puisse choisir la vie, en fils libre.

Le lecteur me pardonnera d'aller et venir ainsi dans la Bible et de le ramener maintenant à Moïse. Mais les textes s'éclairent les uns les autres, non pas dans l'ordre où ils sont imprimés sur le papier mais dans celui où le sens se déploie dans nos esprits.

Pour ma part, je comprends maintenant quelque chose que je n'ai pas vu auparavant.

Le nom de JE

Moïse que nous avons laissé pieds nus auprès de celui qui l'appelle du milieu du buisson, Moïse est le premier homme de la Bible qui pose la question du sujet. Il ne la pose pas comme un philosophe dans son cabinet de travail et dans un universel solitaire. C'est une question pratique, si je puis dire. Une question de vie ou de mort, de relation à autrui, de valeur et de force, une question posée à Celui qui devrait savoir et qui n'y répond pas.

Celui qui vient de lui dire « ... ôte tes sandales... » (Exode 3, 5) se présente à lui :

> (6) Il dit : « JE, l'Élohim de ton père,
> l'Élohim d'Abraham, l'Élohim d'Isaac, l'Élohim de Jacob ! »
> Moïse voile ses faces, oui il frémit de regarder l'Élohim !

Pour Moïse, c'est une rencontre radicalement nouvelle. Il a été le fils adoptif de Pharaon, il est à présent le gendre d'un lointain descendant d'Abraham... Le dieu de son père — cet esclave hébreu en Égypte —, comment le connaîtrait-il ?

> (7) YHWH dit : « J'ai vu, vu l'humiliation de mon peuple en Égypte,
> j'ai entendu leur vocifération, face à ses tyrans.
> Oui, j'ai connu ses douleurs.
> (8) Je descends le secourir de la main d'Égypte
> pour le faire monter de cette terre, vers une terre bonne, large,
> [...]
> (9) Maintenant va ! Je t'envoie à Pharaon.
> Fais sortir mon peuple, les fils d'Israël, d'Égypte.
> (11) Moïse dit à Élohim : « Qui suis-je, JE,
> oui, pour aller vers Pharaon,
> oui, pour faire sortir les fils d'Israël d'Égypte ? »

Qui JE devant Pharaon ? Qui JE puisqu'il y a un maître absolu ? Qui JE pour faire sortir des esclaves et qu'ils soient fils d'Israël, puisqu'ils n'habitent plus eux-mêmes leur nom, qu'ils ne sont plus lutteurs contre le dieu et les hommes ? Qui suis-je, puisque aucun de mes frères ne se tient debout sur la terre où il demeure ? que le seul à parler, c'est Pharaon, en face duquel personne ne dit JE ?

Qui « JE » devant « Seigneur », demande, en somme, Moïse ? Je retrouve là la question qui nous a conduits à travers les textes précédents. Y a-t-il un JE véritable devant le maître ?

Et le dieu avec lequel parle Moïse, qui est-il ? Un autre maître puisqu'il l'a déjà craint, voilant sa face ? Pourtant, s'il ne parle pas encore comme le dieu-père [1], il se dit déjà le dieu de son père ; de chacun de ses pères, Abraham, Isaac et Jacob ; ceux-là, hommes libres.

A la très grave question de Moïse, le dieu ne répond pas. Il fait beaucoup mieux. (Quel dieu incroyable, tout de même...)

YHWH ne dit pas à Moïse qui est JE-Moïse. L'erreur de définir le sujet pour l'assurer, il ne la commet pas. Il lui donne cela seul qu'un sujet peut recevoir d'un autre et qui ne l'empêche pas, mais qui l'aide, à se lever : sa présence en première personne, son être-sujet lui-même. Le dieu ne dit pas qui est l'homme, il le rend possible. YHWH dit :

(12) « Oui, je serai avec toi. »

Phrase inépuisable ; qui éveille et qui sauve. Le plus haut don, je crois, que nous puissions recevoir et aussi nous donner [2].

1. Il parlera en père dès le chapitre suivant de l'Exode, disant à Moïse : « Dis à Pharaon : "Ainsi a dit YHWH : Mon fils, mon aîné, c'est Israël !"... » (Exode, 4, 22).

2. Qu'évidemment Jésus reprendra et dont Matthieu fera le dernier mot de sa bonne nouvelle : « Et voici : JE avec VOUS suis tous les jours jusqu'à l'achèvement de l'ère. »

« JE avec JE », c'est le premier mot de sortie du « JE Seigneur »...

Le verbe « servir », le seul que connaissent des esclaves, va être réemployé, c'est indispensable, et par YHWH lui-même :

(12) Il dit : « Oui, je serai avec toi. Et ceci c'est pour toi le signe,
que JE, je t'ai envoyé :
quand tu feras sortir le peuple d'Égypte,
vous servirez l'Élohim sur ce mont. »

Ils serviront uniquement le dieu qui, sur ce mont (l'Horeb, encore appelé Sinaï), leur donnera bientôt les lois de l'homme libre. Ils serviront JE, le seul qui ne veuille pas être maître de Toi.

Moïse n'a pas reçu de définition, mais une présence, et en signe de la présence de cette présence, son efficacité en lui : « Tu feras sortir le peuple... » Le signe de JE, c'est JE en Toi qui te fera sortir le peuple hors de la maison où ils se taisent.

Assuré de JE, c'est maintenant Tu que Moïse interroge. Il ne dit pas directement : Qui es-Tu ? Il fait un détour par l'avenir et par l'autre :

(13) Moïse dit à l'Élohim : « Voici,
JE, je viens vers les fils d'Israël,
je leur dis : "L'Élohim de vos pères m'a envoyé vers vous."
Ils me disent : "Quel est son nom ? Que leur dirai-je ?" »

(14) Élohim dit à Moïse : « *éhié asher éhié !* Je serai qui je serai. »

[illegible]

[illegible] par [illegible]

[illegible]

[illegible] sont [illegible]

[illegible]

« Ils seront uniquement le lien qui [illegible] d'[illegible] [illegible] [illegible] [illegible] [illegible] [illegible] [illegible] [illegible] [illegible] [illegible] [illegible] [illegible] [illegible] [illegible]

[illegible]

[illegible]

[illegible]

[illegible]

(1) [illegible]

Chapitre IX

UN MESSIE À NE PAS SUIVRE

> Et si nous voulons d'avance emprunter une image au règne de la relation absolue, de quelle puissance terrassante est le *Je* prononcé par Jésus, et de quelle légitimité, qui touche à l'évidence ! Car c'est le *Je* de la relation absolue, dans laquelle l'homme donne à son *Tu* le nom de Père, à tel point que lui-même n'est plus que Fils et rien que Fils.
>
> Martin BUBER.

Après ce que j'avais vu dans les textes qui précèdent, de l'homme incréé, de l'homme que la parole divine ne contraint pas mais appelle à se lever, le laissant libre de la détruire, je n'étais pas prête, évidemment, à croire que cet homme incréé pourrait être aidé à devenir divin par un Messie qu'il faudrait suivre. Cela n'était cohérent ni avec le premier Testament, ni avec ce qui apparaissait de liberté en Joseph, en Marie, en Jésus lui-même, ni en cette parabole qu'on lui prêtait... Quelle que soit notre admiration pour Jésus — et j'ai choisi comme exemple cette position de Martin Buber à son égard, à laquelle je pourrais souscrire moi aussi —, nous ne pouvons pas ne pas réfléchir à la place où nous nous situons par rapport à une telle figure. Et je ne voyais pas qu'il pût être sans conséquence de se mettre à sa suite.

Une tradition de traduction : suivre Jésus

Cependant, je trouvais écrit dans toutes les traductions françaises à ma disposition les mots suivants :

> « Qui ne se charge pas de sa croix et ne me suit pas n'est pas digne de moi [1]. »

Ou encore, chez le même évangéliste :

> « Si quelqu'un veut venir à ma suite, qu'il renonce à lui-même et prenne sa croix, et qu'il me suive [2]. »

Je ne fais qu'évoquer ici les innombrables commentaires chrétiens qui invitent à suivre Jésus et à porter sa croix, en se reniant soi-même. Ils sont si nombreux [3] que peu de lecteurs, je pense, s'en trouveront tout à fait ignorants, de quelque bord qu'ils soient, s'ils vivent en nos pays.

D'ailleurs, les accusations de la société contre l'Église n'ont pas manqué de tomber précisément sur ce point. Les chrétiens ont été accusés d'en rajouter dans l'humilité, de cultiver la douleur, sécréter la culpabilité, bref, de s'identifier à la fois aux crucifiants et au crucifié et d'avoir « l'air bien peu ressuscités ».

L'Église catholique elle-même est intervenue envers ses fidèles au long de sa longue histoire lorsque cette tendance allait véritablement trop loin

1. Matthieu, 10, 38.

2. Matthieu, 16, 24. Les textes parallèles se trouvent en Marc, 8, 24, Luc, 9, 23 et 14, 27, tous traduits dans le même sens. Je reprendrai ces passages un peu plus loin.

3. « Vous allez contre deux mille ans de tradition », m'ont dit des religieux auxquels j'ai présenté les résultats de cette dernière partie de la recherche. Il n'est pas facile d'y aller quand même, lorsqu'on entend cela... ; cependant, comme je vais le dire, les choses sont peut-être plus nuancées...

et a condamné diverses déviances en cette direction, comme le jansénisme par exemple.

Reste qu'il paraît particulièrement difficile d'absorber le message évangélique sans avaler en même temps un peu de ce poison-là. Peut-être le poison vient-il de l'intérieur de l'humain qu'il projetterait dans les textes, les rites et les commentaires religieux. Mais ces textes tels que nous les recevons, ces rites et ces commentaires ne peuvent pas non plus être totalement innocentés de la transmission de la « névrose chrétienne », selon le titre d'un livre [1], expression bien souvent reprise depuis.

Je ne crois pas être, plus qu'un autre, apte à retrouver un texte original, pur, exempt de toute toxicité pour l'être humain. Cet original unique et parfait, à mon sens, n'existe pas, les textes ayant été rédigés par des hommes, transmis par d'autres ; et s'ils ont écrit « sous la motion de l'esprit », ils n'ont pas vécu hors des forces de refoulement avec lesquelles, comme nous, ils ont dû ruser. Nous recevons des écrits avec des traditions d'interprétation. Nous essayons d'entendre leurs messages à travers ce que nous-mêmes sommes devenus ; c'est dire que l'écrit n'est que la moitié du texte, l'autre moitié, c'est nous, nous qui lisons aujourd'hui. Autrement, comment expliquer que chaque génération entende du nouveau dans ces paroles si anciennes ?

C'est ainsi que chacun — chaque communauté de chacuns, si je puis dire — peut être amené à raconter simplement ce qu'il voit, lorsqu'il lui arrive de saisir plus clairement tel moment d'un écrit jusqu'alors inquestionné.

Une mise en question et une enquête

Voici comment l'aventure, pour nous, s'est engagée.

1. De Pierre Solignac, Éditions de Trévise, coll. « Polémique », 1976 ; réédité par Encre Éditions, 1987.

Comme je l'ai évoqué au début de cette recherche, j'avais demandé autour de moi à ceux qui avaient reçu une éducation chrétienne — qu'ils soient encore en accord avec elle ou qu'ils la refusent en tout ou en partie —, je leur avais demandé ce qui leur avait paru le plus difficile à admettre dans l'Évangile. Sans beaucoup d'hésitation, ils m'avaient répondu à la quasi-unanimité par la phrase : suivre Jésus et porter sa croix.

Cela rejoignait aussi ce que les entretiens cliniques avaient pu m'apprendre en matière de souffrances provoquées par une croyance religieuse. J'ai déjà dit au début combien cette exigence évangélique — du moins telle qu'elle est inscrite dans nos souvenirs et nos traductions — apparaît à un clinicien à peu près incompatible avec un développement heureux de la vie psychique...

Je réunis aussi d'autres éléments d'enquête auprès de prêtres et de pasteurs, chargés eux-mêmes de donner et d'expliquer cette exigence à leurs paroissiens ou leurs élèves.

Certes, j'en rencontrais auxquels la condamnation du jansénisme, je crois, n'était pas encore parvenue, pour ne rien dire des découvertes de l'inconscient. Et je ne trouvais là que la répétition d'une position théologique déjà connue, celle désignée comme mortifère par les premiers interrogés.

Mais je rencontrais aussi d'autres responsables religieux ou laïques, thérapeutes, qui en faisaient un tout autre usage. Ils avaient trouvé une autre voie ou construit des passages surélevés au-dessus de ces textes difficiles, soit avec un autre passage évangélique qui servait de commentaire à celui-ci en lui donnant une autre couleur, soit avec d'autres éléments de la culture ou de l'expérience humaines.

Au cours de nos conversations, une amie psychanalyste [1] me dit qu'elle se référait alors au récit des

1. Odile Falque. Le texte d'Emmaüs se trouve en Luc, 24, 13-35.

disciples d'Emmaüs, qui reviennent chez eux trois jours après la mort de Jésus, et où celui-ci *fait route avec eux*.

Un autre, prêtre responsable au niveau diocésain, me dit se souvenir, lorsqu'il devait commenter le « suivre Jésus », du « Vademecum-Vadetecum » de Nietzsche. J'allai donc relire :

« Je te plais, mes discours t'attirent,
Tu veux me suivre et marcher sur mes pas ?
Suis-toi fidèlement toi-même,
C'est ainsi que tu me suivras... tout doux, tout doux [1].

Par la suite, lorsque le sens des textes qu'ils évitaient ainsi m'apparut dans sa lettre grecque, je fus frappée rétrospectivement des détours qu'ils ont inventés : croyant s'éloigner du texte, ils ont reconstitué très exactement celui que nous avons découvert : ils ont mis par-dessus ces versets précisément ce que nous avons trouvé par-dessous. Comme cela m'était déjà apparu avec Freud lorsque, s'étant attaqué au précepte « Tu aimeras ton prochain comme toi-même » pour le contester, il avait, sans le savoir, réécrit le contexte en lisant dans le cœur humain. Une fois encore, je constatai avec étonnement et bonheur que les hommes ne se laissent pas emmener n'importe où.

Les mêmes raisons qui leur font contourner ce passage évangélique nous l'ont fait creuser. D'ailleurs, aurions-nous eu l'idée et la liberté de mettre en doute ce qui nous est transmis, si d'autres avant nous, à côté de nous, n'avaient refusé certains mots et réinventé l'écrit ? C'est pour moi une joie de le leur dire à présent.

Pour nous comme pour eux, ces phrases étaient anthropologiquement fausses. Certes, ils ne l'auraient pas dit aussi brutalement. Mais ils se comportaient comme s'ils le pensaient. Comme s'ils

1. *Le Gai Savoir*, « Plaisanterie, ruse et vengeance », 7.

ressentaient que, formulées ainsi, elles engageaient une forme de relation avec le Christ qui serait en contradiction avec leur expérience de la relation bonne et leur connaissance de l'ensemble du corpus biblique.

Enfin, les traducteurs eux-mêmes montrent des signes de doutes et d'embarras en ces passages-là. Ce dont les notes témoignent [1]. Ainsi le verbe « suivre », par lequel on a généralement traduit un certain verbe grec dont je vais parler, ce verbe appelle les commentaires et les avertissements au lecteur. Les traducteurs et commentateurs sentent le danger de faire de Jésus un chef qui conduit, un « Führer », et, s'ils se soumettent à ce qu'ils croient être la lettre, ce n'est pas sans éprouver un désir de parler en bas de la page qui attire l'attention.

Un jour, Jean-Marie Donegani et moi, nous avions le simple projet de relire en grec, lentement, l'un de ces cinq textes parallèles concernant ce « suivre Jésus... » et nous avons eu la surprise de ne pas lire ce que nous avions toujours lu. La recherche qui a suivi doit d'être à cet ami et à cet après-midi. Il fallait sans doute cheminer ensemble pour mettre en question le verbe « suivre ».

Suivre Jésus ou faire route avec JE.
Voyage dans la lettre de trois textes parallèles

Par où vais-je passer pour raconter cela ? Par quel chemin ?

Par le mot « chemin » justement. Puisqu'il est présent dans le verbe grec qu'on a traduit par « suivre ».

En grec *kéleuthos* (κέλευθος) : « chemin, route, trajet, voyage ».

1. Je ne citerai pas ces notes ici, elles sont aisées à retrouver.

Lorsqu'on va sur le chemin avec un autre, on l'accompagne, on fait route avec lui. C'est le premier sens du verbe formé sur la même racine : *akoloutheô* (ἀκολουθέω) [*a*, copulatif, et *kéleuthos*] : accompagner. Ce verbe s'oppose à d'autres verbes qui, eux, veulent dire « marcher devant, conduire », *ègoumai* (ἡγοῦμαι), ou encore « montrer le chemin, guider », *archomai* (ἄρχομαι). Mais les mots humains sont comme les humains : ils perdent leur premier bonheur [1]. La dérive s'est produite ici comme ailleurs. Et cet accompagnement d'un égal sur le chemin va se transformer en « suite », au sens où l'on parle d'un dignitaire accompagné de sa suite...

Or, entre « accompagner » et « suivre », la différence est pour moi signifiante et l'enjeu psychique important.

« Accompagner » : le verbe va bien aux sujets. Il évoque l'égalité en dignité, en liberté. Cela dit la place de chacun par rapport à l'autre. Ainsi, au commencement, la femme est tirée du *côté* de l'homme : un « à côté » qui pourra se transformer en « avec », s'ils trouvent le juste chemin de la relation. Ainsi le divin lui-même se place-t-il par rapport à Moïse et à son peuple : « Je serai avec toi. » Sur le chemin, je t'accompagne. Je chemine avec toi. En ce cheminer-ensemble, il y a, au moins, deux sujets, donc du sujet.

Platon donne plaisamment le sens du substantif (l'accompagnateur, l'« acolyte ») dans son dialogue « sur la justesse des noms [2] » :

> ... Comme dans les mots *akolouthos* (ἀκόλουθος) et *akoitis* (ἄκοιτις) l'*a* signifie souvent « ensemble » [...] le compagnon de route et la compagne de lit ont été appelés par nous *akolouthos* et *akoitis*...

Le philosophe, les philosophes, devrais-je dire, qui ont eux-mêmes tant devisé en marchant ensemble

1. C'est ainsi que l'origine de notre mot « école » est un mot grec, *skolè*, qui signifiait : « repos, temps de loisir » ; *d'où* : « temps d'études ».
2. *Cratyle,* 405 c et d.

sur le chemin, ne s'y sont pas trompés en rapprochant ces deux compagnonnages, même si la différence des sexes n'était pas connue d'eux dans toute sa gloire. Ils nous engagent à entendre dans le verbe *akoloutheô* un être-ensemble-sur-le-chemin comme on est ensemble sur la couche *koïtè* (κοίτη).

« Suivre » signifie bien autre chose. Quelqu'un a commencé, il est parti devant, le premier. Puis le second a suivi. Derrière. Après. Ce n'est pas son mouvement à lui, ni son sens, mais celui du premier qui détermine le chemin. Lui, il s'en remet à l'autre. Nous voilà revenus vers le « JE, Seigneur ». Or, si JE suit son Seigneur, y a-t-il quelqu'un sur le chemin ? Encore une fois, il ne s'agit pas ici de celui qui fait un *travail* de serviteur et qui peut bien suivre son maître sur la route, comme Leporello suit Don Juan, sans perdre son jugement propre. Je pense à celui qui se croit dans l'*état* d'esclave, croit l'autre avant lui et ne jouit pas de sa faculté de parler véritablement.

Quant à celui qui se laisse prendre pour le seul parlant des deux, celui qui tolère que l'autre ne parle pas, pense-t-il être *plus sujet* que lui ? Le simple emploi du comparatif en cette matière dit assez que Je, alors, n'est pas avec Tu et qu'il n'y a personne sur le chemin où l'un est plus que l'autre.

C'est donc en faisant route moi-même avec d'autres que je m'approche maintenant du groupe de versets répartis dans les trois évangiles synoptiques (Matthieu, Marc et Luc). Chez Matthieu et chez Luc, ces passages sont semblables [1] — à un mot près. Ils commencent ainsi (je reprends la manière, adoptée depuis le début de cette recherche, d'une traduction aussi littérale que possible) :

> « Si quelqu'un veut venir derrière Je, qu'il dise non à lui-même. »

1. Matthieu, 16, 24 et Luc, 9, 23.

A qui va-t-il dire non ? Va-t-il « renoncer à lui-même » dans l'absolu, comme on l'a bien souvent compris ? Il me semble inutile d'aller chercher si loin le sens, et si destructeur. Pour ma part, je crois beaucoup plus proche ce à quoi ce « quelqu'un » est invité à « dire non » — le verbe *arnéomai* (ἀρνεομαι) veut en effet dire : « nier, dire non, refuser ».

Les mots qui précèdent ce précepte de « dire non » ne faisaient-ils pas état d'un désir : « Si quelqu'un *veut* venir derrière moi... » ? Ce vouloir serait de suivre quelqu'un, c'est-à-dire de venir *derrière lui*... Et c'est à ce désir de suivre que le désirant est maintenant invité à renoncer.

On voit la bascule de sens qui s'est produite, ici comme dans bien d'autres lieux de l'Écriture, toujours vers l'écrasement du sujet. Inversion complète du mouvement. On a entendu jusqu'à présent : si quelqu'un veut venir derrière moi, c'est bien qu'il le veuille. Donc, qu'il se nie lui-même : en effet, si l'on suit quelqu'un d'autre, on n'existe plus. Poursuivant la logique de l'écrasement, on a dit : ne plus exister, c'est cela qui est bien, puisque c'est celui qu'on suit qui doit exister et lui seul...

L'auteur invitait le sujet à dire non à son désir d'en suivre un autre, c'est-à-dire l'invitait à refuser de se défaire en tant que sujet. Le sens s'est renversé. La négation s'est déplacée : le sujet est invité à en suivre un autre et à nier sa propre autonomie.

« Qu'il prenne sa croix »

Qu'il *soulève* sa croix : *airô* (αἴρω), lever, soulever, enlever, *d'où* : emporter, supprimer... Quand on enlève quelque chose, on en acquiert le maniement et la maîtrise. Et si c'était quelque chose qui vous tenait auparavant, le lever, le soulever, c'est renverser la situation.

Sa croix : voilà un mot lourd dans l'histoire chrétienne. *Stauros* (σταυρός) : pieu d'une palissade, pieu sur lequel on accroche le bois transversal des suppliciés. Du verbe « se tenir debout ». On retrouve la racine de tant de nos verbes : le *sto* latin, le *stand* anglais, le *stehen* allemand. « Instaurer », en français, vient de la même racine. Station droite, propre à l'homme. Et instrument de supplice dans l'Antiquité sur lequel il est cloué. C'est par excellence l'objet de torture sur lequel l'humain est rendu absolument passif [1]. On a vu là l'appel au martyre, mais Luc a ajouté un petit mot qui donne à ce passage une autre couleur : « qu'il porte sa croix chaque jour » (9, 23). Il ne peut plus s'agir de la croix finale.

Or c'est cet objet, symbole de la plus grande défaite, de la plus mortelle passivité, que l'auditeur est invité à prendre. Prends le lieu où tu subis passivement la mort, prends ta mort dans tes mains. Sois le porteur, souverain, triomphant, de ton destin de créature mortelle condamnée à mort.

Que font Socrate, ou Job, Jésus ou Darwin ? Ils parlent à partir de leur mort, ils s'en emparent en esprit. Le sujet prend, saisit en première personne, le sort de la créature. Ce faisant, il y échappe.

« et qu'il accompagne Je »

Non plus caché par quelqu'un qui ose dire JE, non plus « planqué » pour se protéger de la mort comme l'esclave derrière le maître, mais affrontant la mort, portant sa mortalité, cheminant avec l'autre. Pas derrière. Avec.

Je relis maintenant le même passage chez Marc (8, 34), encore plus explicite :

« Si quelqu'un veut accompagner derrière je,
qu'il dise non à lui-même,
qu'il prenne sa croix
et qu'il accompagne je. »

1. Il n'y a que quelques emplois du mot dans toute la Bible traduite en grec, au livre d'Esther grec : pour évoquer des crucifiés (voir en 7, 9-10 et 9, 13) : Haman et d'autres ennemis sont « pendus au bois ». Au passif.

L'opposition ici est tout à fait claire entre « accompagner derrière Je » et « accompagner Je », puisque le verbe employé est le même dans les deux propositions ; la différence se trouve donc dans la présence ou l'absence de la préposition « derrière ». C'est à ce vouloir-accompagner-derrière celui que l'on accompagne que l'orateur invite à se dire non.

Est-ce que cela nous parle ? Certes. Du désir d'aliénation, dont il faut parfois tant d'années pour sortir. Le désir d'avoir un maître, puisqu'on ne se reconnaît pas valeur de copremier. Le désir de ne pas être confronté à la difficulté de vivre la vie unique qui est la sienne, la mort unique qui est la sienne. Le désir de n'être pas compté parmi ceux qui parlent, mais seulement répètent les paroles déjà dites par celui, par ceux qui parlent bien. Pour ne pas risquer d'être condamné par d'autres, si l'on avance en première ligne de parole.

Et que dire de l'enseignement à d'autres de cette attitude du « accompagner derrière » ? Ils sont multiples, les lieux où est présenté comme le Bien de s'en remettre à un autre humain, à une institution qui passe devant : famille, partis, Églises. Enseigner le « suivre » est alors la seule façon, perverse mais apparemment efficace, d'accéder tout de même à une première place. Tout en disant que c'est la pensée d'un autre, ou le bien commun. Les auditeurs alors sont doublement joués : quelqu'un se met devant eux qui leur enseigne à se mettre derrière, disant que lui-même ne fait que suivre... Le piège est difficile à voir et à desserrer pour celui qui le pose, comme pour ceux qu'il essaie d'y prendre, étant lui-même pris...

Alors, je comprends mieux la suite du texte, pratiquement semblable chez les trois auteurs (une variante chez Marc), littéralement :

« Qui veut en effet,
sauver la vie de lui la perdra

mais qui perd la vie de lui
à cause de Je [ou : à cause de la bonne nouvelle]
la sauvera. »

On croit qu'on sauve sa vie en venant derrière un sauveur, mais ainsi on la perd. La vie en troisième personne « la vie de lui »), on croit la sauver en ne venant pas en première personne, mais alors on perd la vraie vie pour l'humain. Tandis que si l'on perd la vie-de-lui pour trouver la vie-de-JE — ou pour l'annonce heureuse de cette vie —, on la sauve, puisque la troisième personne mourra mais que JE est sauf de la mort.

Impossible de ne pas repenser ici à ces deux exemples que j'ai rapportés ci-dessus, de contournement des textes abîmés; par l'épisode des disciples d'Emmaüs, c'est le rétablissement du verbe « accompagner », en passant par un synonyme, « aller avec », auquel les traductions cette fois n'ont pas touché. La juste relation de toi (et d'autres toi...) à moi devient possible. Il est vrai qu'il s'agit là d'une situation physique et non morale, Jésus rejoint deux disciples sur la route.

Quant au rapprochement avec Nietzsche, il rétablit l'interdit de suivre, de marcher sur les pas d'un maître. Il lance l'invitation à se suivre fidèlement soi-même. Prendre sa propre vie; sa propre mort... « Tout doux », dit Nietzsche; « chaque jour », dit Luc.

Qui vaut comme disciple de JE?
Confirmation par deux autres passages

Les trois textes relus, qui maintenant nous paraissent clairs, ne suffisaient pas au début à convaincre tout à fait; nous n'avions pas réussi à entraîner dans cette nouvelle compréhension les premiers spécialistes auxquels nous avions demandé leur avis. Non que nous fussions disposés à « suivre un avis » sur un tel texte, mais à entendre comment d'autres lisaient le texte littéral que nous avions retranscrit. Voir s'ils se trouveraient des compagnons sur cette route. Vivre le texte, en somme.

Je ne serais pas étonnée que le lecteur lui-même se montre sceptique, éventuellement choqué, du renversement d'une tradition aussi longue. Quant à moi, il me fallut plusieurs mois pour que le sens se stabilise, avec l'accord d'autres personnes dont je ne citerai pas les noms ici, parce qu'elles n'ont pas à nous servir de caution [1] mais à parler elles-mêmes, si elles le souhaitent un jour, sur ce sujet. Je les remercie de s'être laissé déranger dans leurs habitudes de pensée.

Il nous fallait trouver confirmation dans le Nouveau Testament lui-même, puisque ces trois textes étaient trop semblables pour n'être pas la citation de la même parole, ou la copie de la même citation.

Trouver d'autres textes parallèles n'est pas chose difficile dans les Évangiles, puisque des synopses ont été établies qui mettent sur une même page les versets répartis chez les quatre auteurs, traitant du même récit ou de discours analogues. Nous avons donc ouvert les deux passages, dans Matthieu et dans Luc, qui dans un autre ensemble reprennent les mots « prendre sa croix », « accompagner » et la préposition « derrière ».

Avant d'ouvrir le texte grec, je voudrais rappeler au lecteur dans quel état se trouve partout ce verset dans nos traductions (Matthieu, 10, 38) :

> « ... Et qui ne prend pas sa croix
> et ne suit pas derrière moi
> n'est pas digne de moi ! »

1. Comme me l'avait dit un jour, en souriant, un analyste à la fin d'un colloque organisé par lui, où je lui avais exprimé ma gratitude d'avoir soutenu et encouragé les jeunes iconoclastes que nous étions alors : « Ne me remerciez pas en public, j'ai des difficultés, ensuite, avec mes collègues... »

Ceci n'est pas conforme au texte original : on a rajouté une négation qui ne se trouve ni dans le texte grec, ni dans sa très officielle traduction latine, la Vulgate, ni d'ailleurs dans bon nombre d'éditions anglaises, allemandes, espagnoles, arabes... qu'il m'a été donné de consulter ou que d'autres ont consultées pour moi. Même si l'on gardait le verbe « suivre », on aurait au moins dû écrire, selon le texte grec :

« Et qui ne prend pas sa croix
et suit derrière moi
n'est pas de moi digne. »

Si l'on a rajouté cette négation en français, c'est qu'on la croit sous-entendue. Probablement en est-il ainsi dans les autres langues : même non écrite, on croit l'entendre. La première proposition comporte bien, en effet, une négation — « Et qui *ne* prend *pas* sa croix... » — et l'esprit ne s'étant pas éveillé à la différence entre les deux propositions l'a reportée de lui-même sur la seconde — « et ne suit pas... » au lieu de « et suit... » [1].

Que dire maintenant du pléonasme ininterrogé : « suivre derrière » ? Lorsqu'on rate la première marche d'un escalier, on en rate en général plusieurs : ce qui devrait alerter glisse sur une conscience déjà endormie. Je réécris le texte le plus littéralement possible :

« Et qui ne prend pas la croix de lui
et accompagne derrière Je
n'est pas de Je faisant-le-poids. »

Il « ne fait pas le poids » : le mot qu'on traduit par « digne » habituellement, *axios* (ἄξιος), veut dire littéralement « qui entraîne par son poids, qui est de

1. Cependant, dans la synopse de P. Benoit et M. E. Boismard, la négation rajoutée a été mise entre parenthèses.

poids », *d'où* « qui vaut, qui a valeur ». Puisqu'on mesure la valeur au poids, dans les civilisations antiques, et aujourd'hui encore dans les sociétés traditionnelles.

Après ce que nous avons lu ailleurs, il est logique de dire que celui qui ne prend pas sa croix, sa mort, sa passivité, sa condition de créature, et chemine derrière une première personne ne vaut pas pour JE. Comment ne pas repenser, encore une fois, à cet enfant du « JE Seigneur » qui ne peut pas aller à la vie? qui n'ose pas ne pas servir? Il ne fait pas le poids, il n'a pas, tant qu'il en reste là, valeur d'homme libre.

Il n'a dit JE que derrière un autre. Et ces versets évangéliques révèlent que celui qui dit JE de cette façon ne dit pas JE; que JE n'est en première personne qu'auprès d'une autre, ou bien il ne vaut pas.

Le parlant de la loi, l'énonciateur des dix paroles, n'a d'autre qualité que celle-ci : être celui qui fait sortir de la maison de servitude, avons-nous dit. Faire sortir du lieu où l'homme en suit un autre. Convoquer et attendre l'esclave au désert, là où personne ne le précédera, est encore un de ces coups de génie de la révélation — ou de l'inconscient, si l'on préfère passer par là.

Il me reste encore un cinquième et dernier texte à relire, chez Luc cette fois. Un mot nouveau apparaît. Et il compte, d'avoir beaucoup compté. C'est le mot « disciple » : *mathètès* (μαθητής), celui qui apprend.

Nous, nous apprenons par cette phrase non pas qui l'est, mais qui « *ne peut pas être mon disciple* », c'est-à-dire disciple de Jésus, si nous parlons comme les Églises; ou, si nous gardons notre fidélité à notre mode de lecture littéral, qui *ne peut pas être disciple* de Jésus en tant qu'il dit *Je*.

Une formulation très proche de celle que nous avons déjà analysée et commentée revient :

« Celui qui n'emporte pas la croix de lui-même
et vient derrière JE
ne peut être de JE disciple. »

Phrase assez questionnante pour les parties d'Églises diverses qui se réclameraient du Christ et pourtant enseigneraient à le suivre. Vont-elles ainsi lui susciter les disciples qu'il espère ? Nullement, disent les évangélistes, si nous les avons bien lus. Ceux qui suivent Jésus ne peuvent être ses disciples. « Ne peuvent » : n'ont pas la capacité — c'est le verbe *dunamai* (δύναμαι), où l'on retrouve la racine de notre « dynamisme », qui est ainsi marqué de négation. Cela ne leur est pas interdit, non, mais, tout simplement, ils n'en ont pas la force. Le non-sujet ne peut accompagner le sujet. Il reste auprès du maître.

Où sont les disciples,
et donc où est l'Église ?

La sentence évangélique, celle désignée par nos premiers interrogés comme la parole qui leur a fait le plus de mal et même fait quitter cette tradition, s'avère véritablement autre. Elle convie son auditeur dans la direction opposée à celle que, justement, ils n'ont pas voulu prendre. Cette simple lecture attentive, avec un rien de soupçon au départ, il est vrai, s'est faite sur deux registres simultanément : la lettre de l'écrit et la lettre du cœur, si je puis dire. Les conditions pour devenir sujet et celles pour devenir disciple du sujet sont les mêmes : prendre sa mort, être avec un autre sujet. Selon la loi qui permet l'être avec.

Et, comble de logique de l'esprit, les conditions pour être à même de lire cela dans ces textes sont aussi exactement les mêmes que celles préconisées dans ces cinq passages : ne pas suivre un autre lecteur mais lire-avec, lire sans maître, lire avec des

« compagnons de lecture [1] ». Ce phénomène de la compréhension des textes par des relations qui les vivent, tandis qu'ils restent fermés, semble-t-il, lorsque nous ne respectons pas entre nous ce qu'ils proposent, nous l'avons vécu à maintes reprises ; aussi bien dans la Bible que dans les Évangiles. Nous reconnaissons de quoi parlent ces paroles au type d'événement qu'elles suscitent entre nous, dont elles décrivent en même temps les conditions d'apparition. Ce sont des paroles pour que le sujet advienne dans des relations que seuls les sujets en relation peuvent lire. Il faut donc les faire pour les entendre. Nous retrouvons là la logique paradoxale d'Israël lorsqu'il reçoit les paroles de la loi « Nous ferons et nous entendrons »).

Paradoxe encore : ceux qui ont enfreint l'ordre de suivre Jésus auront donc été disciples de Je. Et ils ne l'auraient pas été s'ils étaient demeurés ou devenus suiveurs. L'église ne se trouve-t-elle pas alors, pour une part, hors de l'Église ? Pas de salut, disent les auteurs évangéliques, là où se trouvent seulement des suiveurs de Seigneur ; qui s'en remettent à Lui de leur vie d'être parlant, et ainsi la perdent.

Freud avait bien vu cette masse d'individus conformes, suivant leur chef, le Christ, masse qu'il croyait être l'Église, sans doute parce qu'elle s'appelait elle-même l'Eglise. Il ne savait pas que là où était le chef qu'on suit, là n'était pas le disciple.

Hors de l'Église point de salut, disait-on. Mais où donc est l'Église pour celui qui a relu, comme nous venons de le faire, l'invitation de son fondateur à « ne pas suivre » ? Où JE chemine-t-il avec JE ?

1. Même si tel ou tel en sait davantage dans tel domaine précis, linguistique, historique, exégétique..., et qu'il puisse enseigner son savoir aux autres, il reste qu'il n'a pas plus d'autorité que n'importe quel autre pour lire et interpréter *en tant que sujet* ces paroles sur la parole. Le propre des sujets, c'est qu'ils ne se situent jamais l'un avant l'autre. Ce royaume n'est composé que de rois...

Ekklèsia (ἐκκλησία) : assemblée convoquée, assemblée d'appelés ; de *kaleô* (καλέω), appeler. Assemblée de sujets. Le contraire d'une masse. Une assemblée d'appelés chacun à parler (*ekklèsia* : c'est le mot pour une assemblée politique où chacun doit dire son avis, exprimer un suffrage...). On n'est pas appelé derrière un autre mais en son propre nom auquel on est le seul à pouvoir répondre : « Présent ».

Entre les suiveurs de maître et ceux qui font route avec JE [1], n'y a-t-il aucun passage ? Fait-on partie de la mauvaise catégorie pour toujours, tandis que d'autres auraient accès d'emblée à la bonne ?

J'ai voulu savoir comment l'homme de Nazareth avait ouvert pour d'autres le chemin où, tout de même, il avait bien été un moment le premier. Comment les appelle-t-il ? Je trouve partout : « Accompagne-moi », adressé aux différents apôtres lorsqu'il les rencontre.

Sauf une fois, lorsqu'il appelle plus explicitement la première des deux paires de frères (des relations fraternelles justement) qui seront les premiers, les plus proches apôtres (Simon et André, Jacques et Jean).

Simon et André, selon les évangélistes Marc et Matthieu, sont en train de jeter un filet dans la mer, car ce sont des pêcheurs.

Et il leur dit : « Venez derrière moi,
Je vous ferai pêcheurs d'hommes. »
Eux, aussitôt, laissent les filets,
ils l'accompagnent ».

Un temps, très bref, il les appelle derrière lui. Il est

1. « Le Seigneur est avec toi », dit Gabriel à Marie. Cette phrase est une épreuve et comme telle un passage : encore « Seigneur », mais déjà « avec Toi ». De même Marie est-elle encore « servante » mais : « Qu'il advienne à Je selon le dit de Toi. »

vrai qu'ils ne sont pas encore sur le chemin, puisqu'ils pêchent. Mais jamais, en fait, ils ne seront derrière. Dès qu'ils ont touché terre, le texte dit : « ils l'accompagnent.

De même que, pour faire sortir les esclaves de la terre de servitude, il fallait employer le verbe « servir » une dernière fois, le faire muter de sens et le quitter, de même, celui qui ne voudra pas qu'on le suive appelle derrière lui, une seule, une dernière fois. Le temps qu'il faut pour arracher l'autre à une autre suite, peut-être. Et dans une vie, cela peut prendre du temps.

Quant à Simon — qui sera Pierre — et André, ils sont ainsi des hommes pêchés, juste un moment, avant de devenir à leur tour pêcheurs d'hommes : faire passer les humains du lieu où ils sont poissons, c'est-à-dire créatures muettes, non nées, à la terre où ils se lèvent et où ils parlent.

La voie pour renaître qu'ont choisie des millions de personnes sur notre planète en se disant chrétiens n'est donc pas, selon l'Évangile lui-même, l'anéantissement du sujet devant un Super-Sujet appelé Jésus-Christ. Celui-ci semble bien avoir voulu déjouer le piège de son image et de sa perfection. De sa séduction sur les anciens esclaves.

A-t-il prévu que ses cinq mesures anti-idolâtriques réparties dans les Évangiles seraient détériorées, détournées de leur sens et ne fonctionneraient plus ? Depuis quand a-t-on cessé de pouvoir les entendre ? Je ne sais. D'autres que moi seront en mesure de l'établir, s'ils l'estiment nécessaire.

Peut-être le lecteur aimera-t-il trouver sur une même feuille afin de les comparer les passages que nous avons relus. J'ai donc préparé pour lui, en m'inspirant de la disposition de la synopse citée en page 278, un tableau qui les présente ensemble, en reprenant l'essai de traduction littérale sur lequel je viens de travailler.

Matthieu 10, 38-39	Matthieu 16, 24-25	Marc 8, 34-35	Luc 9, 23-24	Luc 14, 27 17, 33
	Si quelqu'un veut venir	Si quelqu'un veut accompagner	Si quelqu'un veut venir	
	derrière Je,	derrière Je,	derrière Je,	
	qu'il dise non	qu'il dise non	qu'il dise non	
Et qui ne	à lui-même et	à lui-même et	à lui-même et	Celui qui ne
prend pas	qu'il emporte	qu'il emporte	qu'il emporte	porte pas
sa croix	sa croix	sa croix	sa croix chaque jour	sa croix
et accompagne	et qu'il accompagne Je.	et qu'il accompagne Je.	et qu'il accompagne Je.	et vient
derrière Je				derrière Je
n'est pas digne de Je.				ne peut être disciple de Je.
Qui	Qui veut en effet	Qui veut en effet	Qui veut en effet	Qui chercherait
a trouvé sa vie	sauver sa vie	sauver sa vie	sauver sa vie	à gagner sa vie
la perdra	la perdra	la perdra	la perdra	la perdra
et qui	mais qui	mais qui	mais qui	et qui la
a perdu sa vie	perd sa vie	perd sa vie	perd sa vie	perd
à cause de Je	à cause de Je	à cause de l'Évangile	à cause de Je	
la trouvera.	la trouvera.	la sauvera.	celui-ci la sauvera.	la conservera.

Maintenant que nous avons relu attentivement les passages parallèles, il me semble éclairant de relire ce qui précède immédiatement « Si quelqu'un veut venir derrière moi... » dans les trois mêmes évangiles. A quoi Jésus répondait-il en disant cela ? Qu'est-ce qui avait provoqué chez lui ce discours ? Je relis la scène chez Matthieu, le plus explicite (16, 21-23) :

(21) Dès lors, Jésus commence à montrer à ses disciples qu'il doit s'en aller à Jérusalem
et beaucoup souffrir
des anciens, grands prêtres et scribes,
être tué,
et, le troisième jour, se réveiller.
(22) Pierre le prend à part
et commence à le rabrouer en disant :
« Par égard pour toi, Seigneur !
Non ! Cela ne t'arrivera pas ! »
(23) Il se tourne et dit à Pierre :
« Va-t'en derrière moi, Satan !
Tu es pour moi une occasion de chute [*skandalon* (σκάνδαλον)],
tes idées ne sont pas celles du dieu
mais celles des hommes. »

Le dialogue nous est maintenant plus compréhensible. Pierre et d'autres disciples sont avec Jésus. Celui-ci parle de son prochain chemin vers Jérusalem ; il annonce sa condamnation à mort (la « croix » vient donc de là, dans les versets suivants que nous avons lus). Pierre alors lui barre le chemin. Puis il invoque implicitement les dieux (« Par égard... », *ileôs* [ἵλεως], veut dire « favorable » ; sous-entendu : que les dieux me soient favorables), l'appelle « Seigneur » et le détourne de sa mort.

Jésus « se tourne... ». Pour lui, Pierre n'est plus Pierre à cet instant, mais Satan. Il est celui qui veut l'empêcher de détruire l'image du Messie [1], du Seigneur qu'il suivait. Jésus envoie (Pierre)-Satan derrière lui, car c'était là qu'il était en esprit. Identifié au maître qui le protégerait. Il le suivait donc, sans le savoir. C'est la prophétie de mort qui le révèle : Pierre en devient païen, pour que rien n'arrive à son seigneur.

Alors Jésus peut bien dire à ses disciples :

> « Si quelqu'un veut venir derrière moi,
> qu'il dise non à lui-même,
> et prenne sa croix
> et m'accompagne... »

Reste qu'il est bien prévenu. Pierre ne pourra tout d'abord pas l'accompagner jusqu'à la croix. Aussi Jésus n'aura-t-il aucun mal à prédire son reniement : c'est déjà fait.

Le défenseur de Pierre

Pierre ne peut accompagner Jésus, mais Jésus peut accompagner Pierre. Et même à l'endroit où Pierre le niera (le même verbe que « qu'il dise non à lui-même »). C'est dans une telle histoire qu'on voit comment agit le « sujet de la relation absolue » dont parle Martin Buber; le sujet qui ne défaille pas devant la mort ni devant la défaillance de son ami devant sa mort. Jésus laisse à Pierre une prédiction qui va lui permettre de ne pas mourir psychiquement à l'endroit où Pierre, à la simple annonce de la mort, vient déjà de mourir.

La dernière nuit, au mont des Oliviers, Jésus dit [2] :

1. Qu'il venait de reconnaître en 16, 15-16 : « Il [Jésus] leur dit : "Et vous? Qui dites-vous que je suis?" Simon-Pierre répond et dit : "Tu es le Messie, le fils du Dieu vivant !" »

2. Matthieu, 26, 31-34.

« Vous tous, vous chuterez [serez scandalisés]
à cause de moi, cette nuit même.
Car il est écrit :
“Je frapperai le berger,
et se disperseront les brebis du troupeau.”
Après m'être réveillé
je vous précéderai dans la Galilée. »
Pierre répond et lui dit :
« Si tous chutaient à cause de toi,
moi, jamais je ne chuterai ! »
Jésus lui dit :
« Amen, je te dis que cette nuit même,
avant qu'un coq chante,
trois fois tu me nieras. »

Lisant ce passage, nous nous sommes arrêtés au mot « coq ». Pourquoi ? Intuition plus que savoir, car nous ignorions ce mot. *Alectôr* (ἀλέκτωρ), ça n'a pas l'air d'un nom d'animal. On songe à Alexandre... et l'on ouvre le dictionnaire. En effet, ce n'est pas le nom du coq, mais son surnom : « le défenseur », du verbe *alexô* (ἀλέξω), « écarter de quelqu'un le danger, le malheur »...

Lorsque l'*alectôr* chantera, Pierre entendra son défenseur, la parole de l'autre qui l'a accompagné jusque-là. Je serai avec toi dans ton reniement, là où toi-même tu ne seras pas. La voix de l'aube viendra pour Pierre le sauver de son déni. Celui de l'autre, mais aussi le sien. Dans les synoptiques, en effet, il répond à ceux qui le reconnaissent comme disciple de Jésus : « Je ne sais pas l'homme », mais dans l'Évangile de Jean, c'est aussi lui-même qu'il nie en disant : « *ouk eimi* » (οὐκ εἰμι), « Je ne suis pas ». L'anti-nom de YHWH. Le sujet Pierre est mort.

Il a disparu à l'endroit où on le reconnaît comme disciple d'un condamné. Il le nie, Jésus n'est pas son maître. (Est-ce, obscurément, le « Je ne veux pas » de Pierre ?) Cela dure une nuit, le temps de trois reniements. Puis la voix du défenseur se fait entendre avec la nouvelle lumière. Voici que s'éveille le sujet Pierre-avec-l'autre, qui pleure cet acte dont il n'est pas l'auteur ; il n'y avait personne (« Je ne suis pas »).

Il n'y avait que Satan... et la parole de Jésus dans le coq, qui l'attendait.

Réflexions

Un de mes proches me fait remarquer que les grands spirituels ont établi leur campement bien au-delà de l'interprétation suiviste que donnaient de ces textes nos traductions. Ils sont allés au désert, là où l'on ne risque pas de suivre — à moins qu'on n'imite un autre ermite... Je ne doute pas que tous ceux qui ont creusé assez profond dans la relation à eux-mêmes et à l'autre n'aient trouvé que le renoncement au Moi ne saurait se confondre avec l'anéantissement de soi. Moins on sera prisonnier du Moi, plus la première personne sera libre de parler. Je les rejoins sur ce point.

De même, le verbe « suivre », lorsqu'il s'agit de « suivre le Christ », n'est pas entendu de tous comme ce que fait un serviteur. Quant à la croix, elle peut être comprise comme la sienne propre même dans l'état actuel du texte, et qu'il soit demandé de la prendre n'échappe pas à bien des lecteurs attentifs.

Je suis tout à fait convaincue de cela. Sinon, pourquoi les hommes se seraient-ils transmis un texte mortifère ? D'ailleurs, il aurait disparu : les écrits qui ne gardent pas les hommes vivants sont mis au musée. Les traditions qui ne nourrissent pas l'être-ensemble d'une communauté n'ont plus elles-mêmes de lieu où vivre. C'est peut-être ainsi qu'on distingue les textes apocryphes des canoniques : ils n'ont pas continué d'être vivants parmi les hommes parce qu'ils n'ont pas fait vivre ceux qui les portaient.

Il me semble néanmoins regrettable d'augmenter la difficulté du chemin de telle façon que seuls parviennent à le trouver des êtres exceptionnels. Ceux qui ont le courage de tout laisser, de tout casser, de partir seuls au bout de leur rêve. Et les autres, par où passeront-ils ?

Je pense quant à moi à tous ceux qui, par exemple, selon les mots de notre société, font une dépression. C'est une des expériences spirituelles fondamentales, en notre temps, une des formes de l'initiation, dirait-on en d'autres cultures. Or, elle est redoutable, certes, mais si je puis dire, elle est à la portée de tout le monde. Ceux qui n'ont plus personne devant eux sur le chemin, même plus une certaine idée d'eux-mêmes et qui peu à peu prennent leur mort. Qui ne savent pas, chaque jour, ce que sera ce jour. En quête d'un « être avec l'autre » dans la tension d'un regretté « vouloir suivre » et le désir encore non reconnu d'aller seuls, sans quelqu'un devant qui dirait le chemin. (Comme nous le pensons souvent, et ainsi que le formule l'une d'entre nous, « on croit qu'ils craquent et ils naissent ».) Pourquoi n'auraient-ils pas droit eux aussi, quelle que soit leur religion, à ces écrits qui appartiennent à l'humanité tout entière ? Et si tel est bien leur droit, pourquoi les priver des mots qui leur permettent de lire dans de tels textes un chemin qui ressemble à leur chemin, un chemin d'humanité ?

S'il n'y a pas d'espèce humaine comme le raconte la Bible, si l'homme et la femme sont incréés, ils se trouvent sans programmation, sans destin véritable, sinon en tant que terriens dépendant de leur corps et de leur environnement. Mais sans que soient écrits les scénarios de leurs pulsions. Ils ont le choix, même de leur sexe, comme disait Lacan.

Pas de sûreté pour l'incréé. Ne lui reste-t-il donc que l'espérance ?

Où l'être incréé mettra-t-il son espérance ? Être dans l'autre, être derrière l'autre, être tout seul sans autre, être à l'autre, avoir l'autre...

Comment, dans cette incertitude, ne pas être tenté de suivre un autre humain qui, lui, aurait la vérité révélée sur ce que doit être l'homme ? Qu'il serait rassurant de s'en remettre à lui, d'être son ombre, de le suivre pas à pas. De dire : Je ne sais pas qui je suis, ni même si je suis, mais un autre EST. Je sais qu'il est le Fils de Dieu, je me range derrière lui, etc. Difficile liberté.

Une grande ascèse pour le désir : se contenter d'un « cheminer avec », d'un « être-avec-toi ». Nous retrouvons ici la seule promesse que fassent le dieu d'Israël et le fils de l'homme : « Je serai avec toi. » « Je serai avec vous. » Cela ne semble pas beaucoup. Et pourtant, c'est cela seul qui permet à un homme de se lever et de dire à son tour : Je suis.

CONCLUSION

De nombreuses fois, je me suis posé — avec d'autres — la question : comment peut-il se faire que des écrits aussi précieux soient transmis d'une façon parfois si discutable ?

La psychanalyse, qui est, pour une grande part, une théorie de l'oubli, ne peut-elle essayer pour sa part de répondre ? Il faudrait beaucoup de connaissances autres, en d'autres domaines (histoire, théologie...), pour interpréter de tels oublis collectifs dans lesquels entrent certainement tant de composantes. Une telle interprétation dépasse largement mes compétences.

Mais déjà, sur le simple plan de l'individu, chacun de nous se sait capable de déformer ce qu'il cherche à transmettre.

Chronique d'une erreur

Il m'a été donné de le constater avec désolation, en découvrant, un jour récent, que j'avais pu moi-même écrire et publier une erreur flagrante. Je prie tout d'abord les lecteurs du précédent ouvrage, s'il s'en trouve à lire celui-ci, de bien vouloir accepter mes excuses. J'en suis tout à fait navrée.

Deux possibilités me restent d'en tirer tout de même quelque chose :

D'abord comme chercheur, essayer de comprendre un peu comment de telles erreurs se fabriquent;

D'autre part, comme être humain, demeurer dans une fraternelle humilité avec tous ceux qui ont mal compris, mal traduit, mal transmis...

Au cours de la précédente recherche, dans un chapitre sur le commandement biblique « Tu aimeras ton prochain comme toi-même », je voulus faire remarquer que ce commandement si important était formulé en hébreu à l'inaccompli — disons notre futur, pour simplifier — et non à l'impératif « Tu aimeras... » et non pas « Aime... »). Je venais de dire mon désaccord avec les traductions qui rendent par un impératif français un verbe qui n'est pas à l'impératif en hébreu. J'écris alors la phrase suivante [1] : « Je reste persuadée qu'il n'est pas équivalent de dire à quelqu'un "Ne tue pas" ou "Tu ne tueras pas". » Et j'ouvre en bas de page la note que voici :

> Il n'est pas sans intérêt que le Décalogue juif soit à l'inaccompli tandis que le code d'Hammourabi était à l'impératif. Cette non-distinction entre inaccompli et impératif dans la traduction de A. Chouraqui était un des choix que je me permettais de ne pas suivre, et qu'il a lui-même abandonné dans la seconde traduction.

Je parlais donc du code d'Hammourabi mais, chose inhabituelle pour un chercheur, je n'allais pas vérifier mes souvenirs, persuadée de ce que j'avançais : il était écrit à l'impératif.

Bien des années plus tard, alors que je me posais une tout autre question, je me mis en quête de ce code. Je lus et j'appris avec grand étonnement qu'il n'était certes pas au futur, mais qu'il n'était pas à l'impératif non plus. « Article 1 : Si un homme a porté contre un autre une accusation de meurtre sans pouvoir en fournir la preuve, l'accusateur sera mis à mort... ». C'est sous forme conditionnelle qu'Hammourabi a écrit sa loi.

1. *Le Sacrifice interdit*, p. 55.

Une fois passé le moment de confusion, je me demandai d'où je tenais l'erreur que j'avais ainsi faite et transmise avec une telle assurance. Je me souvins : c'était à la faculté de droit, du temps où j'y étais inscrite, que j'avais entendu pour la première fois parler d'Hammourabi. Un professeur nous avait fait remarquer, je crois, la différence entre le Code babylonien et le Décalogue juif. J'aurais juré qu'il avait parlé d'impératif pour le premier. Or, aujourd'hui, tout me porte à croire qu'il n'a pas pu dire cela. Comment avais-je pu transformer ainsi sa parole et ensuite — et là est la marque du refoulement — ne plus pouvoir, ne plus vouloir en vérifier l'exactitude, moi qui m'efforçais de ne jamais lire les commentaires avant d'avoir lu l'original ?

Le sujet se raconte à chaque erreur, chaque oubli : j'étais à l'époque étudiante en droit, mais sans que j'y trouve l'intérêt que j'ai reconnu depuis à cette matière. Je venais dans cette faculté sur le conseil de quelques parents, parce que je ne savais pas ce que je voulais vraiment. Aujourd'hui, je dirais que c'était une période de désert, un temps de « je ne peux pas, je ne veux pas », et je n'ai pas réussi dans cette discipline. Est-il étonnant alors que j'en aie rajouté du côté du commandement ? Ma mémoire de cette période fonctionne comme celle d'un serviteur devant son maître. Lui commandait forcément, et moi, je n'avais pas la pensée de vérifier ce qu'il avait dit. Le Décalogue, je le connaissais déjà, mais un code inconnu ne pouvait être qu'à l'impératif. Je me trouvais avec ces études, avec mes professeurs, dans un rapport tel que l'idée d'une formulation de la loi au conditionnel ne pouvait trouver place, semble-t-il, dans mon esprit.

L'âme incréée de Maître Eckart

Sur la route où je me suis aventurée, j'ai trouvé des amis inattendus. Voici ce que j'ai lu un jour :

Il y a quelque chose dans l'âme qui dépasse l'essence créée, quelque chose à quoi rien de créé n'ose toucher, quelque chose où il n'y a rien. L'ange lui-même ne l'a pas, lui qui possède pourtant une nature pure et rayonnante. C'est une parenté d'espèce divine, une Unité en soi-même sans rapport ni lien avec quoi que ce soit. Et c'est ici que trébuchent bien des prêtres! C'est un pays étranger, un désert trop innommable pour qu'on le nomme, trop inconnu pour qu'on le connaisse. Si tu pouvais t'anéantir toi-même, ne fût-ce qu'un instant ou même pour moins de temps qu'un instant, alors tout cela t'appartiendrait en propre qui réside dans ce mystère incréé du dedans de toi-même. (Maître Eckart, Sermon « Ego elegi vos de mundo ».)

Et encore, chez le même auteur, dans le sermon « In diebus suis placuit Deo » :

Dans le premier contact où Dieu a touché l'âme et la touche comme increée et incréable, l'âme est par ce contact de Dieu aussi noble que Dieu lui-même. Dieu la touche selon lui-même.

L'âme de l'homme est increée, pour le mystique rhénan. L'œuvre de Maître Eckart a certes été condamnée au XIVe siècle, par Rome, et précisément lorsqu'il parle de l'âme increée, incréable; cela ne l'a pas empêchée d'être gardée par l'ordre dominicain et d'être à notre disposition aujourd'hui. Copistes, éditeurs et imprimeurs, traducteurs, libraires et lecteurs ne l'ont pas condamnée à l'oubli. Ceux qui se sont nourris de telles paroles leur ont permis de vivre hors des lieux de culte et d'enseignement dont elles ont été jadis chassées. Paroles transmises jusqu'à nous, par la troisième grande voie de circulation de la culture : le commerce.

Pour résumer en somme cette recherche

Je crois trouver une logique profonde à l'ensemble des écrits de révélation juive et chrétienne. Ayant posé la question de la genèse de l'homme-qui-dit-Je à nos mythes fondateurs, j'y ai trouvé :

Que la *terre fait sortir l'être vivant,* comme Darwin l'a découvert par la suite ;

Qu'à l'opposé de l'animal créé « selon son espèce », *il n'y a pas d'espèce humaine* ;

Que *le dieu parle le premier et crée l'humain en l'image de « Nous » et non comme sa ressemblance* ;

Que *le dieu crée l'humain « mâle et femelle » et non pas homme et femme* ;

Que *homme et femme n'arrivent qu'au-delà de la création, non pas créés par le dieu mais seulement formés par lui et, une fois la loi donnée, advenant de leur rencontre même* (« celle-ci sera appelée femme car de homme elle a été tirée », Genèse) ;

Que la loi de l'Éden, qui interdit de manger de l'arbre de la connaissance, est une *loi permettant la relation au sujet qui ne saurait être connu comme objet* (Genèse) ;

Que celui qui parle sans dire JE fausse l'interdit, nie la mort et prône la transgression pour un être-comme (« Vous serez comme des dieux ») ;

Que le non-respect de l'interdit fait s'éveiller un sujet apeuré et dépouillé devant l'autre (« J'ai entendu ta voix et j'ai frémi ; oui, JE suis nu et je me suis caché », Genèse) ;

Que *le nom du dieu commence par « Je »* (« Je serai qui je serai... », « JE, YHWH, ton Élohim qui t'ai fait sortir... de la maison des esclaves », Exode et Deutéronome) ;

Que le salut du sujet réside dans le « *Je serai avec toi* » (Exode) ;

Que *la loi du dieu* au Sinaï est celle qui *permet à l'homme de se lever à son tour en tant que sujet devant le dieu et devant son prochain* (Exode, Deutéronome).

Au second Testament :

Que *homme et femme engendrent* en tant que sujets, c'est-à-dire *sans connaître l'autre comme objet, un fils* ;

Que *ce mode de relation s'appelle esprit saint* ;

Que *l'esprit incréé engendre le fils incréé* ;

Que le diable est *celui qui dit JE sans que Tu puisse le dire* ;

Que *la volonté du père est accomplie* lorsque *l'enfant refuse* (« Je ne veux pas ») *l'état du moi-esclave psychique* (« Moi Seigneur »), puis va lui-même vers la vie *et devient fils* (Matthieu, 21) ;

Que le *fils-sujet,* qui n'est *l'esclave d'aucun seigneur,* n'est *le maître d'aucun sujet* (« Celui qui vient derrière Je... n'est pas capable de Je ») ;

Que *le salut d'un sujet* est de *faire route avec le sujet, sans le suivre* (« Je serai avec vous... »).

Cette présentation très schématique n'a d'autre ambition que de rappeler les étapes principales de cette recherche. Qu'est-ce que cela peut changer à nos idées sur l'homme ?

L'homme incréé sur la terre comme au ciel

Pour la Genèse, l'humain par rapport à l'animal, c'est l'être *sans espèce* ; c'est-à-dire non pas sans pulsions mais *sans programme* instinctuel. Et par rapport au dieu, c'est l'être « en l'image de Nous » — c'est-à-dire situé au lieu de relation, mais *pas comme, sans ressemblance,* c'est-à-dire sans destin même divin.

Avec les Évangiles, l'homme, c'est l'être *sans modèle* : le sujet-messie ne vient pas pour être suivi par son disciple.

Il m'apparaît d'abord que, selon ces traditions, *le sujet ne saurait être anormal* : n'ayant ni programme, ni destin, ni modèle, il est unique et la norme, pour lui, c'est lui-même. Le sujet peut ne pas s'éveiller, ne pas se manifester à autrui, mais aucune classification, aucun diagnostic ne l'épingle, aucune épithète ne le qualifie. La folie, l'anormalité, la perversion..., rien de tout cela n'est au même niveau que la faculté de se lever et de dire « Je ».

C'était, je crois, ce qui nous avait le plus bouleversés lorsque nous étions en premier stage d'hôpital psychiatrique. Quels que soient le trouble, la désorganisation de la pensée, de la parole, du comportement d'un être, si nous demeurions vraiment présents à lui, il y avait (presque) toujours un moment, si bref soit-il, où apparaissait celui qu'il était, l'inviolable, l'unique qui demeurait dans ce corps visible. Peut-être, parce que nous étions là, pas bons à grand-chose, perdus nous aussi dans ces lieux, cette organisation, ce savoir, peut-être n'étions-nous pas trop mal placés pour qu'une petite confiance s'établisse. Le sujet, comme par un léger signe, nous avait fait connaître sa présence. Après quoi, nous étions scandalisés si un médecin parlait comme d'une chose d'une personne qui nous avait donné signe de vie. La folie nous apparut comme la seule protection qu'avait trouvée le sujet. Sinon, il eût été esclave, anéanti, rayé de la carte. Fou, il était du moins protégé des places qu'on voulait le voir occuper et qui ne pouvaient être la sienne. Souvent, nous avons pensé aux hôpitaux comme des lieux de naissance qui s'ignoraient. Nous avons appris par la suite que bien des soignants l'avaient pensé avant nous, mais que la naissance pouvait s'avérer plus difficile que nous ne le croyions à cette époque. Cependant, à propos du sujet toujours « normal », je n'ai jamais eu à renoncer à ce que j'avais d'abord cru.

JE ne peut être malade, être vieux, être aliéné... Il peut seulement demeurer dans un Moi qui souffre de cela, si je puis dire. Si l'on n'entend pas dans la vie quotidienne la radicale différence entre Je et Moi en l'humain, du moins doit-on reconnaître dans des actes tels que le suicide qu'une instance s'impose à toutes les autres. « Je tue Moi » demeure l'ultime acte du sujet lorsqu'il n'en trouve plus d'autre par lequel il puisse échapper au statut d'objet, englué dans le monde, asservi à autrui ou à ses propres pulsions.

Dans tous les corps humains que le souffle anime, un être incréé demeure qui cherche à se dire et à recevoir le message de la présence d'un autre. A l'intérieur du plus perdu, du plus méchant des hommes, il y a quelqu'un.

Aussi invisible, aussi inconnaissable que le dieu lui-même. « ... toi, le dieu qui se voile », dit le prophète [1]. N'est-ce pas l'image de l'humanité elle-même, dans chacun des êtres parlants qui la composent ?

Croire le sujet

Unique, invisible, inconnaissable... « Je » échappe à toute preuve. Il ne peut être vu, ne peut être su. Que lui reste-t-il donc, s'il faut qu'il soit reconnu par un autre sujet pour se lever ? Dans quelle condition cela se fera-t-il ?

Cette recherche me conduit à dire ceci : le sujet qui a les mêmes caractéristiques que le divin (invisibilité, etc.) dépend aussi du même verbe, sinon pour être (mystère...), du moins pour rencontrer l'autre : le verbe « croire ».

En effet, un sujet peut-il en rencontrer un autre si celui-ci ne croit pas qu'il est ? L'être parlant en première personne peut se manifester à l'autre ou bien ne pas y parvenir; et l'autre peut le reconnaître ou bien le nier. Que dire de la rencontre ? Précisément, cette aventure échappe à tout « savoir ».

Croire. Le mot a trop souffert pour que je l'emploie comme allant de soi et je l'ai évité jusqu'à la fin, craignant qu'il ne nous emmène sur des chemins trop connus.

En hébreu, « croire » n'est pas le verbe de la croyance. *Aman,* c'est la racine de ce qui se révèle solide, durable. Ou encore loyal, fidèle. Ce à quoi on fait confiance *parce que c'est solide* ; parce qu'on peut

1. Isaïe, 45, 15.

se tenir sur un sol ferme qui ne causera pas votre chute. Notre « amen » vient de là. Plus près de « c'est solide, c'est vrai, c'est assuré » que de « j'adhère ».

La première fois que quelqu'un croit, dans la Bible, c'est un homme vieux et sans enfant auquel le dieu promet un fils de ses entrailles (Genèse, 15, 4-6) :

> « Il (YHWH) le fait sortir dehors et il dit : "Regarde donc les ciels. Compte les étoiles, si tu peux les compter [...] telle sera ta semence." Il [Abram] croit en YHWH. »

De quoi donc est fait ce « croire en YHWH » ? Abram croit-il par la preuve des étoiles ? Les étoiles sont tout au plus une parabole [1]. Il n'est pas dit que le vieux patriarche croit en la promesse qui lui est faite. Il croit en YHWH, il fait confiance, il s'appuie sur YHWH.

Nul parmi nous n'ignore cela, cet appui que l'un peut trouver en l'autre. Pur appui de présence qui confirme sa présence. Nous connaissons bien des situations, hier et aujourd'hui, où nous étions en difficulté, par exemple seuls devant un groupe hostile, et où il nous a suffi de croiser un regard qui nous offrait l'appui pour que nous sortions de la détresse. Combien de fois ne lit-on pas qu'un être humain a été sauvé de la destruction psychique par un peu de présence pure à lui ; présence de quelqu'un qui ne pouvait rien, qu'il ne connaissait pas, qu'il n'a souvent jamais revu, et jamais oublié ?

Cet appui en l'autre, nous savons qu'il est vital. Nous fait-il défaut, nous nous sentons nous-mêmes disparaître.

Simone Weil écrit à Joë Bousquet :

1. J'ai déjà rencontré dans la précédente recherche le commentaire de Rachi sur ce passage : « Sors de ton destin tel qu'il est écrit dans les étoiles... » *Cf. le Sacrifice interdit,* p. 161-162.

L'attention est la forme la plus rare et la plus pure de la générosité [1].

Je le crois avec elle. Mais cette attention comporte un « croire »; on ne prête pas attention sans croire à la présence. Ce croire en l'autre n'est pas l'adhésion à un dogme ou à une doctrine. Ce n'est pas croire quelque chose mais quelqu'un.

Croire mutuel? L'exemple d'Abram (bientôt Abraham) pourrait nous amener à le penser. Lorsque YHWH dit qu'un fils naîtra à cet homme âgé, croit-il en lui?

Adam lui-même, sans le savoir encore, parle en croyant lorsqu'il dit : « Cette fois-ci celle-ci est chair de ma chair... » Le récit nous précise bien qu'il ne peut rien en savoir, plongé qu'il était dans la torpeur. La rencontre de l'homme et de la femme ne repose pas sur le savoir mais sur le « désirer » et le « croire ». L'humain n'a pas trouvé l'autre, il désire et ce désir, le dieu le bâtit en femme. Après, l'homme croit que c'est bien elle, croit que c'est bien de lui. En troisième personne encore, il est vrai.

La suite du récit, que serait-elle dans un Éden revisité où l'humain ne se tromperait pas de voie? où il ne chercherait pas à *avoir connaissance* de l'autre, où il ne *prendrait* pas cette connaissance comme un fruit à manger?

« Savoir » est un verbe trop court pour l'homme, puisqu'on ne peut savoir que ce qui est. Cet homme incréé et devenant ne peut être que cru. Loi de l'esprit. Croire et croître.

Les erreurs dans ce champ de la foi ne manquent pas. Une certaine façon de croire en l'autre, par exemple, ne s'adresse pas au sujet en lui mais au moi-esclave et recouvre, en fait, les attentes de celui

1. Simone Weil-Joë Bousquet, *Correspondance,* l'Age d'Homme, 1982, p. 18.

qui croit. Je crois que tu es capable (sous-entendu : de faire ou d'être ce que je crois bien pour toi).

« Heureux ceux qui n'ont pas vu et qui ont cru [1]. » Voici encore une de ces phrases sans complément d'objet. C'est au sujet invisible, celui qui traversera la mort, qu'ils ont cru. Et s'ils ont cru en l'autre, ils sont heureux. Vivants...

Qu'est-ce qui fait qu'un enfant s'éveille, si ce n'est que d'autres sont là près de lui, qui croient que « le bébé est une personne », selon le beau titre d'une série télévisée ? (Je me trouvais lire dans un jardin public le lendemain d'une de ces soirées, et j'observais que les jeunes mères semblaient porter une attention étonnée, un intérêt renouvelé à leurs enfants, comme si quelqu'un les leur avait présentés nouvellement.)

« La rencontre nous crée », écrit Bachelard. Diraije : elle nous incrée ?

Le psychanalyste et le sujet incréé

Qu'est-ce que ça change à la pratique de la psychanalyse ? Je pourrais aussi bien répondre « Cela ne change rien » que « Cela change tout ».

Comment dire ce qui fait différence entre une présence « scientifique et technique » et une autre, qui se servirait des mêmes éléments, du même cadre, voire de la même théorie, mais en première personne ? non plus au service de la science mais du sujet ? La remarque a été faite par bien d'autres psychanalystes et vaut dans bien d'autres domaines qui touchent à l'humain. Quelle est la méthode de soin ou d'éducation, quelle est la formation professionnelle ou l'instruction religieuse qui ne soit toute différente selon qu'elle est appliquée à l'individu ou donnée au sujet ?

1. Jean, 20, 29.

Rien ne me permet de dire que Freud n'ait pas été présent à l'autre, davantage même qu'il ne peut nous le rapporter (est-ce racontable ?). Reste que le jour où il a choisi — s'il a vraiment choisi —, le jour où il a cessé de croire ses patientes abusées par leur père, leur oncle..., il a pris *sur ce point* un autre chemin que celui du sujet. Pour l'autre comme pour lui-même. Il y a dans cette surdité de Freud une soumission au père-seigneur, aux parents insoupçonnables, que confirment quantité d'autres dits et faits de sa vie. Je ne fais ici que les mentionner.

Sans doute les attitudes ne sont-elles pas tout à fait tranchées et séparées ; même le plus scientiste des psychiatres ne peut tout à fait s'empêcher de désirer la rencontre. Mais est-ce au patient de croire au sujet pour deux, alors qu'il a sur lui-même tant de doutes ?

Croire au sujet incréé, l'écouter. Discerner celui qui parle et, si l'on soupçonne que l'humain est parlé dans son propre dire par d'autres instances, d'autres présences en lui que la sienne, interroger. Combien de fois une parole dépréciative sur soi-même, un jugement contre soi s'avère parole subie, redite par un sujet qui croit vraie une connaissance que d'autres auraient de lui. Je trouve libérant pour l'analyste — et pour l'analysant — de se souvenir que celui qu'il reçoit est sans définition, sans destin, sans ressemblance. Que l'analyste n'a rien à accomplir envers lui. Qu'il est payé d'un travail : ne pas vouloir travailler. La rencontre se situe à un autre degré du monde et même au-delà, dans ce lieu où « nous n'étions rien avant d'être réunis ». L'analyste peut bien garder en mémoire tout ce que des décennies de recherche sur la maladie et la folie nous ont appris. Tout cela est utile certainement. Mais cela ne parle que de l'« appareil psychique » ; des carences éventuelles de son environnement ; des circonstances, des événements, des accidents de sa croissance... Le sujet ne saurait être confondu avec sa demeure.

Bruno Bettelheim écrit [1] :

1. *Le Cœur conscient,* Robert Laffont, 1972, p. 30.

Quelles furent les leçons que m'enseigna mon expérience des camps de concentration ?

Tout d'abord, que la psychanalyse n'est pas le moyen le plus efficace de *modifier* la personnalité. Le fait d'être placé dans un environnement de type particulier peut produire des changements beaucoup plus considérables en un temps beaucoup plus court. Ensuite que la théorie psychanalytique, en l'état où elle se trouvait alors, ne suffisait pas à expliquer pleinement ce qui arrivait aux prisonniers. Elle ne permettait guère de comprendre ce qui contribuait à rendre la vie bonne et l'homme bon. [...]

Tout en nous apprenant beaucoup sur l'homme « caché », elle nous fournissait beaucoup moins de connaissance sur l'homme « véritable ». A prendre un exemple, il m'apparaissait évident que le moi n'était pas un faible serviteur du ça ou du surmoi. Le moi de certains individus se révélait d'une force étonnante qui ne semblait provenir ni du ça ni du surmoi.

Ce que Bruno Betthelheim appelle « modifier la personnalité », je ne suis pas certaine de le comprendre, ni, si je le comprends, de le souhaiter. Mais je lis avec grand intérêt ce qu'il dit du « moi », qu'ici j'appellerais « Je » évidemment, dont la force ne vient d'aucune des instances répertoriées du psychisme.

De la société sans sujet à la synagogue, à l'ecclésia...

Je voudrais réfléchir un instant avec le lecteur à nos sociétés, notre vivre-ensemble selon que le sujet peut s'y éveiller ou non. Est-ce que cela fait une différence ? La question est considérable. Je voudrais seulement faire part de quelques réflexions, à très grands traits.

Les sociétés qui enseignent la prosternation sans relèvement promeuvent le moi-esclave et empêchent sa mue. Cet esclave n'est fraternel qu'avec les esclaves du même seigneur. Il sera forcément intolérant envers ceux qui ne sont pas de cette seigneurie. Plus intolérant encore avec ceux qui ne sont plus esclaves. Lui défend son maître. Il impose son dieu. Il défend surtout *le fait d'être soumis*. Pas de maître plus tyrannique que le soumis qui veut vous soumettre à sa soumission.

Dès que l'on parle d'imposer la foi en un dieu, quel que soit le nom qu'il porte, c'est le dieu-Maître, celui du Surmoi. Ce dieu-là ne se préoccupe guère de la mort de l'esclave puisque ce qui compte, c'est que le dieu, lui, ne meure pas. Qu'il ait toujours des prosternés. Ainsi pense le moi-esclave identifié à son maître, qui ne possède en propre ni sa vie ni sa mort.

Cette société est-elle durable ? Certes, elle peut durer. Mais elle comporte en elle-même le principe de sa perte. Elle sera menacée sur deux fronts et devra se battre : à l'extérieur, avec ceux qui ne reconnaissent pas son dieu ; à l'intérieur, avec l'instance en chacun de ses fidèles qui ne peut adorer ce dieu-là, cherchant la liberté et une autre forme de rencontre avec le dieu et avec autrui. Le désir de devenir sujet, heureusement, ne peut être éradiqué ; il ne peut être que refoulé, c'est dire que toujours il peut faire retour.

Les sociétés qui promeuvent l'homme pulsionnel, l'homme qui désire des choses et des satisfactions, ne conduisent pas davantage à la fraternité. Chacun pour soi, chacun son droit, ce n'est évidemment pas une loi de communauté mais la mise en loi de l'absence de loi. Cette société de l'avoir et du plaisir promeut, certes, la non-prosternation devant un maître, mais aussi le non-respect d'autrui puisque le Ça est son instance d'appui. Chacun pour Ça. L'individualisme est donc sa conséquence. Si l'essentiel, c'est d'être heureux en ayant tout ce qu'on désire, le désir d'être sujet n'est pas davantage satisfait que dans la société précédente, cette fois parce que la loi qui permet la relation a disparu. L'individu n'est soumis à aucun maître, mais le sujet n'est plus institué là où l'autorité symbolique n'est plus reconnue ; certes, l'individu n'est plus prosterné au pied d'un autel, mais le sujet n'est protégé par aucun dieu. Il devient incongru, voire pathologique, de réclamer pour soi une place d'être parlant auprès d'autres, une place d'unique, d'invisible, d'inconnu. Les droits de l'homme se réduisent peu à peu au droit d'avoir. On peut avoir même un être. Les enfants, biens désirables parmi d'autres biens, deviennent des choses qu'on peut produire sans soi, par des procédés pour lesquels on dépose des brevets. La fraternité se limite aux intérêts communs. Les alliances ne tiennent pas. Les lois de la parole disparaissent devant la loi du marché.

Cesser de désirer peut alors apparaître comme une protection contre ce monde du tout-avoir. Ou bien, désirer la mort, la représenter comme seule preuve restant de la fausseté du système. La société du Ça essaie de nier cette mort qui limite tous les jours sa puissance. « Vous ne mourrez pas » est sa promesse. Et c'est un combat qu'elle doit livrer sans cesse à l'intérieur : trouver de quoi faire reculer la mort. Le sujet refoulé, lui, se sert de la mort sous toutes ses formes (la destruction des biens, la destruction du bien qu'il est devenu) pour échapper au bonheur d'avoir sans être. Le second danger qui menace cette société du Ça est extérieur, c'est son invasion par les peuples plus pauvres qui l'entourent et qui manquent, non comme elle de biens symboliques, mais de biens matériels.

Les paragraphes qui précèdent ne sont que des schémas : aucune de nos sociétés bien évidemment ne se réduit à un seul état de l'humain, à une seule forme des relations. Je veux seulement montrer par là que seule la première personne peut établir des alliances vivantes et durables entre les hommes et entre les communautés. Seule elle peut véritablement s'engager, seule elle reconnaît sa responsabilité. Certes, le sujet n'est plus manipulable et tout pouvoir doit compter avec lui. Mais la vie d'une démocratie, je crois, dépend de la proportion d'êtres parlant en leur propre nom dans sa population.

Lorsque les sciences de l'homme parlent des masses, des foules, leur pessimisme ne peut guère être vraiment évacué. L'histoire apparemment leur donne raison.

Cependant, il y a une autre histoire, plus secrète : l'invisible trajet des premières personnes, la transmission du dire Tu, du devenir Je. Ce qui fait qu'une masse devient un peuple.

Car ils n'ont pas manqué d'apparaître, à chaque génération depuis les premiers qui ont commencé le dialogue d'humanité, nos ancêtres dans la parole. Non pas ceux qui ont conquis, soumis, dominé. Mais ceux qui ont écouté et parlé, cru et reconnu. Ceux qui ont refusé de se soumettre à qui les défaisait de leur gloire d'hommes et n'ont voulu être ni esclaves ni maîtres. Ceux qui ont rusé avec leur temps pour échapper à la fatalité de relations écrites d'avance. Ceux qui ont trouvé de quoi dire « Nous » davantage, sans cesser de dire Je.

Par où sont-ils passés ? Il me semble que ceux qui ont gardé mémoire de ce qui les rend aptes à reconnaître en l'humain l'homme, fils d'homme et non pas bête ou esclave, ceux-là ont moins de peine à trouver le chemin.

Combien de fois des psychanalystes se disant non croyants ont reconnu chez des patients connaissant leurs écrits fondateurs une « bonne aptitude à la symbolisation ». Il ne me paraît pas inutile de le dire. Même si d'autres éléments de leur religion ont pu, par ailleurs, leur barrer la vie. Les grands fondateurs d'écoles psychanalytiques ont tous été instruits dans une tradition, quoi qu'ils en aient fait ensuite. Et ils n'ont pas manqué de réclamer pour la formation des analystes une culture humaine au sein de laquelle se trouveraient aussi des connaissances en matière de religion. Comme un fait psychique de la plus grande importance.

Créature à jamais, ou créature devenant fils? La légitimité du sujet est-elle possible sans aucune forme de filiation à la Référence absolue? Une « autotranscendance » de l'homme suffit-elle? Simplement pour que nous parlions, ne faut-il pas que quelqu'un ait parlé avant nous?

L'expérience de parole avec le sujet qu'est la cure psychanalytique nous laisse comprendre à quel point nous n'avons que nous pour devenir ce que nous serons. Il demeure vital, pour chacun et pour notre vivre-ensemble, que nos communautés permettent à chacun d'accéder au chemin d'humanité de ses pères. Que nous puissions entendre les paroles de ceux qui se sont levés avant nous. Ceux de la *synagogue* — le lieu où l'on se rend ensemble —, ceux de l'*ecclésia* — l'assemblée convoquée —, ceux de...

Est-ce le hasard, est-ce le dieu qui n'a pas créé l'homme, qui nous a ainsi confiés, inachevés, les uns aux autres?

La créature, la mort et le sujet-fils

La mort ne présente aucun intérêt pour les instances psychiques que nous a décrites Freud. Et elle n'a pas d'utilité pour l'être humain selon la science. Sinon d'être évidemment une limite à sa vie, un arrêt à ses plaisirs, un dur démenti à son narcissisme. La sagesse selon la science militante d'un Freud, c'est pour l'homme de ne pas chercher au-delà de la mort.

Pourquoi?

Pourquoi serions-nous, nous l'Occident, les seuls peuples de la terre à être emprisonnés dans la création? Les seuls à n'avoir pas le droit de désirer davantage que ce monde, davantage que cette vie? Une certaine idéologie scientifique — plutôt que la science elle-même — a pu exercer un vrai terrorisme contre le désir d'au-delà. Évidemment, si nous sommes issus de la série animale et rien que cela, c'est une faute et une maladie, comme Freud nous l'explique à propos de sa jeune patiente Dora, d'espérer davantage. Mais alors, comment expliquer que cet animal humain puisse connaître sa mort et désirer autre chose que le néant ?

Si la créature n'est pas le dernier mot de l'humain, si l'homme et la femme sont incréés, incréables, s'ils deviennent sujets en sortant du moi-esclave sans perdre la loi de leur relation, s'ils s'éveillent en leur rencontre et engendrent des fils d'homme incréés eux aussi, la question de la mort apparaît sous un autre jour. Comme je l'ai déjà esquissé au cours de ce travail, la mort est une nouvelle à deux versants : mauvaise nouvelle pour la créature, puisqu'elle lui signifie son néant, elle est une bonne nouvelle pour l'incréé. Pour lui, elle est promesse. Promesse qu'il ne demeurera pas immergé dans la condition de l'après-Éden. Comme le dit YHWH (au chapitre 6 de la Genèse, verset 3) dans une phrase difficile à traduire parce que difficile encore à penser :

> « Mon esprit ne durera pas [1] dans l'humain pour toujours. Dans leur égarement, il est chair; ses jours seront de cent vingt ans. »

J'entends ici que « l'esprit de Je », l'esprit incréé qui parle en l'homme à la première personne, ne restera pas pour toujours dans le terrien ; celui qui a été créé mâle et femelle. « Leur égarement », c'est qu'ils s'égarent l'un de l'autre. Est-ce l'esprit qui devient alors chair lorsqu'ils se perdent ainsi ? Et l'humain qui ne parvient plus à la première personne ? Cela ne durera pas plus de cent vingt ans. L'âge pour lequel le corps humain est, dit-on, programmé.

L'être qui parle en première personne, homme et femme, n'est pas de la création mais de l'esprit qui vient en leur rencontre. Cet esprit demeurera en l'humain le temps qu'il dise « Je », le temps qu'il dise « Tu ». Puis il traversera la mort. Incréé ne peut mourir.

1. Autres traductions : « ne plaidera pas », « ne jugera pas »...

BIBLIOGRAPHIE

Textes bibliques et livres-outils utilisés :

La Bible du Rabbinat, édition bilingue hébreu-français, Paris, Librairie Colbo, 1967.

Biblia Hebraica Stuttgartensia, Deutsche Bibelstifung Stuttgart, 1967/77.

La Bible, traduction en français d'André Chouraqui, Paris, Desclée de Brouwer, 1985.

Autres traductions consultées : Segond, Osty, Jérusalem, Pléiade, Tob.

Le Pentateuque, accompagné du commentaire de Rachi, Paris, Fondation Samuel et Odette Lévy. Tome 1, la Genèse : 1976. Tome 2, l'Exode : 1980.

Concordance de la Bible hébraïque, de Solomon Mandelkern, Tel-Aviv, Schocken Publishing House, 1978.

La Bible en grec : *Septuaginta,* Wurttembergische Bibelanstalt/Deutsche Bibelstifung Stuttgart, 1935.

Concordance of the Septuagint, Hatch and Redpath, The Clarendon Press (1875), reprinted by Baker Book House Company, Michigan, 1987.

Pour vérifier le mot à mot en hébreu :

Analytical Hebrew and Chaldee Lexicon, Benjamin Davidson, Grand Rapids, Michigan, Zondervan, 1982.

Les Évangiles, textes bilingues grec-français présentés et traduits par sœur Jeanne d'Arc, Paris, Les

Belles Lettres/Desclée de Brouwer : Matthieu, 1987 ; Marc, 1986 ; Luc, 1986 ; Jean, 1990.

A Concordance of the Greek Testament, W. F. Moulton, A. S. Geden and H. K. Moulton, Edinburgh, T&T CLARK, 1984.

Concordance de la Bible — Nouveau Testament, sœur Jeanne d'Arc et collaborateurs, Paris, Éditions du Cerf/ Desclée de Brouwer, 1970.

Synopse des quatre évangiles, de P. Benoit et M. E. Boismard, Paris, Éditions du Cerf, 1987.

Synopse des quatre évangiles, du R. P. Lagrange par le R. P. Lavergne, Paris, Gabalda et Cie Éditeurs, 1964.

Pour vérifier le mot à mot en grec :

An Analysis of the Greek New Testament, Max Zerwick and Mary Grosvenor, Rome, Biblical Institute Presse, 1981.

Autres auteurs,
dont je donne ici un des titres d'ouvrages :

Abed Azrié, *L'Épopée de Gilgamesh,* Paris, Berg International, 1979.

Basile de Césarée, *Sur l'origine de l'homme,* Paris, Cerf, 1970.

Paul Beauchamp, *L'Un et l'Autre Testament,* tomes 1 et 2, Paris, Seuil, 1976 et 1990.

Maurice Bellet, *Le Dieu pervers,* Paris, Desclée de Brouwer, 1979.

Jean Bottéro, *Lorsque les dieux faisaient l'homme,* Paris, Gallimard, 1989.

Martin Buber, *Je et Tu,* Paris, Aubier-Montaigne, 1969.

Janine Chanteur, *Les Petits-enfants de Job,* Paris, Seuil, 1990.

Rabbin A. Cohen, *Le Talmud,* Paris, Payot, 1983.

Darwin, *La Vie d'un naturaliste à l'époque victorienne,* Paris, Belin, 1985.

Françoise Dolto, *Autoportrait d'une psychanalyste,* Paris, Seuil, 1989.

Dany-Robert Dufour, *Les Mystères de la trinité,* Paris, Gallimard, 1990.

Maître Eckart, *Sermons,* Paris, Seuil, 1974.

Josy Eisenberg/Élie Wiesel, *Job ou Dieu dans la tempête,* Paris, Fayard/Verdier, 1986.

S. Freud, *Introduction à la psychanalyse,* Paris, Petite Bibliothèque Payot.

Freud/Ferenczi, *Correspondance, 1908-1914,* Calmann-Lévy, Paris, 1992.

Marcel Gauchet, *Le Désenchantement du monde,* Gallimard, Paris, 1985.

Agnès Geuret, *L'Engendrement d'un récit, l'Évangile de l'enfance selon saint Luc,* Paris, Éditions du Cerf, 1983.

Jean Grosjean, *L'Ironie christique,* Paris, Gallimard, 1991.

Carl Gustav Jung, *Réponse à Job,* réimprimé Buchet-Chastel, 1990.

J. Lacan, *Écrits,* Paris, Seuil, 1966.

Pierre Legendre, *Le Crime du caporal Lortie,* Fayard, Paris, 1989.

Paul Nothomb, *Les Récits bibliques de la création,* Paris, Éd. La différence, 1991.

Origène, *Homélies sur la Genèse,* Paris, Cerf, 1977.

Marc-Alain Ouaknin, *Lire aux éclats. Éloge de la caresse,* Paris, Lieu commun, 1989.

Marcel Proust, *Sur la lecture,* Actes Sud, 1988.

Lucille B. Ritvo, *L'Ascendant de Darwin sur Freud,* Paris, Gallimard, 1990.

Franz Rosenzweig, *L'Étoile de la Rédemption,* Paris, Seuil, 1982.

Pierre Solignac, *La Névrose chrétienne,* Paris, Éd. Trévise, 1976.

Collectif dirigé par Jacques Testart, *Le Magasin des enfants,* Paris, Éd. François Bourin, 1990.

Eva Thomas, *Le Sang des mots,* Paris, Éd. Mentha, 1992.

John Toland, *Hitler,* Paris, Robert Laffont, 1983.

Monette Vacquin, *Frankenstein ou les Délires de la raison,* Paris, Éd. François Bourin, 1989.

Simone Weil-Joë Bousquet, *Correspondance,* Lausanne, l'Age d'Homme, 1982.

Maurice Zundel, *Je est un autre,* Québec, Éditions Anne Sigier, 1986.

Table

Imprimé en France par l'imprimerie Hérissey à Évreux - N° d'imprimeur : 82010
Dépôt légal : n° 1852-10/1998 - Collection n° : 03 - Édition n° : 01
ISBN 2-253-94271-5

42/4271/5